생각의 씨앗

IDEA • MINDMAP • TRIZ • IP R&D

생각의 씨앗

주진용 · 조영한 공저

창의적 사고의 틀

IDEA
MINDMAP
TRIZ
IP R&D

science book
과학사랑

머리말

남다른 생각을 한다거나 창의력이 있다는 것이 사회생활에 큰 보탬이 되지 않거나 오히려 멸시 받던 시대가 있었다. 재산과 지위가 거의 그대로 세습되던 과거에는 복종과 충성 그리고 튀지 않는 행동이 성공의 관건이었다. 하지만 21C 사회는 창의력이 성공의 주요 요소가 되었으며 물려받은 재산보다 더 중요한 자산이 되었다.

"남보다 뛰어난 창의력을 어떻게 키울 것인가?"는 이 책의 주된 화두이다.

필자는 1997년부터 20여건의 개인발명 특허사업화를 추진하며 발명가로서 심한 좌절을 직접 겪어보았고, 1999년 벤처투자 열풍 때에 수십 억원의 자금을 투자 받아 발명 아이디어 무료 평가 및 사업화를 지원하는 초기 단계의 창업 보육 사업을 하였다가 큰 투자 손실을 보기도 하였다. 또한 지난 10여 년간 자체 보유 및 위탁 받은 특허기술을 침해한 대기업들을 대상으로 다수의 특허 소송을 진행하며 특허무용론이라는 좌절감을 맛보기도 하였다.

그러한 과정 중에 4만여 건의 아이디어 심사와 3백여 건의 국내외 특허출원 및 등록, 수백 건의 사업아이템 심사평가 등 남다른 경험을 쌓으며 발명가들을 위한 간편한 발명의 원리를 만들어 내겠다는 뜻을 갖게 된 것이다.

21C는 창의력을 지닌 이들이 세상을 이끌어가게 되고 정보와 부가보다 더 집중이 될 것이라 한다. 창의적인 발상을 하는 이들이 내놓은 아이디어는 기술이 필요하지 않은 경우 디자인, 광고카피, 마케팅전략, 개그코미디, 스포츠 묘기, 예술창작 등이 될 수 있고 그와 같은 창의적 발상이 해당분야 기술과 연계될 때에는 발명 특허가 될 것이다.

따라서 창의적 아이디어의 산물들은 최종 결과물이 무엇이 되었든지 간에 결국 그 근본은 같은 것이라 볼 수 있으며, 가장 간결하고 아름다운 문장으로 원하는 아이디어의 핵심을 묘사할 수 있다면 누구나 자기 분야 최고의 창의력 마스터가 될 수 있다.

이 책에서는 창의적 아이디어는 하나로 통한다는 위와 같은 새로운 논리에 대해 간결하게 설명해 나갈 것이다.

제1부 "생각의 씨앗 뿌리기"와 제4부 "생각의 열매 맺기"는 20여 년간 다듬어온 저자의 생각을 정리한 것이며, 제2부 "생각의 줄기 다듬기"는 국내에 마인드맵이 보급되던 초창기부터 연구 및 강의를 해온 한국창의교육

연구소 조영한 소장이 집필하였다. 조 소장은 다음카페 마인드맵클럽의 카페지기이기도 하다. 제3부 "생각의 매듭 풀기"의 트리즈에 대한 저술은 트리즈 레벨4 수준의 전문가가 아니어서 조금은 우려되는 내용도 있지만 20여 년간 쌓아온 나름의 발명원리를 지닌 발명가로서 알트슐러가 만든 발명 문제의 해결 기법인 트리즈의 장단점을 새로운 시각에서 객관적으로 서술하였으니 너그럽게 봐주기 바라며 이는 알트슐러의 기술 개방 정신과도 부합되는 것이라 생각된다.

청년실업자 및 퇴직자들은 창업을 위해 자신들이 선정한 사업아이템과 연관된 참신한 아이디어를 찾는데 많은 어려움들을 겪고 있으며, 발명가들도 새로운 착상을 하거나 이미 생각해낸 창의적 아이디어를 보다 가치있게 보완해 줄 합리적인 툴이 부재하여 많은 시행착오를 겪고 있다. 그리고 기업 및 연구소의 고학력 연구 개발자들을 위한 확실한 창의적 아이디어 개발 툴도 부족한 실정이다. 일반 직장인들도 21C가 창의력이 절대적으로 요구되는 시대라는 것을 너무나 잘 알고 있지만 이들 또한 적절한 창의력 배양 학습서를 찾기 어렵다.

따라서 이들 발명가, 연구원, 예비창업자, 학생, 직장인들을 포함한 미래의 주역들에게 창의적 사고능력을 키워주기 위해 이 책을 기획하게 되었다.

이 책의 제1부에는 아이디어 발상 단계에서 창의적 사고 능력을 배양해주기 위한 창의적 사고 습관들이기와 발상의 기법에 대해 기술되어져 있으며, 제2부에서는 생각 정리의 기술로서 널리 알려진 마인드맵을 현장에서 다년간 강의한 경험을 토대로 현실감 있게 상세히 설명해 줄 것이며, 제3부에서는 현재 국내 S전자와 P철강회사 등에서 연구개발의 툴로 널리 사용하고 있는 창의적 문제 해결의 기법인 TRIZ에 대한 새로운 분석과 창의력 배양 툴로서의 활용방안에 대해 설명할 것이다. 마지막으로 제4부에서는 1~3부에서 생각의 씨앗을 뿌리고 다듬고 매듭을 풀어준 창의적 기술을 가지고 열매 맺기를 시도하게 된다.

이 책처럼 창의적 생각의 발상에서 창의적 문제의 해결과 결실까지 일목요연하게 저술된 책은 국내외를 막론하고 처음 있는 시도라고 보인다. 이러한 시도를 감히 하게 된 것은 국내외에 산재된 관련분야 저술들이 아이디어의 발상에 대해서만 서술되어 있거나 생각의 정리에 대해서만 되어 있거나 연구원들을 위한 한정된 문제해결 기법만을 제시하고 있어서 현업에서의 오랜 실무와 강의 도중 통섭에 의한 종합적인 저술의 필요성을 공감하였기 때문이다.

따라서 독자 여러분들은 필자가 뜻한 바를 잘 이해하여 일상생활 속에서도 항상 창의적으로 생각하는 습관을 들여서 창의적 문제를 단순하고 쉬운 방법으로 풀 수 있게 되길 바라며 이 책의 끝장을 덮는 순간 머리에 커다란 창의적 영감이 떠오르기를 기대하는 바이다.

저자

차례

제3장 창의적 발명 원리 찾기

제4장 창의적 사고 방법의 훈련

제5장 간결한 글로 표현하는 발명

차례

차례

제15장 성공적인 발명 개발 전략

“새로운 문제에 부딪치면 이전에 알고 있던 모든 것을 잊어버려라.”
“실패하라, 가능하면 빨리!”

앤드류 그로브(인텔 CEO)

제1부

생각의 씨앗 뿌리기

idea

제1장

모든 사물은 발명 진화의 산물

창의적 아이디어는 발명에만 국한되지 않는다. 모든 사물과 사상은 하늘에서 뚝 떨어진 것이 아닌 누군가의 창의적 아이디어의 산물이며 심지어 자연의 이치까지도 정교한 원칙과 기술의 순환의 원리로 구성되어 있음을 알 수 있다. 더욱이 21C는 창의적 아이디어를 지닌 이들이 이끌어 가는 세상이 되었으므로 자녀의 미래를 진정으로 걱정하는 부모라면 돈을 물려주기 보다는 미래의 확실한 먹거리인 창의적 사고능력을 자녀에게 물려주는 것이 보다 합리적이라고 생각된다. 창의적이고 적극적인 사고능력을 키워주는 것보다 중요한 것은 없다고 해도 과언이 아닐 것이다.

태초의 우주에 원소만으로 차 있을 때 “나” 혼자서 만물을 창조해내야 한다면 과연 어떻게 해낼 것인가? 원시시대 또는 고대문명 시기로 “나” 홀로 타임머신을 타고 돌아간다면 세상을 어떻게 바꿀 것인가?

현대인인 “나”는 고대문명의 수준과 비교해서 막대한 과학기술정보를 갖고 있지만 아직 도래하지 않은 미래의 기술문명에 비해서는 한없이 초라한 현실에 놓여 있다. 지나간 과거를 돌아보면 너무도 쉬운 기술의 이치가 미래를 생각하는 순간 머리가 지끈거리는 것이 현대인들이 느끼는 공통의 상황이지만 생각의 습관을 바꿈으로써 산에 널려 있는 도토리를 줍듯이 거저줍는 쉬운 발명의 길을 이제부터 걸어가 보자. 과거의 역사 속에서 진리와 교훈을 얻듯이 흘러간 발명의 역사 속에서 발명의 원리를 깨우쳐보자.

1_ 발명에도 유전자가 있다.

1) 자연도 훌륭한 발명품이다.

동물이 먹지 않는 식물의 씨앗은 스스로의 번식을 위해 홑씨의 형태로 널리 날아갈 수 있도록 되어 있다. 단풍나무의 씨앗은 날개 형태의 구조를 갖고 있어서 바람이 불면 회전을 하면서 비교적 멀리 날아간다. 음지, 습지, 열대, 냉대, 사막 등 열악한 생존환경에서 자라나는 식물들은 환경에 적응해 살아남기 위해 선인장의 가시가 잎사귀에서 진화한 것처럼 각기 독특한 발명 구조들을 갖고 있기도 하다. 현대의 첨단 발명품 중에도 연꽃잎의 방수기능이나 도마뱀의 발바닥 구조를 응용한 미끄럼 방지기술처럼 식물과 동물이 지닌 자연의 원리를 그대로 모방하여 오랫동안 풀지 못한 난제를 풀어낸 사례도 매우 많다.

자연 환경의 변화 속에서 진화를 통해 스스로 적응하지 못한 동식물이 도태되어 사라졌듯이 인간이 만들어낸 발명품 또한 시대와 기술 변화의 흐름을 따라가지 못한다면 어느 순간 흔적 없이 사라지게 된다. 그 발명 기술에 목을 맨 개인이나 회사가 있다면 당연히 그 운명을 같이 하게 될 것이다.

2) 자연도 생각하면서 진화한다. – 피보나치수열

꽃잎과 식물의 잎은 서로의 간섭을 피해 햇빛을 잘 받기 위해 피보나치수열로 배열되어 있는데 해바라기나 데이지 꽃 머리의 씨앗도 동일한 배열로 존재한다. 이 수열은 식물뿐 아니라 고둥이나 소라의 나선구조에도 나타나고 있으며 운명적으로 '신의 비율'인 황금비를 만들어낸다.

황금비는 피라미드, 파르테논신전이나 오늘날에는 신용카드와 담배갑의 가로 세로 비율까지 광범위하게 쓰인다. 황금비는 태풍과 은하수의 형태, 초식동물의 뿔, 바다의 파도에도 있다. 배꼽을 기준으로 한 사람의 상체와 하체, 목을 기준으로 머리와 상체의 비율도 황금비이다.

이 수열은 12세기 말 이탈리아 천재 수학자 레오나르도 피보나치가 제안했다. 한 쌍의 토끼가 계속 새끼를 낳을 경우 몇 마리로 불어나는가를 숫자로 나타낸 것이 이 수열이다.

이 숫자는 1,1,2,3,5,8,13,21,34,55,89… 가 된다. 모든 숫자가 앞선 두 숫자의 합이라는 것을 알 수 있으며 주변의 꽃잎을 세어보면 거의 모든 꽃잎이 3장, 5장, 8장, 13장, … 으로 되어 있다.

이렇듯 우주가 피보나치수열의 장난으로 만들어졌는지도 모른다는 생각이 들 정도로 자연은 마치 누가 만든 것처럼 정확한 이치에 의해 발명되어 있고 스스로 생각하면서 진화한다고 보여질 수도 있는 부분이다. 동물에 비해 움직임이 극히 제한된 식물조차도 다른 종류의 식물들과 군락을 이룬 숲 속의 제자리에서 살아남기 위해서 진화 발명을 거듭하고 있는 것은 아닐까?

2_자연으로부터의 위대한 발견

1) 인간의 차별성

인간과 동물의 가장 큰 차이점은 인간이 직립보행을 한다는 점이며 직립보행을 함에 따라 손을 사용할 수 있게 되어 물건과 도구를 용이하게 잡을 수 있게 된다. 또한 인간은 언어를 사용함에 따라 복잡한 의사표현을 할 수 있게 되고 이에 더해 의사전달 수단으로 상형문자를 사용하게 됨에 따라 기록이 가능해지고 조상의 지혜를 후손들에게 전수할 수 있게 된다.

언어와 문자의 사용은 두뇌에 저장된 복잡한 정보와 지식을 효율적으로 표현하고 전달할 수 있게 해준다. 일상적으로 이루어지는 언어를 사용한 대화와 문자를 사용한 문서 기록이야 말로 인간을 차별화 시키고 선조의 유산을 전수 받게 해준 대단한 창의적 사고의 산물이라 할 수 있다.

2) 불의 발견

인류의 역사상 누군가에 의해 처음으로 불이 발견되어 보관하여 사용 할 수 있게 됨에 따라 불은 보온과 방어용으로 활용이 가능해졌다. 불의 사용으로 음식물을 익혀서 요리해 먹을 수 있게 되어 음식섭취에 필요한 시간과 에너지소모를 적게 하고 질병예방을 할 수 있게 되었으며 효율적인 영양섭취는 두뇌의 발달에도 영향을 미치게 된다.

더 나아가 불을 활용한 제련기술과 연금술을 발명하여 철제 도구를 만들어 사용하게 됨에 따라 인간의 문화는 급속도로 발전하여 명실상부한 지구상의 최상위 지배 동물로 자리 잡게 되었다.

태초에 불의 발견이 밀림에서의 자연발화·행성충돌·화산폭발·번개 등 인간의 의지와 상관없는 자연 현상에 의해 발생된 것을 보고 인지한 것이라 할지라도 탄다·뜨겁다는 위험성을 간파하여 이를 역으로 이용할 생각을 한 원시 인류야말로 최초의 위대한 창의적 발상을 한 것이라 말할 수 있다.

어찌보면 맨 처음 불의 활용을 생각한 원시인은 인류 최초의 용도 발명을 한 것이라 할 수 있겠다. 남들이 뜨겁고 무서운 것으로 피하기만 하던 불을 활용하여 고기를 익혀먹고 맹수를 쫓아내며 추위를 이겨내는 다양한 용도로 활용을 시작했으니 말이다.

3_ 인류의 주요 발명

지금은 너무도 당연한 것처럼 사용하고 있는 문명의 이기들이 사실은 원시인류부터 수만 년간 치열한 삶의 결과물로서 구현되고 발전되어 온 것이다. 따라서 역사 속 발명의 진보의 흐름을 살펴보다 보면 발명의 진화 원리를 일반인들도 쉽게 알 수 있게 된다.

역사 속의 수많은 발명 중 대표성이 있는 발명품 몇 가지의 진화의 예를 들어 그 원리를 살펴보고 자신이 발명가였다면 어떻게 했었을 것인가 의문을 갖고 접해보자.

1) 도구의 이용

뾰족한 돌이나 짐승의 뼈를 있는 그대로 도구로 활용한 구석기 시대에서 발전하여 돌을 깨트리고 연마하여 사용하기 시작한 신석기부터는 부지불식간에 인간의 창의적 사고가 작동되기 시작했을 것이다. 어느덧 불을 활용하여 금속을 녹여 원하는 형태의 도구를 만들어 사용하게 된 청동기부터는 기술의 숙련과 더불어 도구를 만드는 장인들의 이름 없는 발명들이 연속되고 철기시대에 이르러서는 훨씬 축적된 기술과 창의적 발명의 결과들이 녹아들게 된다.

태고의 원시인들이 일상생활에서 건기에 바람이 불어 나무들끼리 부딪혀 불이 나고 우기에는 번개를 맞은 나무에 불이 붙었을 것이다. 때로는 자연 화산의 폭발로 용암이 분출하는 광경을 목격하게 된다. 그 순간 원시인들이 두려워하던 맹수들도 혼비백산하여 도망을 가고 일부 동물들은 불에 타서 어느 누군가는 그 고기 맛을 보게 되었으리라.

겨울에 불이 나면 불 주변은 따스해서 적당한 거리에서 불을 쬐는 일도 생겨났을 것이고 용암이 흘러 넘쳐 굳은돌을 보고 돌도 녹는다는 사실을 깨닫게 된다.

모든 동물들은 어찌할 수 없는 숙명으로 알고 살아갔지만 유독 인간들만이 깊이 생각을 하여 역 발상으로 이를 활용하게 됨으로써 비로소 다른 동물들과의 구체적인 차이가 나타나기 시작했을 것이다.

TIP 관심은 발명의 어머니이다

용암이 굳어서 돌이 된다. 돌이 불에 녹는다. 모양과 형태가 다르다.
돌을 녹여서 형태를 만들 수 있다. 돌이라고 다 같은 돌이 아니다.
화강암·현무암·사암·점토암 등 돌의 경화 순서를 파악하여 돌로 돌을 다듬는다.
강약의 비교(돌〈동〈철·제련, 연금술)
돌에 형태를 부여(칼, 도끼, 농기구) 한다.
돌과 나무(손잡이)를 결합하여 사용한다.

2) 토기의 사용

원시인들은 흙에 형태 부여하여 굳히거나 불에 구워서 토기를 만들어 사용하게 되었다. 아마도 불 주변에 바람막이를 하고자 돌을 쌓고 진흙으로 틈새를 막는 과정에서 어느 누군가가 흙이 불에 구어져서 굳어지는 것을 우연히 발견하고 자신이 필요로 하는 의도적인 형상을 만든 것이 토기의 시초 일지도 모른다.

우연한 발명덕택에 토기를 사용하게 된 인간들은 곡물을 저장할 수 있게 되고 물을 끓이고 고기를 더 잘 익힐 수 있게 되어 정착생활을 하게 되었을 것이다.

TIP 흙으로 그릇을 만들다→ 그릇에 담다→ 물을 끓이다→ 음식물을 익히다.

3) 바퀴의 발명

원시인들은 산사태나 눈사태가 나면 경사면을 구르는 돌과 눈 덩어리를 볼 수 있게 되고 태풍이 불면 나뭇가지나 열매 등이 구르는 것을 볼 수 있었을 것이다. 무거운 돌을 움직일 때 우연히 밑에 깔렸음직한 돌이나 나무가 있으면 훨씬 나르기가 쉽다는 것을 누군가는 알게 되어 적극 활용하게 되고 결국 수레바퀴의 발명으로 귀결되었을 것이다.

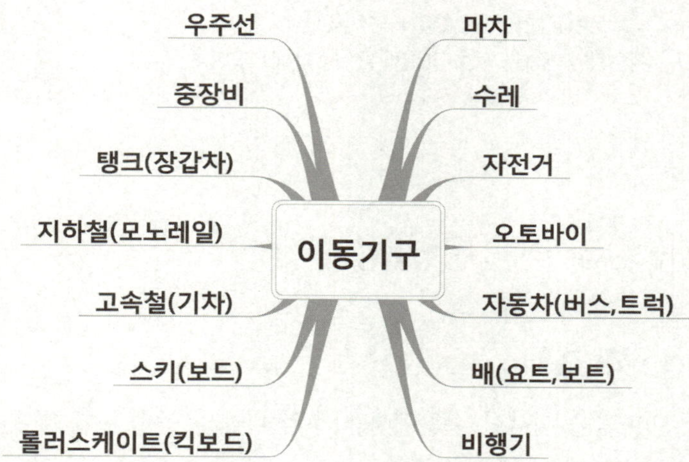

TIP "구른다" =언덕의 돌, 눈 덩이, 통나무, 사막의 풀 뭉치
="빠르다, 운반이 쉽다."
바퀴의 발명은 현대에 까지 지대한 영향을 끼쳐
수레→ 마차→ 자전거(뒤로, 2인)→ 오토바이→ 자동차 등으로
발전되고 기어, 풀리 등 기계 산업의 핵심요소로 발전

4) 힘의 원리 이용

큰 돌 아래 깔린 나무를 빼려다 돌이 쉽게 움직이는 경험을 했거나 중간에 다른 나무가 껴있어서 양쪽 끝이 떠 있는 통나무의 한쪽 끝에 앉아 있던 동료가 반대편 끝을 밟자 나가떨어지는 모습을 우연히 보았던 어느 원시인은 지렛대의 원리에 의해 힘이 배가 된다는 사실을 알게 되었고 이를 활용해 큰 성과를 내었을 것이다.

TIP 나무 끝에 놓인 돌이 쉽게 움직인다.
지렛대→ 맷돌→ 동력(물레방아, 축력)의 이용

4_주거(집)와 연관된 발명

1) 인류의 정착 생활

동굴에서 비바람을 피하던 수준에서 나무와 나뭇잎 등을 활용한 움집을 짓고 살기 시작해서 짐승의 습격을 막기 위한 흙집(주거), 돌로 쌓은 담(바람막이, 도둑방지, 개인 생활 보호), 성곽(영역표시, 적의 침입 방지) 등의 형태로 발전하였을 것이다. 쉽게 무너지는 움집과 달리 흙집, 돌담 집, 목조주택은 인간이 보다 안심하고 편하게 쉴 수 있는 공간이 마련된 것을 의미하고 식량을 비축할 수 있게 된다.

체온을 보호하고 맹수 등 적의 공격으로부터 안심하고 쉴 수 있게 됨으로써 인간의 수명 연장에도 큰 도움이 되었다. 아프리카와 남미의 밀림에서 아직도 원시시대의 주거형태로 사는 이들처럼 전체 인류가 진화를 거부하며 살아가고 있었다면 아마도 인류는 다른 멸종 동물들처럼 흔적조차 없이 사라졌을지도 모른다.

TIP 자연동굴, 큰 나무 밑→ 인조 굴, 흙집, 돌집→ 목조주택, 돌담, 돌 성곽

2) 주택 건조 기술의 진화

초기에 나무와 줄기를 얼기설기 엮어서 만든 움막집 형태에서 집터를 닦고 기둥을 세우고 지붕을 올리게 되고 벽은 나무, 진흙, 돌 등으로 막게 된다. 지붕은 짚(단열, 보온, 비바람 차단) 등을 활용하다 나무 위에 기와(넓고 납작한 돌 또는 구운 것)를 올리는 형태로 발전했을 것이다.

나무의 결합에 있어서 식물줄기 등 끈으로 묶거나 나무에 요철부위를 가공하여 결합하다가 나무못, 쇠못, 장석 등이 필요에 의해 순차적으로 발명되었다. 못의 발명은 필수적으로 연장(나무망치, 돌망치, 쇠망치)을 필요로 하게 되고 점점 다양한 결합재와 활용 도구들이 발명되어 왔다.

TIP 나무못→ 철의 발견→ 철제 못→ 쇠망치(나무 손잡이)

3) 금속성 결속재 발명

식물성 끈으로 묶거나 요철가공결합 및 나무못 등은 그 강도에 한계가 있었으므로 철의 발견과 함께 자연스럽게 철제 못 및 장석과 그 활용을 위한 도구들이 연속적으로 발명이 되었을 것이다. 고정방식에도 발명이 지속되

어 못과 나사 등 금속을 활용한 강제 결속에서 접착제를 활용한 결속, 용접에 의한 일체화 고정, 주물에 의한 일체성형 등으로 진화되어 왔다.

TIP 나사발명→ 나사못, 대형 수나사(볼트), 암나사(너트), 리벳, 용접봉

4) 체결 및 고정을 위한 도구 발명

금속성 결속재의 다양한 출현과 용접에 의한 일체화 고정방식은 그에 알맞은 도구의 발명을 필연적으로 이끌어 내었다. 강제 결속 결합 부위의 기밀을 유지해 주는 다양한 밀봉기술과 부자재들이 발명되었다.

TIP 리벳, 리벳팅 공구→ 용접기계(용접 부자재)
드라이버(-일자→ +십자), 전동 드라이버, 전동 드릴, 해머 드릴,
볼트 너트 체결 공구→ 육각 렌치, 스패너, 라쳇트, 소켓 렌치
육각구멍붙이볼트→ L렌치, 짜개핀, 스냅링 등에 사용되는 도구 등
기밀 유지용 밀봉 자재→ 그리스, 실리콘, 고무패킹, 오링

5_ 역사 속의 발명 원리 분석

발명은 과거를 비추는 거울이다. 과거의 기술 변화 흐름의 연구 분석을 통해 얻은 원리를 적용하여 새로운 기술을 창출해 낼 수 있다. 현재는 누구나 쉽게 이해하며 사용하고 있는 모든 문명 이기들이 태초부터 있었

던 것이 아닌 누군가의 열정 어린 노력에 의해 고안되고 발명된 것들이다. 창의력과 열정을 지닌 수많은 선조들에 의해 이루어진 피땀의 결정체를 우리는 아주 편하게 사용하며 과거보다 월등히 향상된 삶의 질을 향유하고 있는 것이다.

따라서 현재의 문명의 이기를 누리고 있는 우리들도 앞으로 후손들의 보다 향상된 생활을 위해 현재에 만족하는 것이 아닌 새로운 문명의 이기를 창출해 내기 위해 최대한 자신의 창의력을 발휘해야 할 의무가 있다. 따라서 과거에 발명된 무수한 발명품들의 발명역사와 원리를 유심히 살펴보고 이해함으로써 보다 나은 발명을 창안해 낼 창의력 배양의 학습 효과를 얻을 수 있다.

1) 넌 어느 별에서 왔니?

사랑하는 연인 사이에 남자 친구가 "넌 어느 별에서 왔니?"하고 묻는다면 대부분의 여성들은 그 이야기를 듣는 순간 황홀한 기분에 빠져든다. 하지만 이어서 "올 때 뭘 타고 왔어?"라고 물으면 다소 장난스러운 분위기가 되다가 "그런데 차비는 내고 왔니?"하고 물어본다면 분위기를 완전히 망치게 될 것이다.

만일 누군가가 "당신은 지구라는 별에 올 때 차비를 내고 왔는가?"라고 묻는다면 어떻게 대답할 것인가? 황당한 질문이지만 분명한 건 부잣집에서 태어났건 가난한 집에서 태어났건 간에 아무도 차비를 낸 기억은 명백히 없다. 따라서 지구에 태어난 모든 인간은 거대한 발명의 왕국에 무임승차한 꼴이 된다. 태어날 때야 내 의지와 상관없이 온 것이니 신경 쓰지 않아도 되겠지만 지구를 떠날 때는 무언가 남겨 놓고 가야 도리가 아닐까?

사람의 두뇌는 천재와 범재 사이에 별다른 차이가 없고 창의성은 누구나 갖고 있다는 것이 학계의 정설이고 보면 각자의 숨겨져 있는 창의성을 발휘하여 멋진 발명품이나 훌륭한 사상의 흔적들을 남겨 놓겠다는 꿈들을 가져야 한다고 생각한다.

2) 역사 속의 발명을 통해 본 발명 원리

인류 역사 초기에 단순한 발견과 사용의 단계를 넘어서서 다른 용도로 사용하는 용도 발명의 단계를 넘게 되면 대부분 역사상 최초로 없던 기계를 새롭게 창조해내는 발명을 하게 된다. 최초의 없던 기계의 창안은 비록 그 구조가 단순하고 현대의 첨단기술 제품보다 현저히 수준이 낮을지라도 훨씬 큰 역사적 가치가 있다고 할 것이다.

그 후 후세들은 이미 선조들에 의해 발명된 기계의 성능을 발전시키는 발명을 주로 하지만 시간이 흐를수록 점점 복잡한 기계 구조물 발명으로 진화하게 된다. 이렇게 단순한 구조의 발명에서 시작해서 복잡하고 자동화된 현대 기계에 이르기까지 진화되어가는 과정 중에는 매번 매우 어려운 발명의 연속이었겠지만 현대인은 누구나 드러난 결과를 쉽게 유추 분석을 해볼 수 있고 이러한 분석은 미래의 발명을 하는 데에 큰 도움이 될 수 있다.

좋은 사례로 우리가 늘 접하고 느끼며 살고 있는 바람과 관련된 수많은 발명품들의 진화의 흐름을 원시시대부터 살펴보자. 초기의 발명은 절대적 추론이 아닌 유추 모방에 의한 발명이 대세이며 현대에 있어서도 대부분의 발명은 창조적 모방의 산물임을 유념하며 볼 필요가 있다.

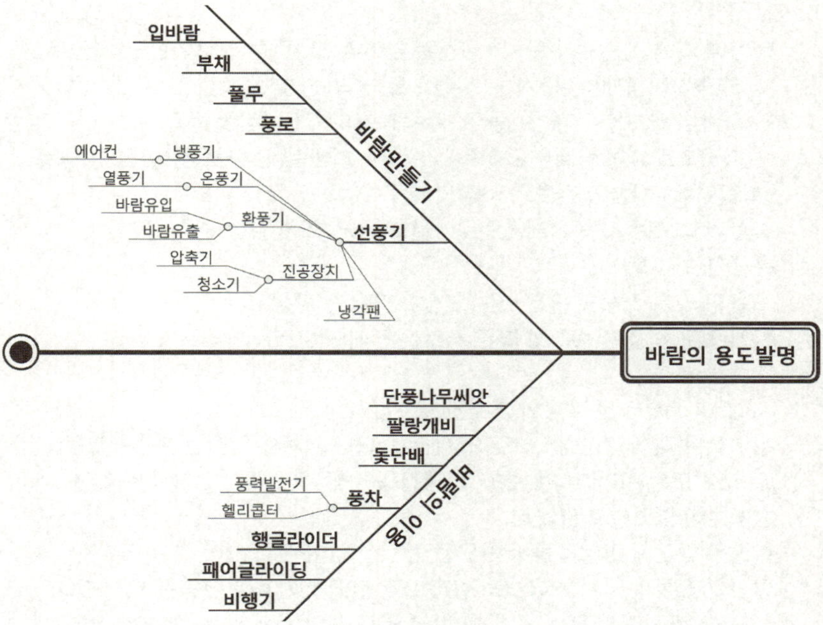

TiP 아이디어 발상의 진화 사례

선풍기(풍차, 물레방아, 풀무, 송풍기) 유래

ㄱ) 문제 해결(진화)의 순서= 필요→ 자연현상 차용→ 단순장치→ 복합기계

〈필요〉덥다→ 부채질을 한다→ 힘이 든다→ 시원한 바람이 나오는 장치가 없을까?

〈자연현상〉바람에 마구 흔들리는 나뭇잎, 회오리바람
바람을 이용해 회전하며 멀리 날아가는 단풍나무씨앗

〈단순장치〉시원한 바람이 나오는 장치는(?)
바람에 의해서 도는구나(풍차-회전력 얻어냄),

바람에 의해 도는구나(풍차-회전력 얻어냄), 바람을 일으키는구나(풀무)
→ 회전력(바람개비, 풍차)→ 바람으로 돌리는 기계(?)
→ 바람이 나오는 기계(?)(풀무-수동)→ 바람을 대신할 동력
→ 자동으로 가능할까?→ 축력→ Motor 회전력(날개 사용)→ 진공, 송풍
〈복합기계〉 기술의 진보와 시장의 욕구 변화
바람이 나오는 자동 기계(선풍기-열소자, 적외선 열풍기, 냉풍기, 온풍기, 에어컨)
사용장소 및 기능별 구분-벽, 천장, 스탠드, 환풍기
날개 없는 선풍기(종래와 다른 새로운 원리의 발명)

ㄴ) 트리즈에서 본 발명의 역사 단계
창의적 문제 해결 방법인 트리즈에서는 모든 체계의 역사는 4단계로 나눌 수 있고 모든 시기마다 나름대로 해결해야 할 과제와 그 과제를 해결한 방법론이 있었다고 본다.
수많은 인간의 발명품들이 아무런 방향성 없이 진화 되어 온 것 같지만 발명의 진화의 역사를 유심히 살펴보고 진화의 단계를 규정한 트리즈의 사고와 "바람이 나오는 기계"의 발명 역사를 비교해 보는 것도 의미있다고 본다.
제1기 전체를 만들어 내기 위한 부분의 선택
제2기 부분 장치들의 개선
제3기 동적인 체계로의 전환
제4기 자동 발달하는 체계

3) 미래는 발명가 시대

앞서 본 것처럼 세상의 모든 사물은 발명으로 통한다. 아니 모든 사물과 이치는 창의적 발명과 연관이 안 되는 것이 없다. 창의력에 의해 새롭게 창출되는 모든 사물과 이치는 하나의 발명이라 볼 수 있다고 생각한다. 인문사회과학 분야의 문자의 발명이나 순수과학의 신물질 및 원리 발견이나

응용과학 분야의 무수한 기계·도구의 새로운 고안은 모두 창의력에 의해 도출된 발명들이라 할 것이다.

19C말 20C초 산업화 시대의 절대요소로 간주되던 노동, 자본, 토지 등 생산의 3요소의 가치는 변질되고 고전적 의미의 영토는 무의미해졌으며 세계자유무역체제와 사이버영토전쟁이 치열하게 전개되고 있는 실정이기도 하다.

또한 사이버영토전쟁에서 지적 창의력이 강한 나라만이 무한한 지식영토확장이 가능하므로 창의적 아이디어 창출의 생활화를 해야 한다. 자본주의 사회의 부의 분배에서 상위 20%가 부의 80%를 지배한다는 파레토의 법칙은 21C에 이르러 초고도 산업화와 디지털화에 따라 상위 5%가 95%의 부를 지배하게 된다고 한다. 최근에는 이에 더해 창의력을 지닌 상위 1%가 99%의 부와 정보를 독점하게 된다는 신 귀족사회를 말하는 이들도 다수 있는 실정이기도 하다.

그리고 디지털, 나노, 바이오 등 최첨단 기술의 진화와 이들 기술의 융합은 인간의 생활을 윤택하게 하기도 하지만 상대적 박탈감을 주기도 한다. 기술의 고도화와 정보 및 부의 집중화 현상에 대응하여 살아남는 방법은 사회 구성원들이 공히 창의적 사고로 무장하여 함께 발전시키고 나누는 방법뿐이라 생각된다. 이와 같이 세상의 흐름이 말해주는 것처럼 미래는 남다른 창의적 사고 능력을 지닌 이들이 주가 되는 세상 즉, 발명가가 주가 되는 시대이다.

TIP 발명! 원시인도 하는데 너는 왜 못해? ㅠ.ㅠ

제2장

일상생활 속의 창의적 발명 습관

같은 세상을 살면서 시인을 시를 쓰고 화가는 그림을 그린다. 그들이 느끼는 감성을 서로 다른 표현방법으로 표현하며 살아가는 것이다. 일반인들도 나름의 고충을 겪고 생각을 하면서 살지만 능동적인 사고보다는 수동적인 위치에서의 삶이 보편적일 것이다. 창의적 사고 방식을 지닌 발명가와 일반인의 차이는 표면적으로는 별다른 것이 보여지지 않지만 발명가는 늘상 주변을 관찰하는 습관과 생각하는 습관이 있으며 이러한 작은 차이가 창의적 사고의 차이를 만든다. 평소에 발명이나 창의적 아이디어 발상에 관심이 없었더라도 이제부터라도 평소에 주변의 사물의 이치에 관심을 갖고 메모하는 습관을 들여 보자.

사물의 이치 및 문제점에 대한 관심과 해결책을 항상 찾아보는 습관을 들이다 보면 자신도 모르는 사이에 자신의 창의적 사고능력 수준이 향상되어가고 있음을 느낄 수 있게 된다. 생활일기는 쓰지 않을 지라도 발명 일기를 쓰며 주변의 사물을 관찰하고 분석하는 습관을 들여보자. 창의적 아이디어 발상능력의 향상은 그리 어려운 일이 아니지만 일단 그러한 능력을 갖게 되면 세상을 능동적으로 살게 되고 삶의 질과 깊이가 확연히 달라 질 수 있다.

1_창의적 아이디어 발상법

1) 창의적 사고 습관을 키워라.

자신의 끊임없는 도전과 노력으로 성공한 거부들은 자식들을 철저히 교육을 시키지 단순히 돈만을 유산으로 남기지 않는다. 스스로 돈을 벌 수 있는 능력과 남다른 창의적 사고능력을 키워주어야 애써 이루어 놓은 자산을 효율적으로 지켜낼 수 있다.

일반인들도 부자들처럼 물려줄 것이 없다고 한탄만 할 것이 아니라 자손들에게 어려서부터 창의적 사고를 하는 습관을 길러 준다면 커가면서 남다른 능력을 발휘하여 성공의 길을 쉽게 갈 수 있게 된다. 좋은 습관은 좋은 옷을 항상 입고 있는 것과 같아서 남의 눈에 띄게 되며 창의적 사고 습관은 일류대학 졸업장이라는 형식적인 가치보다 훨씬 더 유용하고 인정받은 가치로 그 빛을 발휘할 날이 올 것이다. 물론 자식들의 교육이전에 본인들 스스로도 습관을 바꾸면 짧은 시일 내에 큰 성과를 볼 수 있다.

사업의 성공과 부의 축적의 사례를 보면 남보다 조금 다른 생각을 갖고 열심히 노력한 사람들이었음을 알 수 있듯이 신세 한탄만 할 것이 아니라 지금 바로 사고의 틀과 사물을 대하는 습관을 바꿔서 행동을 해야만 살아 남을 수 있다.

2) 끊임 없이 상상을 하라.

성공한자는 항시 '불가능은 없다' 라는 긍정적인 사고와 자신감속에서 해결책을 찾아낸다. 반면에 실패한자는 부정적인 사고와 패배의식에 젖어 있는 이들이 대부분이다. 결과론으로 너무 쉽게 말하는 것이 아니냐고 할지 모르지만 포기하기 전까지는 끝난 것이 아닌데 실패한자는 이미 포기를 했기 때문에 그리 말할 수 있는 것이다. 남이 볼 때 성공한 이들도 과정상 여러 번의 실패를 겪지만 포기하지 않고 끝까지 버텨냈기에 성공을 할 수 있었던 것이며 그렇게 할 수 있던 에너지는 바로 긍정적인 사고와 자신감인 것이다.

세상에 대한 긍정적인 사고와 자신감을 갖고 자신이 하는 일에 대해 끊임없이 상상을 해온 까닭에 자신도 모르는 사이에 창의적 아이디어 발상의 수준이 향상된 것이다. 이러한 창의적 아이디어 발상 능력에도 등급이 있으며 끊임없는 상상을 통해 문제를 제기하고 해결하려는 습관을 통해 자신도 모르게 능력의 향상이 이루어져 결국 일반인들이 보지 못하는 창의적 해법을 찾아 낼 수 있게 된다.

TIP 현상→ 문제인식→ 창의적 상상→ 개선아이디어→ 발명→ 특허→ 사업화

3) 모르는 것은 조합 할 수 없다

“쓰레기를 넣으면 쓰레기가 나온다” 아무리 뛰어난 컴퓨터라도 데이터를 엉망으로 넣으면 결과는 보나마나 잘못된 값이 나온다는 것은 누구나 잘 알 것이다. “발명은 창조적 모방”이며 제대로 된 것을 만들어 내기 위해서는 모방을 할 좋은 대상의 기술을 알고 있어야만 한다. “아는 것이 힘이다.”는 말처럼 아는 것이 많아야 수준 높은 발명을 할 수 있다.

샘이 깊은 물은 가뭄에도 마르지 않는 것처럼 끊임없이 떠오르는 아이디어의 보고를 가동하기 위해서는 최신 기술과 정보가 내 머릿속에 있거나 용이하게 찾아서 접근할 수 있어야 한다. 발명은 이미 있는 기술들을 조합해 새로운 것을 만들어 내는 것이 대부분이므로 많은 경험과 축적된 기술은 발명 아이디어의 개발에 필수적이라 할 수 있다. 끊임없는 상상의 습관에 더해 문제의 개선 능력을 높이려면 도출된 문제와 관련된 분야에 대한 높은 지식이 있어야 가능하다.

4) 잠재의식도 중요하다.

인간의 뇌는 어떤 문제에 대해 생각을 잠시 멈추고 잠을 자거나 쉬는 시간에도 무의식 속에 지속적으로 해결책을 찾는다고 한다. 발명의 역사에서도 장기간 발명의 해결책을 찾지 못하다가 잠재의식 속에 해결된 유명 발명사례가 많다. 따라서 창의적 발명을 하는 이들에게는 때로는 적절한 휴식이 중요할 수 있다.

어렵던 발명의 문제를 꿈속에서 해결해 준 사례들을 살펴보면 하우의 재봉틀 바늘 발명, 던롭의 타이어 발명, 굿이어의 고무 발명, 케쿨레의 벤젠의 구조식 발명 등 다수의 유명한 사례가 있음을 알 수 있다. 따라서 창의적 아이디어를 창출해 내기 위해서는 당장 해결한 문제에 계속 몰입해 있기 보다는 잠시 쉬며 휴식으로 남긴 에너지를 뇌의 잠재의식에 양보하여 볼 필요가 있다.

두뇌의 구조는 생각을 구체화 시킬 여백과 여유를 필요로 하며 사람이 의식하지 못하는 순간에도 계속해서 자율적으로 사고하고 있으므로 평소에 열심히 노력하다 보면 두뇌에 저장한 기억은 놀랍게도 두뇌 스스로 이를 재편집하여 번뜩이는 창의적 아이디어로 되돌려 줄 것이다.

5) 창조성의 비밀 뇌

뇌 과학에서는 창조성을 결코 특별하게 생각하지 말라고 한다. 창조성은 다양한 방법으로 나타나며 그 모두는 평등하고 학업성적과 창조성 사이에는 별 상관이 없다. 인간의 창조성을 특별하다고 생각하기 쉽지만 사실 인간의 창조력은 봄이 되면 싹이 트고 햇볕을 받으며 쑥쑥 자라는 식물의 생장과 같아서 자연계에서 일어나는 생명작용의 일부라고 생각할 수 있다.

인간의 창조성을 의식적으로 제어한 결과라고 생각하는 것은 잘못이다. 오히려 창조성이라고 하는 것은 그 대부분이 무의식 중에 일어나는 뇌 안의 프로세서이다. 창조성에서 직관이 하는 역할은 크다. 제어가 불가능한 것 같으면서도 의식적으로 어느 정도는 제어가 가능하며 가치의 체계에 따른 어느 정도의 방향성도 있다.

인간의 감정은 이성에 의해서 억눌려야 할 단순하고 원시적인 충동이 아니라, 오히려 인간 지성의 최고도 수준까지 세계를 질서 매기고 의미매길 때에 본질적인 역할을 한다. 어느 의미에서는 뇌의 가장 뛰어난 기능 중 일부라고 간주하고 있다.

평소에 창조적 사고 습관을 들여서 지속적으로 뇌에 자극을 주고 감정에 충실하며 자신이 관심 있는 분야의 정보와 지식을 계속해서 습득하다 보면 누구라도 창조적 뇌가 주는 "우연히 만나는 행운 serendipity"의 산물로서 훌륭한 발명품을 창안해낼 수 있게 될 것이다.

2_창의적 발명가란?

1) 발명가는 예언자 이다.

발명은 미래의 기술에 대한 예측이며 따라서 발명가는 미래의 세밀한 분야에 대해 예측을 한다. 훌륭한 발명가는 훌륭한 예언자이기도 한 것이다.

한국의 점쟁이나 서구의 예언자(Fortuneteller)는 자신의 불확실한 미래를 미리 알고 싶어 의뢰하는 개인을 대상으로 미래를 예측해 주며 그들 중 신통력이 뛰어난 자는 일반 사회 현상에 대한 미래를 예측하기도 한다. 그들은 소위 신이 내렸다거나 과거의 연관 저술에 대한 학습을 통하거나 자연의 관찰을 통해 자신만의 방법으로 미래에 대한 예측을 말한다. 개중에는 노스트라다무스나 정감록과 같은 서양의 예언서나 동양의 비기(秘記)들로 전해져오며 수백 수천 년 뒤의 미래인 현재의 현상에 대한 구구한 해석들로 언론에 회자되기도 한다.

예언자의 미래 예측은 명확하고 논리적인 표현보다는 추상적이고 비논리적인 표현이 대다수이며 그러한 예언은 해당 당사자를 일순간 희비의 감정에 휘말리게 하기도 한다. 이렇듯 예언자의 행위가 특정 개인이나 사회 현상에 대한 수동적인 장단기 예측 행위라고 본다면 발명가의 발명 행위는 사회현상에 대한 구체적이고 보다 세밀한 능동적 예측 행위라고 할 수 있다.

또한 예언자의 예측은 단순한 영감이나 자연현상의 관찰 등에 의존한 미래의 예측에 관한 것에 불과한 반면에 발명가의 아이디어 창출이나 발명 행위는 보다 객관적이고 정밀한 실제 사물에의 관찰 및 흐름의 예측에 기반한 것이라 할 수 있다. 발명가는 현재의 기술에 대한 정확한 이해를 바탕으로 비교적 단기간의 기술 진보의 흐름을 읽어낸 후에 예언자처럼 수동적이고 단순하게 다가오는 미래를 미리 살펴보는 것이 아닌 자신의 창의력을 가미하여 능동적으로 미래 사회에 유용한 방향의 기술을 창출해내는 것이다.

위와 같은 발명 행위의 결과 창출된 발명이 발전적인 기술 진보의 흐름과 방향이 일치하는 우수한 것일 경우 예언자가 복채를 받듯이 발명가는 그러한 미래 예측의 대가로 사회 발전에 기여하고 부수적으로 막대한 부를 축적할 수 있게 된다. 명망이 높은 예언자가 되기 위해서라면 단순히 타고난 영감에 의존하는 선천적인 것 외에 부단히 관련 서적의 탐독과 자연 현상에 대한 판단 및 심신의 수련이 필요하듯이 에디슨처럼 뛰어난 발명가가 되기 위해서는 현재의 기술을 정확히 이해한 연후에 그 기술의 진보의 흐름을 예측하거나 새로운 기술을 이끌어 내는 창조력을 가미할 수 있는 능력이 잘 수련되어져 있어야 할 것이라 생각한다.

따라서 여러분이 진정한 우수 발명가가 되고 싶다면 부단히 노력하여 현재의 기술에 대한 정확한 이해를 바탕으로 미래의 기술진보의 흐름을 예측해내야 할 것이며, 그 건실한 기초 위에 자신의 창의력을 더해 능동적이고 발전적인 아이디어를 창출해내려는 끊임없는 관심과 노력을 기울여야 할 것이다.

TIP "미래를 예언하는 가장 좋은 방법은 스스로를 창조하는 것이다."
피터 드러커

2) 발명가는 혁명가이다.

인간이 지닌 동물과의 가장 큰 차이점은 사고를 한다는 것이고 인간만이 그러한 끊임없는 사고의 결과로 사회조직을 결성하고 문물을 발전시켜왔다.

사회조직을 이루는 근간인 조직의 질서형성이 부족장체제에서 전제군주주의로 발전하였다가 공화정체제 사회주의 공산주의 민주주의 등 점차 국민주권이 강화되는 추세로 발전되어 왔는데 그 발전과정은 이미 익히 알다시피 수많은 피로 얼룩진 혁명적 투쟁의 과정들을 거친 후 어렵게 달성된 것임을 알 수 있다.

이와 마찬가지로 문물의 발전 또한 수많은 변혁을 겪어오는 과정에서 끊임없이 발전해온 것이며 그에 따른 기술자 즉 발명가의 값진 희생이 수반된 것이다. 사회조직제도의 변천은 국민 개개인의 권리보호 및 국민주권의 강화에 국한된 것이라면 문물의 발전 즉 문명의 이기의 발전이야말로 인간의 진정한 생활수준 향상에 기여한 것이라 할 수 있겠다.

그러나 사회제도의 변천과정에서 나타난 역사적인 혁명사건들은 비교적 널리 잘 알려져 있는 반면 한 개인 또는 소수의 기술자 집단에서 조용히 개발되어 사회구조를 혁명적으로 변화시킨 역사적 발명에 얽힌 희생과 노력은 쉽게 간과되어 왔다.

인류의 역사에 커다란 변화를 준 시대의 역사적 변화구분인 구석기 신석기 청동기 철기 등은 도구의 기술 발전과 크게 연관되어져 있으며 연금술, 종이, 바퀴, 나침반, 지렛대, 풍차 등 고대 및 중세의 생산력 증대와 지식의 발전에 지대한 영향을 끼친 발명이나 농업혁명, 산업혁명, IT혁명 등을 일으킨 주체들은 모두 뛰어난 창의력을 바탕으로 선구적으로 새로운 물질세계를 발명해 낸 이들의 피땀 어린 노력의 산물이다.

과거 중세 시대에 발명가는 실제로 신의 영역을 침범한 자들로 박해를 받은 바 있으며 아무도 관심을 갖지 않은 초기 발명품에 자신의 모든 것을 걸었다가 정작 발명가 자신은 파산하고 수십년이 지난 뒤 제3자가 큰 돈을 번 사례가 대부분이었다. 이렇듯 인간 사회의 삶의 질 향상에 가장 큰 기여를 해온 발명가들이 실제로는 많은 고생을 하고 과거에 없었던 새로운 것을 혁명적으로 안출하여 끝까지 싸워온 덕에 많은 이들이 지금에 이르러 편히 이를 활용할 수 있고 전체 생활수준이 향상되어온 것이다.

또한 앞으로 21세기는 사회발전에 따라 새로운 이념에 의한 사회제도 변화는 그리 크지 않을 것이라 예측되는 반면에 문물의 발전은 계속될 것이므로 혁명가로서 발명가들의 역할이 지속적으로 요구되는 부분이다. 인류의 역사를 바꾸는 커다란 전환점에 발생되는 제도개혁을 이끄는 사상의 혁명이 거대한 다중의 참여를 요하는 큰 것이라면 발명가의 혁명은 커다란 조직과 사회의 일부분으로서 제도권내의 작은 혁명이라고 볼 수 있다. 무릇 모든 혁명의 주체세력이 그렇듯 성공하면 영웅이요 실패하면 역적이 되듯이 발명가의 혁명 또한 무수히 많은 실패와 소위 패가망신의 사례 속에 비로소 소수의 영웅적 성공사례가 나타나게 된다.

따라서 이순간 각 분야에서 이사회의 발전과 자신의 성공을 위해 창의적 재능을 발휘하며 작은 혁명을 꿈꾸고 있는 소중한 발명가들은 쉽게 좌절하지 말고 끊임없는 노력과 지원세력의 규합 속에 기필코 뜻을 이루어 사회 발전에 이바지하고 일신의 성공적인 삶을 이루어야 할 것이다.

3) 발명가의 3대 마음자세

발명을 잘하기 위해서는 어떠한 마음자세가 필요할까? 발명은 누구나 할 수 있는 것이기도 하지만 아무나 할 수 없는 것이기도 하다. 스포츠 경기인 야구에 3할 타자가 있다면 발명가에게도 수준이 있다. 그러한 수준은 타고난 것이라기보다는 야구의 3할 타자처럼 일정한 수준에 오르기까지 주변의 사물 이치에 대한 끊임없는 관찰과 개선의 노력을 기울여야 비로소 자신도 모르는 사이에 보다 높은 창의력의 발상체계가 생기게 되는 것이다. 이러한 수련의 과정에 있어서 발명가가 꼭 유념 해두어야 할 3대 생활 자세가 있다.

첫째는, 열린 마음을 지녀야 한다. 폐쇄적인 마음을 지닌 사람에게는 사물의 이치가 문을 열어 주지 않으며 따라서 문제를 발견해 낼 수 없다. 상대를 받아들이고 매사에 긍정적인 사고로 대하는 열린 마음 즉 개방적 사고는 문제를 발견하고 해결책을 찾는 발명에 있어서 가장 중요한 자세인 것이다. 발명가 모임에서 이야기를 하다 보면 상대방이 문제를 제기한 건을 토의하는 과정에서 자신의 생각은 잘 말하지 않고 남의 이야기를 듣고 속으로 자신의 비책을 생각해내는 경우를 흔히 볼 수 있다.

그러나 놀랍게도 상대방도 동일한 생각을 갖고 있거나 그 부분에 대해서는 이미 더 많은 시간과 노력을 투자한 상태라 훨씬 체계적이고 광범위한 내용을 알고 있는 경우를 자주 접하게 된다. 아이디어는 숨기거나 혼자서 생각하는 것보다 남들과 이야기를 하다 보면 자신의 생각이 훨씬 발전적으로 변하는 것을 쉽게 경험할 수 있는데 이 또한 열린 마음에 근거한 것이라 볼 수 있다.

둘째는, 적극적 사고방식이다. 소극적인 자세로 살아가는 이들에게는 주변의 모든 사물들이 귀찮은 것이거나 무관심한 존재로만 보인다. 모든 사물은 당연히 그 자리에 있는 것이라 생각하거나 있어도 그만, 없어도 그만인 소극적인 사고로 주변의 사물에 적극적인 관심을 지니지 않는다면 아무런 문제점도 찾아내지 못할 것이다. 사물의 이치에 대한 진지한 관심과 문제의식을 갖는 적극적 사고의 소유자에게만 해결책과 개선안이 떠오를 것은 자명한 이치이다.

셋째는, 자신감이다. 승자와 패자 사이의 작지만 극명한 차이는 자신감이 있느냐 없느냐에 있다. 어렵게 찾아낸 문제점에 대한 개선책을 찾는 과정에 있어서 힘없이 포기하고 만다면 아무런 결과도 만들어 낼 수 없으며 그 동안의 모든 노력이 허사가 된다. 불가능은 없다는 자신감, 문제가 있으면 해결책은 반드시 있다는 자신감이 있어야 문제 해결에의 실마리를 찾아낼 수 있다.

위와 같이 열린 마음으로 받아들인 사물의 이치로부터 적극적으로 문제점을 찾아내고 자신감을 갖고 해결책을 찾아내는 작업을 반복하다 보면 누구나 훌륭한 대안 즉 발명을 해낼 수 있으며 어느 순간 야구의 3할 타자 수준의 우수한 아이디어 창안자가 되어 있을 것이다.

4) 열린 마음 열린 발명

발명가들은 처음에 아이디어를 머릿속에 간직하고 다니다 그 중 일부가 용기를 내어 특허출원을 하게 되며 그때부터 오랜 세월을 어려운 과정을 겪게 되는 이들을 주변에서 많이 볼 수 있다. 성공하는 이들보다 실패하는 이들이 훨씬 많은 현실 속에서 아직도 많은 이들이 일확천금의 꿈을 갖고 다시 무작정 도전을 시작하고 있는 현실은 참으로 안타까울 뿐이다. 직장인의 직무발명 또는 중소기업을 직접 운영하고 있는 이들의 발명은 비교적 쉽게 사업화 될 수 있지만 개인발명가들의 발명은 성공하기까지 수십 배의 노력을 필요로 함에도 불구하고 이를 간과하고 너무 쉽게 열매의 화려한 결실만을 생각하고 있기 때문이기도 하다.

21C는 그에 맞는 사업화 전략 및 발명 기술의 발전을 요구하고 있다. GE, 필립스, 벤츠, 포드, 굿이어 등 세계적 대기업들이 개인발명가의 뛰어난 창의력을 바탕으로 시작되었듯이 자원이 부족한 우리나라가 선진국을 이기기 위해서는 끊임없이 국민의 창의력을 고무하여 남보다 앞선 기술을 이끌어 내야 하는데, 아직껏 실패 사례가 훨씬 더 많은 것에 대해 참으로 냉철한 원인 분석을 해볼 필요가 있다.

"아이디어" 자체는 세상에 표출되기까지는 아무런 가치를 얻지 못한다. "특허"는 출원 또는 등록만으로 무한한 가치를 지니는 것이 아니라 자식 키우듯 온갖 정성을 다 들여야 비로소 꽃을 피울 수 있다. 따라서 특허 하나하나는 개개의 사업 아이템이며 아이디어의 특허출원 및 사업화에 전문경영기법 및 시장원리가 도입되지 않고서는 성공할 수 없다. 특허 아이디어 이외에 사업화에 필요한 다른 요소들도 무시할 수 없는 소중한 무형의 자산이기 때문에 내 아이디어가 소중하듯 타인의 능력(자금, 경영, 기술, 마케팅)의 가치도 인정해주어야 능력 있는 이들의 도움을 이끌어 낼 수 있다. 또한 발명의 기술도 과학문명의 발달에 따라 그 수준이 향상되어야 진정한 발명이라 할 수 있을 것이다.

개인발명가들은 주머니 속의 발명을 꺼내어 세상에 펼쳐 놓아야 한다. 세상에서 모방을 할 만큼 좋은 것이면 반드시 그만한 대가를 받을 수 있을 것이고 아무도 모방하지 않으면 빨리 포기해 버려야 한다. 머릿속의 발명이나 특허 출원 후 누가 볼까 두려워 주머니 속에 넣고 다니는 발명은 희망을 주기보다는 앞으로 나아갈 길에 많은 장애물로 작용할 뿐이다. 샘솟는 아이디어 중 일부를 과감히 공개하여 나를 알리고 작은 성공 후 더 좋은 아이디어로 큰 승부를 해야 한다. 돈 있고 능력 있는 이들에게 투자가치를 느끼게 해주어 동참시켜서 몫을 크게 키워 혼자 사업을 하여 100원을 다 갖기보다 10,000원으로 몫을 키워서 2,000~3,000원을 나누어 갖는 것이 성공 확률도 높고 합리적일 것이다.

발명가들은 마음을 열고 널리 알리는 발명(특허 출원 후), 세상에서 필요로 하는 발명, 열심히 배우고 남의 가치를 인정하는 열린 사고방식으로 21세기에 발명의 새로운 장을 열어야 한다. 아이디어의 샘이 마르지 않는 한 늘 희망이 있으므로 서로정보를 공유하고 힘을 합쳐 조직적이고 체계화된 투자의 장을 만들어야 자본가와 능력을 지닌 이들이 투자가치를 느끼고 그 공간에 모여들 것이다.

5) 인생을 마음대로 바꾼다.

모든 것은 자신의 소망을 분명히 하는 일에서부터 시작된다. 유행가 가사에 나오는 불행에 대한 머피의 법칙은 실상은 희망의 법칙이다.

"인생에는 어떤 위대한 법칙이 있다. 그것은 당신의 인생은 당신이 생각하고 그린대로 이루어진다" 라는 법칙이다.

머피는 이 법칙을 골든 룰(황금률)이라고 부르면서 이 법칙을 깨닫고 멋지게 활용한다면 누구나 자신이 원하는 대로 인생을 살아갈 수 있다고 말하고 있다. 하지만 여기에는 주의해야 할 점이 있다. 그것은 '부자가 되고 싶다. 해외에서 살고 싶다. 사장이 되고 싶다.'라고 막연하게 생각하는 것만으로는 이미징을 아무래 해도 효과가 반감되거나 무효가 되어버린다는 사실이다. 왜냐하면 '부자가 되고 싶다. 해외에서 살고 싶다. 사장이 되고 싶다.'라는 막연한 생각만으로는 소망이 명확해질 수 없으며, 이미징이 산만해지기 때문이다. 이렇게 되면 이미징의 근간을 이루는 상념에도 파워가 생기지 않고 잠재의식에 미치는 작용도 어중간한 상태로 끝나게 된다.

또한 비자카드를 만든 디 혹(Dee Hock)은 그의 삶과 꿈을 담담하게 기록한 책 〈카오딕(chaordic)〉에서 "창조적 행위의 시작과 신의 은총"에 대해 다음과 같이 말했다.

"어떤 일을 시작하기 전에는 언제나 망설임과, 그 일을 철회하고 무위로 돌릴 수 있는 기회가 있다. 시작과 창조에 관련된 모든 행동들을 걱정만 하는 것은 수많은 아이디어와 빛나는 계획들을 죽일 뿐이다. 인간이 그 일을 시작하고 나면, 그 다음 신의 은총도 움직이기 시작한다. 그 일을 시작하지 않았다면 일어나지 않았을 수 있는 많은 일들이 그 일을 돕기 위해 일어난다. 결심을 하게 된 그 순간부터 눈에 보이지 않는 우연, 만남 그리고 물질적인 도움 등 그가 꿈도 꾸지 못했던 모든 길이 그를 돕는다. 당신이 할 수 있다고 생각하고 꿈꾸는 것이 무엇이든, 그 일을 하라. 담대함 속에는 그 일에 필요한 재능과 힘과 마술이 들어 있다."

자신의 소중한 꿈을 이루기 위해서는 세상에 대한 열린 마음과 자신감을 갖고 노력해야 할 것이며, 그 가치의 실현을 위한 창의적 발상들을 지속적으로 실행에 옮기는 과정에서 자신의 인생을 바꿀 수 있는 성과들이 하나씩 실현될 것이라 믿는다.

3_관심이 창의적 아이디어를 만든다.

사랑하는 사람이 생기면 관심이 집중되고 어떻게 상대방의 마음을 얻을 것인가에 고민을 거듭하게 된다. 관심이 가는 여성을 유혹하기 위해서는 연애 기술을 상담하고 선물을 준비하며 경치 좋은 곳으로 드라이브를 하는 등 많은 생각을 하며 지낸다. 여성 역시 마음에 드는 남자 마음을 끌기 위해서는 다양한 애교와 예쁘게 보이기 위한 몸단장에 심혈을 기울이게 된다.

소위 연애를 잘하고 경험이 많은 연애박사들의 경우 상대방의 마음과 심리를 잘 읽어 내어 상대를 편하게 대해 줌으로서 상대와 비교적 쉽게 친해진다. 이렇듯 사람은 자신이 관심이 있는 곳에 생각을 집중하고 노력하여 원하는 바 소기의 성과를 거두는 것이며 창의적 아이디어를 잘 생각해내는 행위 또한 이와 별반 다르지 않다.

1) 자자의 'Bus안에서'

학창 시절 또는 출근 시간에 누구나 만원 버스를 타고 다녀본 경험이 있을 것이고 매일 비슷한 시간대에 타고 내리다 보면 본의 아니게 자주 마주치는 사람들이 있게 마련이다. 당연히 관심은 동성 간보다는 이성의 상대가 눈에 쉽게 띌 것이고 상대가 마음에 든다면 자기도 모르는 사이에 애틋한 마음이 들게 될 것이다.

유행가 중에서 "자자"라는 가수가 부른 노래 중에 이러한 내용을 담은 "버스 안에서"라는 노래가 있다. 그의 관심은 "나는 매일 학교 가는 버스 안에서 항상 같은 자리에 앉아 있는 그녈 보곤 해"라고 시작되는 가사와 같이 "항상 같은 자리에 앉아 있는 그녀" 이다.

그런가 하면 많은 개인발명가들의 관심은 버스의 불편한 개선점에 대한 아이디어들이다. 버스와 연관된 광고 방법들을 고안하거나 승하차시 안전장치에 대한 아이디어가 있을 수 있고 필자처럼 버스의 대형 바퀴로 인해 버스 내부로 크게 돌출된 부분이 승객들을 불편하게 만들므로 바퀴를 반으로 싹둑 잘라서 반 바퀴로 달리는 차를 구상해 볼 수도 있다.

버스 안에서 항상 같은 자리에 앉아 있는 그녀를 보면서 갈지, 긴 시간을 자면서 가거나 책을 읽고 음악을 들으며 갈지는 각자의 관심에 따라 달라지지만 혹시 오늘 그녀가 안보이거나 졸다가 깼거나 책 또는 음악이 지겨우면 주변을 천천히 둘러보자. 항상 남들이 고안해놓은 발명의 혜택만을 볼 것이 아니라 내가 새로운 아이디어를 고안해 낼 것은 없는지? 버스를 이용하며 늘 불편한 점이 있었다면 이를 개선하는 아이디어가 훌륭한 발명이 될 수 있는 것이다.

2) 박진영의 '엘리베이터 안에서'

국내의 유명한 신세대 가수이자 연예기획사 사장이기도 한 박진영 씨의 초기 노래 중 "엘리베이터 안에서"라는 노래는 가사에 "엘리베이터 안에서 사랑을 나누었지"라는 내용이 있는 것처럼 엘리베이터 안에서 사랑을 나누는 짜릿함에 관한 노래다.

우리는 일상생활 속에서 수많은 고층 아파트와 빌딩에 설치된 엘리베이터를 거의 매일 접하는데 엘리베이터를 탈 경우 대부분 멍하니 시간을 보내거나 LED의 층수가 바뀌는 것을 물끄러미 보는 것이 대부분이다.

하지만 젊은 연인끼리 한적한 엘리베이터를 타면 엘리베이터 안이 은밀한 공간이 되어 묘한 기분을 느끼게 되고 영화나 드라마 등에서 선남선녀 단둘이 탄 엘리베이터가 갑자기 정지 내지는 정전이 되어 사랑이 싹트는 상상을 한번쯤 해보았을 것이다. 반면에 멍하게 시간을 보내는 짧은 시간에 어떠한 관심이 있느냐와 상황에 따라서 급격히 다른 용도의 발생과 상상의 나래를 펼 수도 있다.

일전에 인기 탤런트인 채시라 씨를 모델로 하여 진행한 모 아파트 TV광고에서 건설회사 직원이 고객의 편의를 위한 연구 조사 중 엘리베이터 안에서 고객의 행동을 유심히 관찰하다 치한으로 오인 받는 장면도 결국 필요에 의한 관심의 시작이 될 수 있다.

필자는 1990년대 초반에 잘못 누른 엘리베이터 버튼을 다시 누르면 취소되는 생각을 한적이 있었고 같은 회사 내에 다른 사업부가 국내 1위의 엘리베이터 업체이었음에도 불구하고 아이디어의 제안이나 특허 등의 방법을 몰라 속으로만 한참 생각하고 있었던 적이 있었다. 그후 몇 년 뒤 일부 극소수 엘리베이터에서 채택되기 시작한 버튼 취소 아이디어는 그 효용에도 불구하고 아직도 완전히 일반화되지 못하였다.

늘 보는 엘리베이터이지만 우리가 관심을 갖는다면 엘리베이터의 안전에 관한 기술이나 사용자의 편의를 도모한 기술, 절전모드, 화면정보 제공서비스, 초고층 건물에서의 운영기술, 다수 엘리베이터의 연동 운영 등 무수한 아이디어를 생각해낼 수 있고 에스컬레이터, 무빙사이드워크 등으로 변형된 이동 수단을 고안할 수도 있을 것이다. 우리 주변에 있는 모든 사물은 그냥 있는 것이 아니라 누군가의 관심으로부터 고안되고 발전된 것이다. 엘리베이터 안에서 사랑을 나눌 것인지? 멍청하게 허공에 시선을 고정하고 다닐 것인지? 한번쯤 생각해 볼 일이다.

3) 양동근의 '지하철 안에서'

TV광고나 인쇄물 광고들은 광고 제작자들의 각고의 노력 끝에 나온 창의력의 결정체들이다. 짧은 시간 내에 얼마나 인상 깊고 정확하게 의도하는 메시지를 전달할 수 있는가에 그들의 관심을 집중하여 만들어낸 창의력의 산물인 것이다.

TV 광고 중 개성파 연기자인 양동근이 지하철 내에서 콜라 캔에서 나오는 음악을 들으며 춤을 추는 내용의 것이 있었고 이를 흉내낸 디자이너 Y씨의 어설픈 모습이 웃음을 준 광고 작품이 있었다. 세상에 세모, 네모, 동그란 형의 사람과 양동근의 X 형의 사람이 있다는 광고처럼 다양한 생각의 틀을 가지고 사물을 접하고 있음을 알 수 있다.

많은 이들이 이용하며 버스처럼 도심교통 체증에 영향을 받지 않고 비교적 정확한 시간에 정확하게 목적지에 이송시켜 주는 대형교통수단이 지하철이지만 끊임없는 안전사고와 대형 방화사고 등으로 시민들에게 잠재적인 불안을 주고 있기도 하다. 이에 따라 지하철의 편리성과 안정성을 증진시키는 많은 아이디어들이 계속 보완되어 가는 것을 쉽게 볼 수 있다.

지하철 운송에 관한 기술처럼 복잡하고 어려운 기술이 아닐지라도 지하철 출입구부터 볼 수 있는 다양한 광고물과 연관된 기술들, 티켓자동판매기, 출입구 자동 검표기, 승객 안전을 위한 플랫폼 자동 차단시설, 지하철 내의 화재 방지 및 안전 설비, 지하철 내부의 TV 등 편의시설, 손잡이 고안 등 수많은 아이디어의 결정체들이 굴러다니고 있다는 점이다.

지하철 탑승 시 잠을 잘 것인가? 책을 읽을 것인가? TV를 보거나 스마트폰 등 오락기기를 가지고 놀 것인가? 본인의 관심사에 따라 행동하면 되겠지만 이도 저도 귀찮을 땐 주변을 한번 쭉 둘러보자! 수많은 이들이 생각해내지 못한 개선할 만한 무언가가 아직도 많이 남아 있지 않을까?

4) 원더걸스의 '노바디'

박진영이 키운 인기가수 원더걸스의 신곡 "노바디"의 뮤직비디오를 보면 애초 박진영이 이 노래를 부르도록 기획했으나 박진영이 화장실에 갔다가 휴지가 없어서 화장실에서 나오지 못하는 통에 백 코러스이었던 원더걸스가 대신 불러 오히려 히트를 치는 구성이다.

평소 화장실이 생각하거나 암기하기 좋은 장소라는 인식이 있어서인지 모르지만 화장실 관련 아이디어는 개인발명가들이 많은 발명 아이디어를 구상해내는 것 중 하나이다. 냄새 제거를 위한 방법, 좌변기의 커버를 자동으로 올리는 법, 오물 튀김 방지법, 세척용 물 내리는 방법 등 굉장히 다양한 아이디어들이 중복되어 출원된 것을 알 수 있다.

만일 박진영이 들어가 앉은 화장실에 휴지가 없을 때 관리인을 호출하는 벨이 설치되어 있었다거나 비데가 설치되어 있었다면 뮤직비디오 내용처럼 박진영이 누군가(Nobody)를 간절히 호출하다 시간을 놓쳐 노래를 빼앗기는 일은 없었을 것이다.

독특한 캐릭터의 박진영씨, 그는 가수이자 작곡가이자 프로듀서 이지만 엘리베이터에서건 화장실에서건 다소 엽기적이면서도 참신한 그 발상과 열정은 분명 대단한 창의력을 기반으로 한 것임에 틀림없다는 생각이다. 관심이 새로운 발상을 만들어 낸다면 지금 내가 어디에 있든 관심과 함께 주변을 유심히 둘러보고 무언가 개선할 점은 없는지 곰곰이 생각해 볼 일이다.

4_창의적 아이디어는 모든 분야에 통한다.

1) 스포츠 재능도 창의적 아이디어의 산물이다.

가. 럭비공은 마음대로 튄다.

흔히들 예측할 수 없는 행동에 빗대어 "럭비공은 마음대로 튄다"는 말로 표현하지만 실력 있는 럭비선수는 "공은 나에게만 온다."라고 생각을 해도 될 만큼 럭비공을 잘 다룬다. 그들은 끊임없는 훈련 속에 볼 방향감각이 상승하여 거의 기계적으로 잘 잡게 되는 것이다.

축구 선수 중 골을 잘 넣는 선수는 공이 가는 길을 볼 줄 알고 어떻게 차야 하는지가 수많은 훈련 속에 몸에 배어 있다고 한다. 홈런타자는 공의 질과 속도를 순식간에 판단하고 방망이 속도와 방향을 조절하며 공을 날려 보낼 방향을 보며 스윙을 한다.

홈런왕 이승엽 선수가 하루에 천 번의 타격 연습을 한다거나 왕년의 농구스타 허재 선수가 밤늦게 까지 드리블과 슛 연습을 했다는 이야기들은 널리 알려진 사실이기도 하다. 이렇듯 스타 운동선수들은 엄청난 연습과 창의적 사고를 통해 자신만의 슛·타격 방법과 공의 구질을 연마해서 타의 추종을 불허하는 실력을 보여 주는 것이며 상대선수와의 지략 싸움에 이겨서 승리를 거듭하는 것이다.

나. 운동선수의 전매특허

축구의 바나나킥·발리킥·시저스킥, 농구의 덩크슛·레이업슛, 야구의 체인지업·싱크볼·자이로볼, 미식축구의 쿼터백의 잣대 송구 등 모든 운동 종목에는 일반인들이 흉내낼 수 없고 운동선수들 중에도 상위급 선수들만이 자유자재로 할 수 있는 환상적인 기술들이 많이 있다.

지금은 일반화된 기술도 처음 이를 고안했거나 현재 가장 우월한 실력으로 위의 기술들을 전매특허처럼 행하고 있는 선수들은 단순히 재능만으로 실력이 이루어진 것이 아니라 끊임없는 훈련과 창의적 사고능력으로 자기 나름의 기술을 개발하고 체득한 결과이다.

운동신경은 두뇌 중 소뇌에서 관장하지만 상황판단과 행동의 지시는 두뇌의 전두엽에 있는 외측전두엽피질이 뇌의 사령탑으로서 지시를 내린다. 번뜩이는 창의적 발상도 마찬가지로 외측전두엽피질에서 관장을 하므로 운동을 잘하려면 창의적 사고 능력도 뛰어나야 한다고 생각된다.

다. 발명(창의력)에도 타율이 있다.

운동선수들이 타고난 재능에 더해 반복되는 훈련을 통해 불후의 명장면을 연출해 내듯이 발명가들의 창의적 아이디어의 산물 또한 관심과 반복되는 창의적 습관 속에 이루어진다. 야구의 3할 타자는 아무나 할 수 없는 것처럼 발명가의 창의적 아이디어의 수준도 차이가 있다. 끊임없이 상상하고 문제 제기를 하여 일정한 창의적 아이디어 발상 수준에 오른 이는 야구의 3할 타자처럼 일정 수준의 아이디어를 계속 낼 수 있고 그 가운데 가끔은 홈런을 칠 때도 있는 것이다.

2) 경영 기술도 훌륭한 발명 아이디어다.

세계금융위기의 주범으로 주목되고 반월가 시위(Occupy wall street)로 그 의미가 부정적으로 퇴색되었지만 미국 월스트리트를 중심으로 한 파생상품, 정크 본드 등 초단기 금리차나 부실채권 등을 활용한 파생 금융상품의 고안 및 운영기술들은 그 자체만으로는 훌륭한 창의적 아이디어의 산물이라 할 수 있다. 수학 또는 물리학과의 수재들이 모여 창출해낸 선진 금융기법은 치열한 창조적 계산 및 예측의 결과로 산출된 상품인 것이다.

또한 GE의 잭웰치 등이 창안해낸 경영혁신기술인 6Σ, QI, Reengineering등과 제조생산라인을 두지 않고 디자인 개발과 마케팅 전략만을 수행하는 글로벌 회사인 나이키, LA기어, 애플 등의 회사들도 뛰어난 창의적 아이디어의 결과로 이루어진 발명품이라 할 수 있겠다. 제조기업들이 산출해내는 상품을 기획 단계부터 관여하여 마케팅 채널 및 플랫폼을 활용하여 고가에 파는 전략이야말로 위대한 발명의 발상이자 21C가 원하는 사업방식의 하나일 수 있기 때문이다.

그리고 우리가 매일 접하는 수많은 상품들에 대한 광고 또한 훌륭한 발명의 산물이다. 피나는 창의적 노력의 결과로 간단하고 명료한 문구와 메시지로 강렬하게 소비자들에게 어필하는 고도의 1회성 창작물로서 감성적인 효과를 노리는 발명품이라 할 수 있겠다.

"Just Do It!", "It's different", "It's Miller Time", "사랑해요 LG", "또 하나의 가족, 삼성", "침대는 과학입니다", "아내 같은 아파트", "함께 즐겨요"

위와 같은 짧은 광고 문구에 함축된 주옥같은 문장은 세상의 어떤 뛰어난 발명 보다 전달하고자 하는 의미를 가장 잘 전달하고 광고하는 회사와 제품의 이미지를 한껏 끌어올려 주는 효과가 있다.

발명을 기술사상을 바탕으로 한 특허기술의 대상으로 한정 짓는 것은 잘못된 것이며 뇌의 창조적 사고체계는 기술 영역과 비기술 영역을 구분하여 발휘되는 것이 아니다. 따라서 뇌의 창조적 사고의 결과가 어떠한 외양으로 구현되는가에 따라 가치를 구분하는 것은 불합리한 것이며 그 결과물들은 각기 다른 분야에 종사하는 창조적 사고 능력을 지닌자, 즉 각기 다른 모습의 발명가에 의해 구현된 것일 뿐이다.

뇌의 창조적 사고로부터 기원하여 도달되는 결승점이 언어의 영역인가, 경영의 영역인가, 스포츠의 영역인가, 기술의 영역인가 등으로 다를 뿐 그들은 같은 곳에서 나온 창조적 사고의 자손들이라 할 수 있다. 창의력이 뛰어난 이라면 그가 다른 분야의 종사자라 할 지라도 연관된 기술 분야의 지식을 습득한다면 쉽게 새로운 발명품을 고안해 낼 것이다.

3) 디자인과 문화 예술의 창의성

화가가 그림을 그리는 작업 또한 뛰어난 창의적 아이디어와 재능이 결합된 것이다. 이러한 미적 감각과 재능이 실물 아이디어와 결합하여 우수한 디자인 발명이 의류, 건축물, 도구, 장비 등 제조업 분야로 확산되어 나타나는 것이기도 하다.

독창적인 문화예술 작품 및 행사의 기획과 공연도 관련분야 종사자의 뛰어나 창의력이 수반되지 않으면 성공적으로 수행되기 어려운 것이며, 시대의 흐름과 관객의 욕구에 알맞은 콘텐츠의 기획 창출 아이디어는 어느 발명품 못지않은 가치가 있다 할 것이다.

구조적이고 유형적인 발명에서 감성적이고 무형적인 발명으로서의 문화예술 창작의 가치는 21C에 더욱 빛을 발할 것이며 저작물 및 예술 작품의 저작권이 사후50년까지 보호되는 점에 비추어 보면 20년의 권리를 보장해주는 특허권 보다 오히려 나은 권리일 수도 있다는 생각이 든다. 총을 쏘는 저격수 사진을 전봇대에 감아 자신을 겨누게 한 "반전광고"로 국제광고대회에서 대상을 탄 작품 아이디어에 단순히 공지의 기술을 더하면 "자기를 겨누는 권총"이나 90°각도로 꺾인 총을 발명해 낼 수 있다.

또한 창의적 사고 능력 증대의 주요 방안 중 하나로 아이디어를 단순히 메모로 정리하는 것이 아닌 그림으로 시각화를 할 것을 권유한다. 아이디어를 그림이나 맵핑으로 시각화하는 습관을 들이는 것이 창의적 사고 능력을 키우는데 많은 도움이 되기 때문이다. 이 책의 제2부에서 생각정리의 기술인 마인드맵을 별도로 다루는 이유가 여기에 있다.

TIP 누구나 쉽게 이해할 수 있는 발명의 단순한 원리는 없을까?

제3장

창의적 발명 원리 찾기

날마다 무심코 보아 넘기는 내 주변의 모든 것들 중 창의적이지 않은 사물은 없다. 이미 주변에 널려 있는 기성 발명품을 통한 학습을 용이하게 할 수 있으며 주변의 모든 물건이 발명의 교재가 될 수 있는 것이다. 따라서 자연의 진화를 모방해서 찾는 발명원리, 역사 속 과거 기술의 진보 흐름에서 찾는 발명원리, 일상생활 속에서 날마다 접하는 기존 발명품이 지닌 문제점 해결을 통한 발명원리, 그리고 각 분야 기술의 융합을 통한 미래의 발명원리를 찾아보자.

어렵게만 생각되는 발명, 무언가 특별한 능력을 지닌 사람만이 해낼 것 같은 발명들이지만 의외로 발명의 원리는 조금만 관심을 가지면 우리 주변에서 쉽게 찾을 수 있는 것이다. 우리 주변의 모든 것 심지어는 자연의 이치조차도 잘 분석해 보면 너무나도 쉽게 발명의 원리가 쑥쑥 샘솟아 나오는 것을 이미 살펴보지 않았는가?

에디슨조차 발명의 원리를 남기지는 않았지만 그는 누구 보다 앞서 자신만의 발명의 원리를 갖고 있었을 것이며 그러한 자신만의 발명 원리나 창의력의 체계로 위대한 발명품들을 양산해 낼 수 있었을 것이다. 따라서 우리들도 나만의 발명원리를 찾아서 부단히 학습하고 사고하는 습관을 들여야 한다.

1_ 발명은 창조적 모방이다.

1) 발명은 창조적 모방

이미 존재하는 물건을 보지 않고 유사한 분야의 새로운 물건을 발명해 낸다는 것은 초보 발명가에게는 매우 무모한 일에 가깝다. 사람은 자신의 경험과 아는 기술 범위 내에서 생각을 조합해서 새로운 창의적 아이디어를 도출해 내는 것이 대부분이다. 따라서 아는 것이 힘이며, 많은 것을 보고 듣고 배워야 한다. 자신이 하고자 하는 발명 기술 분야의 전문 기술 지식이 있어야 제대로 된 발명, 가치 있는 발명을 할 수 있다.

발명은 어디까지나 창조적 모방이며 알지 못하는 것은 조합해 낼 수 없고 전산장치에 쓰레기가 들어가면 쓰레기가 나오듯(Garbage in, Garbage out) 해당분야의 기술을 모르고서는 적절한 가치를 지닌 해결책으로서의 새로운 발명을 해낼 수 없다.

2) 쉬운 발명, 어려운 발명

창의적 사고를 통해 발명은 누구나 할 수 있는 것이지만 반면에 발명은 아무나 할 수 없는 것이기도 하다. 업무 체계가 잘 수립된 제조업체들의 경우 직원들에게 업무개선 제안이나 직무발명에 대한 목표 할당을 하고 독려하고 있으나 이들 과제를 무난하게 잘 해내는 직원은 소수에 불과하고 대다수 직원들은 매우 난감해 한다. 더욱이 일반인들은 대부분 발명에 대해 큰 관심이 없고 그것은 나와는 상관없는 일이라 생각하거나 아예 발명이라는 개념의 존재조차도 모르는 이들도 다수이다.

아무런 의식 없이 지내다가 아주 우연한 기회에 해내는 순수발명을 기대하는 것은 로또 복권 당첨을 기다리는 것이나 다름없을 것이며 그러한 경우는 아마도 발명자가 본인은 인지하지 못하는 동안에 창의적 사고 습관이 몸에 배어 순간 착상이 떠올랐을 가능성이 높다고 생각된다.

이렇듯 대부분의 사람들이 관심이 없거나 존재조차도 잘 모르는 발명이라는 것에 대해 왜 우리가 적극적으로 관심을 가져야 하는가 하면 앞서 말했듯이 이 세상에 인간에 의해 만들어져 존재하는 사물 중에 누군가의 노력에 의한 발명의 결과물이 아닌 것이 없고 미래 또한 그러할 것이기 때문이다. 조금만 주변에 관심을 기울여 보면 아주 쉽게 찾아 볼 수 있는 발명품들을 같은 시대에 살면서 누구는 이를 잘 활용하여 사회발전에 기여하며 큰 성과를 얻는데 반하여 아무런 관심도 없는 대다수에 속하여 남이 해놓은 발명의 혜택만을 보면서 이끌려 가는 삶을 살 것인가를 곰곰이 생각해 볼 필요가 있다.

비슷한 능력을 갖고 태어나 비슷한 환경에 살면서 단지 창의적으로 사고하는 습관을 지니지 못한 탓으로 삶의 방향과 질이 달라진다면 참으로 아쉬운 일이 아닐까? 다시 말하면 발명은 아주 쉬운 것이지만 창의적 사고를 하는 습관을 들이지 못한 이들에게는 매우 어려운 것이라 아무나 할 수 없는 것이다. 주변의 사물을 유심히 살펴보고 그 인과관계와 문제점을 파악하고 개선하려는 사고의 습관을 지금 당장이라도 시작 한다면 비교적 멀지 않은 시간 내에 자신도 모르는 사이 뛰어난 창의력이 샘솟아 날 것이라 확신한다.

겉으로 아무런 변화가 드러나지 않는 창의적 사고습관은 자신이 현재 갖고 있는 어떠한 재산보다도 훨씬 가치 있고 소중한 것으로 스스로의 미래를 훤히 밝혀줄 것이다. 외부로 드러난 재산이야 탕진하거나 남에게 빼앗길 수 있지만 머리속의 보고인 창의력은 무한하며 누가 쉽게 빼앗아 갈 수 없기에 한번 창의적 사고능력을 키우기만 하면 평생을 뜻있고 안락하게 살 수 있게 해줄 것이다.

3) 기술의 흐름을 파악하라.

오랜 지구의 역사가 흐른 현재의 관점에서 보면 고대에 비해 자연도 엄청난 진화를 한 것을 볼 수 있으며 자연 진화의 추이를 유심히 살펴보거나 각 개체의 생존 방식을 연구해보면 훌륭한 발명의 발상을 유추해 낼 수 있다.

자연의 각각 다른 생존 환경인 땅 바다 하늘과 지하에서 생존하기 위해 동식물들이 지닌 양력/부력/중력/척력/인력을 진화와 융합의 관점으로 살펴보면 헤아릴 수 없이 엄청난 발명의 기회를 엿볼 수 있다.

위와 같이 자연 진화의 흐름에서 인간의 생활에 응용할 수 있는 발명 기술을 찾아낼 수 있듯이 인류의 역사 속에 나타난 발명품들의 진화의 흐름을 살펴보면 새로운 발명에 대한 착상을 해낼 수 있다. 발명은 다가올 미래에 대해 인간 스스로 확실하게 만들어 낼 수 있는 예측이기도 하므로 시대의 흐름에 맞는 발명, 시대를 앞선 발명을 해야만 성공할 수 있는 것이다.

달리 말하면 발명은 발명이 해당한 분야의 좁고 깊은 기술 영역에 대한 미래의 예측이다. 따라서 발명의 흐름을 잘 예측해서 그 시대가 요구하는 적절한 발명을 해내야 성공을 할 수 있는 것이다. 그 시대의 문화와 기술의 트랜드(흐름) 속에 성공적 발명의 기회가 숨어 있다는 사실을 명심하고 흐름의 파악과 적응에 유념해야 한다. 21C의 화두인 3D(Digital, DNA, Design) 기술과 이종 간의 융합 기술에 유념해서 연구해야 하는 까닭이기도 하다.

4) 주요 기능 요소를 파악하라.

새로운 발명을 시도함에 있어서 발명의 대상이 된 물품의 주요기능 요소를 파악할 필요가 있다. 해당 물품의 기능 중 주된 요소와 종된 요소를 찾아내 분류하고 그 중 어느 요소를 발명의 대상으로 삼을 것인가를 우선 결정해야 한다.

현재 사용되고 있는 모든 물품에 필요 없는 기능은 없을 것이나 만일 있다면 없애는 것이 발명이다. 해당 물품이 지닌 다양한 기능 중에 없어서 새롭게 필요한 것이 있다면 당연히 그 필요한 기능을 찾아내는 것이 발명이다. 발명의 대상이 된 물품을 요소별로 분해하여 각 기능 요소들의 역할을 정확히 파악한 후에 새로운 발명의 시도를 하는 것이 합리적이고 효율적인 발명의 기본 원리가 된다.

2_ 발명의 원리와 기초

1) 발명의 기본 요구 사항

발명을 하는 데에 있어서 개인발명가들이 하는 가장 큰 실수들 중의 하나는 문제해결을 위한 방안으로 개발해낸 기술들이 대상 물품의 구조를 더욱 복잡하게 만들어 새로운 문제점을 만들어 낸다는 것이다. 기본적으로 기존의 발명품들은 기술이 진화하면서 다양한 기술 요소들을 융합하여 신기능은 늘어나면서도 경박 단소화되고 원가가 절감이 되는 형태의 것이 일반적이다.

그런데 소위 새로운 발명을 한다는 이들이 이러한 일반적인 기술개발 추세에 역행하여 아날로그적 사고로 문제를 복잡하게 만드는 것은 발명이 아니라 개악일 뿐이다. 주어진 발명의 문제를 해결하는데 있어서 불필요한 단계를 추가하거나 복잡하게 하는 행위는 절대적으로 해서는 안 되는 발명의 기본 원칙이다. 서울에서 부산을 내려가는 길은 여러 가지 길이 있을 수 있으나 빨리 가는 방법은 한 두 가지이고 그 길을 찾거나 찾은 길을 더 빠르게 개선하는 것이 발명이다.

2) 발명의 3대 발상법

발명의 발상법에는 3가지 사고방법이 있다.

첫 번째는 수직적인 사고방법이다. 이는 사물을 보고 생각하는 데 고정관념을 가지고 판단하는 것으로 논리학이나 수학으로 대표되는 사고방법이다.

일반적으로 수직적 사고에 익숙해져 있는데 수직적 사고는 어떤 목표를 가지고 추진해 나갈 때 체계적으로 추진할 수 있어 효과적이다. 한 우물을 판다는 뚜렷한 목표 아래 어떤 어려움이 닥쳐와도 처음에 목표한 대로 추진해 가는 방법이다. 수학문제를 풀듯이 한 단계 한 단계씩 순서대로 풀어 가는 사고방법이며 그 한 단계 한 단계가 모두 옳은 것이어야 한다.

두 번째는 수평적 사고방법이다. 이는 전통적인 고정관념을 탈피하여 사고의 중심을 수평으로 이동시키는 유연하고 함축성 있는 사고방법이다.

예를 들면 우물을 팔 때에 돌이나 바위에 부딪히게 되면 그 우물은 포기하고 옆에다 다른 우물을 파는 것과 같다. 비논리적이고 인과에 얽매이지 않으며 뛰어넘어 가면서 생각하는 방법을 말한다. 수평적 사고의 테크닉은 하나의 사물을 관찰할 때 여러 방법으로 관찰하는 것이며, 뻔한 아이디어 일지라도 뒤집어 보고, 엎어서 보고, 거꾸로 해 보고, 역전시켜 본다. 이 사고방법은 아이디어 개발 방법에서 매우 중요한 사고 방법이다. 실제 문제의 해결이나 발명에 있어서는 수직적 논리를 떠나 수평적 유연성을 가질 필요가 있다.

세 번째는 입체적 사고방법이다. 이는 전통적인 논리성을 강조하는 수직적 사고와 사고의 중심을 수평적으로 이동하며 다각적으로 생각하는 수평적 사고를 결합한 것으로 한정적 사고방법이라 하기도 한다.

예를 들어 스마트폰을 보다 잘 팔리고 오래 쓸 수 있게 견고하게 만들었다고 하자. 이 때 수직적 사고를 적용한다면 스마트폰을 더욱 견고하게 하거나 여리게 만들 것이다. 하지만 수평적 사고를 적용한다면 보다 견고한 스마트폰을 만드는 대신 모양이 다르고 아름답거나 기능이 추가되어 다용도로 쓸 수 있는 스마트폰을 만들 수 있다. 한편, 입체적 사고를 적용한다면 먼저 수평적 사고를 적용하여 몇 가지 대안을 개발하고 각각의 대안에 대하여 수직적 사고를 적용하여 장·단기적 효과를 검토할 수 있다. 좋은 발명 아이디어를 창안해 내기 위해서는 편협하고 경직된 사고를 하기보다는 유연하고 입체적인 사고를 할 필요가 있다.

3) 기존의 아이디어 발상법

학생 발명이나 개인발명가들이 쉽게 접하는 발명원리인 '더하기도 발명이다, 빼기도 발명이다' 라는 기본 원리처럼 기존의 물품에 기능을 더하고 빼는 일은 발명을 처음 시작하는 이들도 쉽게 접근할 수 있는 발명의 기본원리이다.

동일 요소를 중복적으로 배치하거나 한 몸체를 여러 개로 나누는 방법 또한 상황에 따라 요긴하게 사용될 수 있는 발명요소이며, 오감을 활용한 보고/듣고/말하고/냄새 맡고/만져보는 등의 요소를 반영한 기술들을 찾아서 자신의 새로운 발명품에 부가해 보는 것도 좋은 발명의 방법이 될 수 있다.

이 책 제2부에서 상세히 설명할 생각 정리의 기술인 마인드맵도 단순히 기억력 향상이나 논리적 사고력 증대뿐만 아니라 창의적 사고 능력 배양 효과를 기대하고 있기도 하다. 또한 제3부에서 다룰 창의적 문제해결 방법 트리즈의 주요소인 40가지 발명의 원리(부록3)는 현존하는 가장 좋은 아이디어 발상법이라고 할 수 있다.

4) 고구마는 넝쿨째 캐라.

농작물 중에는 뿌리 열매를 대상으로 하는 것들이 다수 있는데 고구마, 감자, 땅콩 등은 넝쿨 작물로 무나 배추처럼 한줄기에 하나가 아닌 여러 개의 뿌리줄기를 캐야 한다는 사실은 잘 알고 있을 것이다. 대도시 주변의 고구마 밭이나 땅콩 밭을 보면 밭주인이 캐고 남은 땅을 호미로 헤쳐 가며 남아있는 잔 고구마나 땅콩들을 줍는 광경을 볼 수 있는데 어릴 때 기억으로 그렇게 캐온 고구마와 땅콩을 맛있게 먹었던 적이 있기도 하다.

발명 역시 위의 넝쿨작물과 같은 것으로 다양한 기술 변형의 사례를 한 번에 고안해내서 특허의 청구 항으로 권리화하지 않으면 애써 개발한 신기술이 아이디어만 노출되고 남 좋은 일만 시키게 되는 경우가 많다.

특히 개인발명가들의 경우 해당 분야의 전문적인 기술이 부족한 상태에서 기술이 노출될까 두려워 특허를 서둘러 출원하는 경우가 많아서 특허 청구 항 3~4개만을 명기하여 졸속으로 특허를 출원하게 되는 경우가 대부분이다. 안타깝게도 잔 줄기 뿌리만 추려낸 형태의 부실한 특허는 말 그대로 아이디어를 노출만 하게 되고 동 분야에 종사하여 전문지식이 있는 이들이 이를 접하게 되면 훨씬 유용한 다수의 굵은 뿌리줄기 아이디어를 가로채버리게 되는 것이다.

또한 발명은 계열화, 집중화를 해야 한다. 기술과 자원이 부족한 개인발명가들은 더 더욱이 제한된 자원을 효율적으로 활용하기 위해서 그렇게 해야 하고 기업체의 직무발명도 또한 한 제품의 완성도를 높이기 위해 관련부서의 직원들의 노력을 집중해야 한다. 개인의 경우 스스로 잘 할 수 있는 것을 먼저 해야 하며 내가 가장 쉽게 잘할 수 있는 것이 무엇인지를 찾아야 한다.

유사한 발명을 모으고 최초의 성공을 이루기까지 한 분야의 발명에 몰입해서 적은 자원으로 효율적인 성공을 거두어야 한다. 발명 아이디어를 개발하여 특허출원을 할 때 가능한 모든 실행 경우의 수를 함께 발명해야 하는 것도 꼭 명심해야 한다.

개인발명가의 영역은 따로 있다. 남이 만든 것을 개선하거나 틈새 발명을 노려야 하며 나에게 맞는 종목과 시장을 찾아야 한다. 내가 지금 놀 수 있는 물이 메이저리그인지 마이너리그 인지를 정확히 깨닫고 차근차근 역량에 맞추어 자신의 레벨을 높여가야 한다. 짧은 시간 내에 작은 성공이나마 이루어 힘의 소진이 아닌 비축을 통해 더 큰 시장을 찾아가야만 하는 것이다.

3_ 발명의 원리를 찾아서

1) 눈은 앞을 보게 되어있다.

동서독을 가로 막고 있던 베를린 장벽이 1989년 10월 무너지고 이듬해 독일은 완전 통일을 이루었으나 대한민국은 남북으로 분단 된지 66년이 넘도록 38선의 철책으로 갈라진 체 통일이 요원한 안타까운 상황이다. 이 사회에는 국가와 민족을 반으로 나누는 장벽도 있지만 보이지 않는 사회적 장벽 또한 많으니 정의 편에 서서 자유로운 왕래를 막는 장벽들을 모두 무너뜨릴 수 있는 선각자가 필요한 실정이다.

발명의 세계에 있어서도 과거에 발명된 발명품들의 원리는 누구라도 쉽게 이해를 할 수 있지만 새롭게 미래의 발명을 창안해 내라면 대부분의 사람들이 곧 바로 한치 앞을 내다볼 수 없는 굳건한 장벽에 부딪치고 만다. 아무도 앞길을 가로 막고 있지는 않지만 한걸음도 나아갈 수 없는 보이지 않는 장벽은 힘이 아닌 창의적 사고만이 부서버릴 수 있는 벽이다.

사람의 눈은 앞을 바라보게 되어 있는데 아이러니하게도 발명의 앞날은 보이지 않고 지나간 과거 발명의 여정은 쉽게 느껴지는 이유는 무엇일까? “나는 할 수 없다.”라는 부정적 인식이 두뇌의 사고 능력을 강력히 제한하고 있기 때문에 스스로 더 이상 창의적 사고를 진전시킬 수 없기 때문이다. 따라서 사고를 자유롭게 할 수 있도록 “나는 할 수 있다”라는 자신감을 가지고 과감히 앞으로 한발자국 걸어 나가보자. 나는 앞을 볼 수 있으며 자유로운 사고를 하는 자신감이 있는 존재라는 생각을 하는 순간 그토록 굳건하게 느껴졌던 발명의 장벽은 스스로 무너져 내려 소리 없이 사라져 버릴 것이다.

2) 발명왕 에디슨의 발명원리

자타가 공인하는 세계 제일의 발명가이며 인류 문명 발전에 지대한 공헌을 한 토마스 에디슨은 누구나 잘 알고 있겠지만 아쉽게도 에디슨의 천재적 발명 능력을 체계화한 발명의 발상기법에 대한 책은 존재하지 않는다.

체계적인 교육을 받지 못한 발명가, 그러나 몰입과 끊임없는 시행착오를 통해 대업을 이룬 발명가, 창조적 모방을 할 만한 샘플 없이 완전히 무에서 유를 창조한 위대한 발명가인 에디슨, 에디슨은 왜 후학들을 위한 발명의 지침서를 만들지 않았을까? 그의 연구소에서 함께 연구한 조수들은 그 원리를 깨우쳤을까?

우리나라의 경우 과거 도공이나 기능장들이 살아서 멸시 받은 탓에 철저히 그 비법을 함구하다 죽어 갔으나 합리적인 미국사회에서 메모광인 에디슨은 왜 누구나 발명할 수 있는 쉬운 발명 원리를 남기지 않았을까?

천재 발명가로 잘 알려진 토마스 에디슨은 탐욕스러운 독서광으로 모든 분야의 책을 고루 탐독한 사람이다. 그가 평생 동안 읽은 책은 350만 페이지에 이르는데 매일 한 권씩 읽어도 30년이 걸리는 양이다. 그는 또한 메모광이기도 했다. 보거나 들은 건 뭐든 주머니에 넣고 다니는 노란 표지의 노트에 곧바로 옮겨 적었다. 그렇게 평생을 기록한 메모노트가 3400권이나 발견되었다니, 그는 역시 지치지 않는 정보수집으로 끊임없이 두뇌를 자극한 위대한 발명가다.

"천재는 1퍼센트의 영감과 99퍼센트의 땀으로 만들어진다"는 그의 유명한 말은 그 스스로 몸소 실천하여 귀감을 보인 것이다. "과학과 기술이란 언제나 사람들의 생활을 보다 편리하고 이롭게 하는 데 이바지해야 한다."는 일념으로 그는 미국에서 전기, 전화 등 혁신적인 1093건의 발명 디자인 특허를 출원하여 562건이 등록되었으며 그의 발명은 대부분 전기 전신기기에 대한 것이기도 하였다.

위와 같은 막대한 발명과 업적을 남긴 에디슨이 그의 천재적 창의력으로 발명의 원리를 정리하여 남겨 놓았다면 후학들이 이를 보고 배워서 훨씬 더 용이하게 새로운 문명의 이기들을 발명해 낼 수 있지 않았을까 하는 짙은 아쉬움이 남는 것은 어느 한 사람만의 안타까움은 아닐 것이다. 누군가 그의 발명을 그룹핑 하여 분석해보거나 3,400권이나 되는 메모노트를 정밀 분석하여 가상의 에디슨 발명법칙을 구성해 낼 수 있다면 하는 바람이 있기도 하다.

다만 에디슨이 주로 행한 발명 방법이 현재는 비효율적이라 거의 사용하지 않는 시행 착오법 이었고 연구소의 직원들과 함께한 실험 연구 결과의 산물이라 Triz 전문가 등 일부에서는 그가 진정한 발명가가 아니라는 의견도 있다. 또한 에디슨이 발명한 대부분의 기술이 최초의 발상이라기보다는 누군가가 먼저 최초 아이디어를 내놓은 기술들을 연구소 인원들을 동원해 작업한 것이며 전기 발명에서 직류와 교류의 싸움에서와 같이 많은 특허 소송과 분쟁을 일으켜 논란의 대상이 되고 있는 점이 아쉽기도 하다.

3) 모든 발명에는 핵심요소와 주변 요소가 있다.

모든 발명품을 앞에 놓고 단순하게 분리해 보면 그 발명품의 행위 목적인 핵심요소와 그 핵심요소를 보조해주는 주변요소로 나누어 볼 수 있다. 즉 모든 발명품에는 목적인 핵심요소와 수단인 주변요소로 구성되어 있는 것이다.

〈핵심요소〉 + 〈주변요소〉

자동차→ 지상을 달린다. + 빠르고 안전한 이동수단

비행기→ 하늘을 난다. + 보다 빠르고 안전한 이동수단

선 박→ 물위에 뜬다. + 느리고 저렴한 대량 운반수단

발명의 핵심요소는 새로운 발명품의 창안 초기에 특정된 기능을 주로 나타내며 그 이후의 개량 발명은 주변요소에 대한 발명이 더욱 많아지게 된다.

창의적 문제해결 방법인 트리즈에서는 상부시스템과 하부시스템으로 기술체계를 구분하는 것이 핵심요소와 주변요소를 구분하는 것과 일부 유사하게 보여질 수 있으나 핵심과 주변의 구분은 한 발명품 내에서 차지하고 있는 역할 구조에 관한 것으로 트리즈 이론처럼 기술의 상 하위 시스템을 구분하는 것은 아니다.

4) 주변요소도 훌륭한 발명의 대상이다.

복잡한 구조의 발명품의 경우 발명의 핵심요소인 그 발명품의 목적을 실행하는 기능 이외의 주변요소들 역시 별도의 보조 기능을 지니며 이 또한 훌륭한 발명의 대상이 된다. 주변요소는 그 내부에서 또다시 핵심과 주변으로 나누어질 수 있으며 주변요소는 핵심요소를 수식하는 서술어 즉, 형용사 또는 동사로 표현 할수 있다.

앞서의 "빠르고 안전하게 이동하는 자동차"를 기준으로 설명하면 "이동하는 자동차"를 수식하는 서술어인 "빠르고"와 "안전한"은 형용사 이다. 발명의 정의를 구체적으로 정의하기 위해 사용한 형용사이지만 해당 발명품의 핵심요소의 외적 특성을 특정해주는 명확한 의미이며 별도의 구체적인 보조발명으로서 그 기능을 완성시켜 줄 수 있다.

제4장

창의적 사고방법의 훈련

일상생활에서 무심코 사용하고 있는 무수한 문명 이기들은 그냥 처음부터 만들어진 것이 아니라 누군가의 피나는 노력의 결과 발명되고 생산되어 유통경로를 통해 내 앞에 놓인 것들이다. 아무리 사소해 보이는 물건일지라도 유심히 살펴보면 나름의 원리가 있고 그것을 처음 창안해낸 사람의 입장에서 생각해 보면 매우 재미있는 원리를 찾아낼 수 있다.

이렇듯 주변의 모든 사물들이 누군가의 창의적 노력에 의한 발명의 산물일진데 구태여 멀리서 어렵게 발명의 원리를 찾을 것이 아니라 지금이라도 바로 내 주변의 아무런 물건이나 붙잡아 들고 곰곰이 발명자의 의도나 원리를 생각해 보자. 몇 번의 고민과 유심히 살펴보는 것만으로도 당신은 그 물건에 숨어 있는 놀라운 발명의 원리를 스스로 찾게 될 것이다.

자신의 주변을 늘 유심히 살펴보는 습관을 통해 특정 물품의 구성

원리를 파악해보다 보면 부지불식간에 문제점들을 찾을 수 있게 되고 찾아낸 문제점을 해결하는 과정을 통해서 훌륭한 발명을 가능하게 해주는 창의적 사고를 하게 된다.

1_ 일상생활 속의 발명

관심이 발명을 만든다. 무심코 지나친 일상생활 속의 불편한 점들을 다시 살펴보아 개선할 점이 무엇인지 찾아보자. 또한 날마다 접하는 TV 광고 속에서 아이디어 착상을 찾아보자. 광고는 상품을 팔기 위해 많은 노력과 비용을 들여 제작한 것이니 유심히 살펴보면 아이디어의 착상이 매우 기발한 창의적 사고의 산물임을 쉽게 알 수 있다.

1) TV 광고는 훌륭한 창조물이다.

누구나 쉽게 공감할 수 있으나 재미로 보고 흘려버리는 짧은 시간의 광고 메시지들에 발명 특허와 같은 기술 독점권은 줄 수 없지만 저작권은 부여된다. 광고 제작자들의 창의적 사고의 산물인 광고물들도 결과적으로 드러나는 형태는 다르지만 그 구성과 창작의 원리는 발명의 발상법과 동일하다고 볼 수 있다.

전공과 분야는 다르지만 기술연구소 연구원이나 발명가들도 늘 바뀌는 싱싱한 광고의 신선한 발상들을 잘 음미해보면 새로운 기술을 개발하는 데에 신선한 착상을 줄 수가 있을 것이다. 적어도 기술 발명이든 광고창작물이든 그 묘사하는 방법은 잘 정제된 문장과 이미지로 만들어

내는 것이니 대상만 다를 뿐 근본원리는 같을 수 있다는 생각이다.

TIP 골라먹는 재미가 있다–베스킨라빈스(맛), 커피+스테이크, 빵+스테이크
싸이–난 완전히 새 됐어! 썰렁함
KTF "쇼를 하라 쇼", SKT "생각대로 T", LGT "오즈"–10대의 꿈–대통령, 탕수육
00700 마구마구 눌러보고 싶은 뽁뽁이 디자인, 성질 급한 한국 사람들–LTE폰

2) 캐릭터는 창의력의 결정체이다.

TV 애니메이션이나 만화의 가상 캐릭터들의 유아 및 청소년들에 대한 파급력은 대단한 것이다. 존재하지 않던 가상의 줄거리와 캐릭터들의 창작은 세상에 존재하지 않던 발명품을 창작하는 것과 동일할 것이다. 실제로 애니메이션이나 만화에서 가상의 사이버 세계에 대한 인간의 욕망을 그려낸 것들이 실제의 제품으로 발명되어 탄생되는 사례도 많기 때문이다.

심지어 가상의 캐릭터와 줄거리를 만들어 내는 창의적 사고는 발명에 있어서 기존의 제품의 성능을 개선하는 발명이 아닌 기존에 없었던 완전히 새로운 창조적 발명을 해내는 것과 유사한 구조라 할 수도 있겠다.

TIP 포켓몬, 디지몬, 방귀대장 뿡뿡이, 해리포터, 엽기토끼, 뽀롱뽀롱 뽀로로, 개구리중사 케로로, 로보카 폴리, 아기공룡 둘리, 애플 캔디걸 등

3) 주변 사물로 살펴보는 발명

시장에 출시되어 소비자에게 판매된 상품에 대한 불만이나 개선점에 대한 아이디어는 판매한 회사의 입장에서 보면 새로운 기술 개발과 신기술 발명 특허로 이어지는 경우가 많다. 따라서 자신이 갖고 있는 문명의 이기들을 유심히 살펴보아서 문제점이나 개선되었으면 하는 점을 발견하였다면 불만스럽게만 생각할게 아니라 창의적 사고를 통해 스스로 해결책을 찾아 발명특허로 만들어 보는 것이 합리적일 수 있다.

이러한 행동은 주변에 널려 있는 발명 주워 먹기 또는 누워서 떡 먹기처럼 생각을 달리하기에 따라 얼마든지 가질 수 있는 권리이기도 하다. 내 주변에서 살아 숨쉬고 있는 발명의 기회를 잡느냐 못 잡느냐는 오로지 창의적 사고의 습관에 달려 있다고 하겠다.

2_ 연상과 논리의 비약

1) 일상적인 대화는 멋진 창조물이다.

개그맨들이 많은 사람들을 늘 웃게 할 수 있는 것은 그들이 남다른 언어 창의력이 있기 때문이다. 성공적인 광고 마케팅의 짧은 몇 마디 광고카피는 의도하는 바를 가장 함축적이고 정확하게 전달해 주는 언어의 마술이며, 독자의 시선을 끄는 신문 기사의 헤드라인이나 책 제목 또한 기자 및 저자의 심혈을 기울인 창의적 사고의 산물이기도 하다.

나 자신이 하늘을 나는 새라고 상상하고 언어를 허공에 흩뿌리며 날아보자. 질서정연한 언어의 규칙을 따르지 말고 좌우상하 앞뒤로 날고 싶은 데로 날아보자. 어찌 보면 정신이 산만해 보일지 모르지만 언어의 질서를 깨듯 내 자신의 굳어진 머릿속의 틀을 깨다 보면 어느 순간 자신이 그토록 막막해 하던 기술의 장벽이 한 순간에 너무도 어이없이 쉽게 무너져 내릴지도 모른다.

TIP abcdef~ z(쥐^^), ㄱㄴㄷㄹ~ ㅎ(허걱^^)
이야기 도중→ 아! 새가 날아간다.→ 아! 날고 싶다.→ 비행기 → 비행소년
송창식의 노래-가나다라마바사으헤으헤으허허
아야어여가갸구규~
개그콘서트 "꺽기도" 미안합니 다람쥐~, 잘가세 요구르트~, 안녕하십니 까불이~

언어나 착상의 논리 도약은 유사한 영역에서 전혀 다른 곳으로 갑자기 벗어나는 것이며 일상적으로 이루어지는 표면적 결합보다는 개별 요소의 파괴적 비형식적 결합이 이루어짐을 말한다.

개그맨의 다소 엽기적인 행동이나 허무개그 등과 젊은이들 사이에 유행하는 썰렁하고 허무한 언어유희는 정상적인 논리의 전개가 아닌 도약으로서 짧은 웃음을 주는 것에 그치지 않는 창의적 사고의 표현이라 볼 수 있다. 유연하고 막힘이 없는 공상의 사고 체계로 생각의 맥을 가지치기하고 날아 다녀야 한다. 불필요한 요소의 제거 보다는 가치의 재활용으로 다른 곳에 적용해보거나 비정상적인 구조의 형성과 대립으로 완전히 판을 뒤집는 사고를 해볼 필요가 있다고 생각한다.

따라서 개그맨들이 훌륭한 발명가가 될 자질을 갖추었다고 보이지만 그들은 기술 분야의 지식과 정보가 없기에 창의력이 뛰어나도 기술적 문제

해결이 능력이 없을 뿐이다. 개그맨들이 기술 정보와 지식을 충분히 습득하게 되는 순간 뛰어난 발명가의 명단에 메뚜기, 사마귀, 벼멸구 등 개그맨들의 이름이 다수 등재될 것임에 틀림없다.

뇌 연구에서는 일상적으로 쉴 새 없이 모든 사람들이 나누는 대화 자체는 전혀 예정되지 않은 대화의 상황을 창조적 사고로 완벽하게 대처해 나가는 훌륭한 창조적 사고의 산물이라고 말하고 있기도 하다. 상대방이 어떠한 말을 할지 전혀 모르는 상황에서 상대의 이야기를 듣고 그에 알맞은 적절한 답변을 실시간으로 해내는 일이야 말로 뇌의 창조적 능력이 잘 발휘된 결과이다. 따라서 인간은 누구나 훌륭한 창의력의 대가가 될 자질이 있다.

2) 오랜 준비 기간이 필요하다.

따스한 봄이 와서 씨앗이 뿌리를 내리고 싹을 피워 큰 줄기로 성장하고 꽃을 피워 열매를 맺기까지 많은 노력과 오랜 인고의 시간이 필요하다. 세상을 바꿔 보겠다거나 놀라게 하겠다는 생각과 일확천금의 큰 수확을 생각하는 발명을 창안해내는 일이 어찌 씨앗을 키워 과실을 거두는 과정 보다 짧을 수 있겠는가? 창의적 사고의 산물로서의 발명은 오랜 창의적 사고 습관과 관련 기술에 대한 학습 후 어느 정도 궤도에 오른 후에야 비로소 나무에 열매 열리듯 주렁주렁 결실을 맺을 수 있다.

때론 다음해에 꽃을 피우기 위한 동면기가 다가올 지라도 고맙게도 한번 들어온 창의적 사고 능력은 본인 스스로 세상에 대한 부정적인 생각을 하지 않는 한 계속 스스로 성장하고 열매를 맺어 준다. 시작이 다소 어렵고 생소할지 모르지만 창의적 사고능력을 키우는데 큰돈이 들지 않는 데에 반하여 얻을 수 있은 결과는 너무도 크기에 감히 지금부터라도 창의적 사고 습관들이기에 매진해 볼 것을 강권하고 싶다. 드러난 재산이야 누군가가 빼앗아 가거나 소진될 수 있지만 몸에 밴 창의적 사고 습관과 머릿속의 창의력은 누구도 빼앗아가지 못하는 것이니 어느 것을 우선적으로 취해야 할지 명백하지 않은가?

번뜩이는 창의력의 메커니즘은 기본적으로 두뇌의 기억시스템이 가진 불가사의한 능력에 기인한 것으로서 기억회로는 기억한 것을 그저 재현하는 것이 아니라 이해를 거치면서 편집한 것을 재생해낸다. 따라서 부단한 노력으로 많은 기술 정보와 지식을 지속적으로 학습하며 창의적 사고 습관을 병행한다면 멀지 않은 시기에 발명의 대어를 낚게 될 것임을 확신할 수 있다.

TIP 애벌레(관심의 태동)→ 고치(내부적인 숙련기)→ 나비 (구체적인 승화)

3) 문장을 갈아 마셔라.

언젠가부터 유행처럼 식품류의 상품명을 길게 풀어서 쓰기 시작했는데 그 중에 H사의 음료 중 "갈아 만든 배"가 있다. 모든 문장과 기계 구조물은 주어진 순서대로 질서정연하게 배열되어 사용되어야 안정감을 주지만 창의적 사고 습관을 위해서는 "갈아 만든 배"처럼 그 틀을 잠시 깨볼 필요가 있다.

얼마 전 국제 디자인 대회에서 한국인이 타자기를 분해해 그 부품으로 한글·꿈·길이라는 글을 디자인 해내었듯이 주어진 문장을 완전히 분해해서 새로이 조합해 보자. 자신의 주변에 있는 발명 대상의 부품을 가상으로 완전히 분해해 다르게 배열해 보자. 실제 자동차 제조업체 등에서는 경쟁회사의 제품을 구매해 완전 분해해 보기도 하고 후진국에서 선진국의 선진 기술을 모방하기 위해 관련 제품을 완전 분해해 도면을 작성해 보는 경우가 일반화 되어 있기도 하지 않은가?

문장의 단어들로 완성된 기계들의 각 구성부품을 묘사할 수 있고 완전히 흩어져 분산된 단어들은 내 마음대로 이리저리 움직여 붙여 볼 수 있다. 창의적 사고는 기존의 틀을 깨는 것이고 각기 다른 기계 구성부품을 묘사하는 유사한 의미의 서술어는 유사한 기능을 설명해 줄 수 있는 것이다. 문장을 잘게 갈아내듯이 발명대상의 구조물을 완전히 분해해서 핵심단어(부품)를 추려내고 논리의 비약을 통해 재조립 해보자. 단순한 수준의 개량이야 완전분해까지 할 필요가 없겠지만 완전히 새로운 수준의 창의적 발명을 위해서는 기존의 틀을 깨야만 한다.

3_창의적 발명 습관 실습

1) 문제(현상) 인식 및 발명의 동기

우선 '발명이란 무엇인가?' 에 대한 기본적인 인식이 필요하다. 왜 발명을 하려고 하는가? 의 목적이 있어야 하므로 동기부여가 되어야 하고 기본적인 관심이 있어야 한다.

자신의 장래 희망이 무엇인지와 주요관심사를 알아야 보다 적극적인 참여를 이끌어 낼 수 있다. 시장의 요구 사항을 점검하며 번득이는 아이디어 착상을 통해 있으면 좋겠다(희망, 희망의 개연성)거나 이런 문제를 개선 해야겠다(욕구, 욕구의 타당성)는 간단한 의지를 심어 놓고 다음 단계를 진행하는 것이 좋을 것이다.

〈표1〉 장래의 희망

하고 싶은 일	내가 가장 잘할 수 있는 일
a. 법관 b. 의사	노래 부르기 그림 그리기

TIP 장래 희망을 적어 보자. -나의 주된 관심사를 알 수 있다.
"발명은 발병이다"→ 발병이 날 정도로 돌아다니며 많은 것을 보고 들어야 한다.
무임승차는 허황된 꿈일 뿐이다. 노력하는 발명, 공부하는 발명, 산고의 고통이 필요하다.

2) 생활일기, 발명일기

어려서 초등학교 시절 선생님이 내주신 과제물로 일기를 적었던 기억들이 거의 모든 이들에게 있겠지만 실제로 일기쓰기가 습관이 되어 날마다 쓰는 이들은 매우 드물어 보인다. 생활일기는 자신의 삶의 깊이를 더해주고 한참 지나고 난 후 보게 되는 글들은 과거의 기억을 새롭게 해주기도 하며 글 쓰는 능력을 향상시켜준다.

하지만 생활일기는 일상생활의 심정적 동선을 주로 기록하는 것이기에 창의적 발명의 습관을 들이기 위해서는 자신이 접하는 주변의 문명의 이기들에 대한 사용 경험과 느낀 점을 적어 보아야 한다. 익숙해지면 굳이 발명일기를 적지 않더라도 사물을 대하는 관점이 달라지겠지만 초기에는 의도적으로 발명일기를 적어서 의식을 각성시켜볼 필요가 있다.

〈표2〉 발명일기장

성 명		작성일	
오늘도 낮에 전산시스템이 다운되어서 엄청 곤혹스러웠다. 고객들의 항의와 대책 없이 기다리는 시간 무언가 개선되어야 하지 않을까? 신규가입 고객이 와서 여러 가지 상품 권유와 그에 따른 장표를 계속 반복적으로 적다 보니 시간이 지체되고 고객도 짜증스러워 한다. 뭔가 좋은 방법이 없을까?			

〈주〉 일상생활 중에 발생한 타인과의 특별한 사건이나 주관적 사유에 대한 기술 없이 사물과 관련된 느낌들을 기술하세요.

TIP 여러 가지 사물의 관찰 결과를 나열식으로 기술하기보다 한두 가지 중요 명제를 집중적으로 유도/도출 /부연/실습 해본다.

3) 창의적 사고를 하기 위한 훈련

무작위로 생각나는 단어를 각자 10개를 적어서 적절한 문장을 만드는 실습을 해보자. 각자 창의적인 문장력을 발휘하도록 하고 완성된 문장을 수정할 기회를 준다. 잠재의식 속에 적은 10개의 단어(명사, 대명사 5개/형용사, 부사, 동사 5개)로 문장을 구성해 봄으로써 기초적인 발명착상을 시도해 볼 수 있다.

회사의 경우 사내에서 쓰는 이면지나 특허명세서 한 장씩을 개인별 또는 팀별로 나누어 주고 인쇄된 단어들을 단어 단위로 잘게 썰어서 10개를 선정한 후 자유롭게 문장을 만들어 본다. 익명의 협박 범인들이 자신의 필체 노출을 막기 위해 단어를 오려내어 협박 문서를 만들듯이 시도해 본다.

〈표3〉 단어 연상 학습

환향	장치	파워	유압	핸들
가볍게	안전하게	동작하는	미려하고	따스한

〈주어진 단어로 문장 작성하기〉
1. 안전하게 동작하는 유압 장치를 구비한 파워 핸들
2. 가볍게 동작하고 외관이 미려하고 따스한 환향 장치

〈주〉 업무 또는 일상생활에서 각자 익숙한 단어 10개를 적어 보세요.

TIP 아무 단어나 생각나는 대로 10개를 적는다. –문장 만들기, 발명 만들기
사무용 이면지를 단어 단위로 잘게 분해해서 새롭게 문장을 만들어 본다.
〈추리〉 창의력, 아이디어(발명가)
〈논리〉 논리적 사고, 계산능력(기술자)
길을 간다.(A→ B)–다양한 길 중 최상의 길을 선택한다.

4) 창의적 사고 능력 배양 실습

다양한 도형을 앞에 두고 개인별로 떠오르는 이미지나 상상력을 발표하고 적어본다. 발상을 전환하여 새롭고 참신한 생각은 없는지를 함께 고민해보자.

〈표4〉 다양한 도형과 생각되는 사물– 원, 삼각형, 사각형

TIP 원 1개, 2개-자전거 발명, 안경/원 3개(트럭, 기차-다수 나누기/곱하기)
삼각형-버뮤다 삼각지, 마의 삼각형, 피라미드, 힘의 균형
사각형-링, 정돈, 전답, 창문

5) 발명발상의 사례와 실습

쉽게 착상만으로 발명할 수 있는 것과 발명의 실현에 복합 기술을 필요로 하는 것을 예로 하여 서로 토론하고 새로운 발명의 과제를 실습해 본다.

TIP 대체재, 보완재, 신상품 - 형광등(-, o, w, =0=) 세 가지 상품
단순 발명 과제 주고-선행기술 찾기/만들기/토론/patent map작성
예) 고무 달린 지우개와 MP3기능 겸비한 핸드폰
발명요소점검sheet, 사례별 실습sheet

ㄱ) 착안점

- 주변 기술을 살펴보자. (유사한 기술은 없는가? 응용할 기술은 없는가?)
- 요구되는 핵심 요소는 무엇인가?
- 핵심 기술을 지원하는 요소들은? (지지요소/동력전달/안전장치/편의장치)
- 각각의 구성 요소는 훌륭한 발명 대상이 될 수 있다.
- 역 발상을 하라. (예: 거꾸로 타는 보일러)

ㄴ) 주의사항(check point)

- 발명의 전개 방향과 고려해야 할 요소
- 단순화 하라(불필요한 요소는 없는가?)
- 기술 진보의 흐름에 알맞은 구상을 하라. 개악은 없는가? (예: 냉각 캔)
- 제조방법을 고려한 설계를 하라. (용이한 제작, 제조공법도 훌륭한 발명이다.)
- 시장의 요구에 알맞는가?
- 종래의 유사제품 대비 가격/성능의 우위가 있는가?
- 디자인 문제는 충분히 고려되었는가?

제5장

간결한 글로 표현하는 발명

일상의 생활에서 발생하는 현상에서 발명(창의력)의 원리를 찾아내는 능력이 생겼다면 이제 나만의 발명 사고체계 및 원리를 만들어 내어 이를 구체적인 발명품으로 승화시킬 필요가 있다. 내 주변에서 불편을 야기하는 물건이나 꼭 있었으면 좋겠다는 생각이 드는 물건, 남다른 재미있는 구상이 떠오르면 이를 구현해 보려는 노력이 필요하다.

막연하고 어려워 보이는 발명에 대해 무작정 도전하기 보다는 가장 먼저 목표로 하는 발명의 정의를 간결하고 잘 정리된 문장으로 묘사하는 훈련이 필요하다. 하고자 하는 발명의 지향점을 명확히 글로서 표현 해놓으면 그 이후에 정의된 문장의 달성에 필요한 기술요소만 찾아내서 결합하면 말 그대로 원하는 발명을 훌륭하게 완성해 낼 수 있다.

완성된 발명품은 대부분 복잡한 구조를 갖고 있어서 일반인들이 개선안을 내기 쉽지 않지만 원하는 발명을 간결한 문장으로 정리할 수만 있다면 필요한 요소의 결합을 통해 어느 누구나 훌륭한 발명가가 될 수 있다. 다만 발명을 간결한 문장으로 정리하기 앞서 해당 분야의 기술의 흐름과 국제표준에 대한 파악은 반드시 해두고 그 흐름과 표준에 따르는 기술을 결합해 내어야 할 것이다.

1_단순화된 발명 분석의 원리와 방향

1) 기계의 핵심은 무엇인가?

인간이 만들어낸 모든 사물에는 핵심 요소가 있다. 간단한 제품의 경우 제품 명칭이 그 핵심 요소(기능)를 말해주기도 하지만 복잡한 구조물의 경우에도 핵심요소를 매우 쉽게 찾아 낼 수 있다. 내 주변에 있는 문명의 이기들을 대상으로 무엇이 핵심 요소인지를 분리해서 적어보자.

TIP 자동차의 핵심=엔진, 동력축, 바퀴. 비행기의 핵심=엔진, 날개

2) 핵심을 보완하는 주변장치

모든 기계는 핵심장치를 보완해 주는 주변장치가 있다. 단순 발명품은 핵심만으로 끝나기도 하지만 현대의 기계들은 복잡한 구조를 갖고 있어서 주변장치의 도움 없이는 제대로 작동할 수 없다. 자동차의 핵심은 엔진 및 동력 축과 바퀴이지만 핵심만으로는 제대로 작동할 수 없으며 그대로 사

용했다가는 대형 사고를 당하고 말 것이다. 이렇듯 복합 기계들은 주변요소 없이는 작동할 수 없으므로 내 주변에 있는 기계들 중 주변장치(요소)는 무엇인가를 분리해서 적어보자.

편의장치와 주변장치도 훌륭한 발명이 될 수 있으며 제조 방법(공법) 및 제조용 기계, 조립 보조기구(JIG), 도구 등도 발명특허가 될 수 있다. 일류제조업체에는 특허 기술 못지않게 생산 노하우(기술 및 장비)가 많아서 후발 주자가 쉽게 따라가기 어렵다.

TIP 지지장치(서포트), 동력전달 장치(전기회로, 톱니바퀴), 안전장치(보호망), 편의 장치-속도, 방향조절장치, 절전장치, 회전각도조절 장치

3) 기술 변화의 흐름에 따르라.

어느 발명품이든지 계속 진보하며 영구히 멈추어서는 기술의 종착역은 없다. 해당 발명 대상물품이 지닌 핵심 및 주변 요소기술의 변화를 유심히 살펴보고 연관 기술의 변화(전자화, 디지탈화, 디자인 중시)의 흐름도 유념해야 한다.

개인 발명가들이 범하는 가장 큰 오류 중의 하나가 자신이 잘 알고 있는 이미 한물간 구시대의 기술로 문제를 해결하려는 시도를 한다는 점에 있는데 이는 반드시 유념해야 할 사안이다. 기술의 흐름에 역행하는 발명은 발명이 아니라 내 인생의 애물단지가 될 뿐이다.

> **TIP** 기계, 전기, 전자결합(메카트로닉스) -회로의 간소화, 집적화 증대/기계의 전자화
> 기술의 융합(fusion/hybrid)-미래의 7대 기술 과제 (IT/NT/BT/ET/ CT/ST/MT)

4) 국제 표준을 선점하라.

국제 표준을 따라야 특허기술도 빛을 볼 수 있다. 고도산업사회의 시초를 연 20C 후반부터 뛰어난 기술을 갖고서도 국제 표준에 선정되지 못해 허무하게 무너진 사례는 매우 많다. 국제 시장의 표준이 되어야만 시장을 주도할 수 있고 양산되어 사업적 성공을 이룰 수 있다. 막대한 비용과 노력을 투입하여 애써 개발한 기술이 시장에서 사용도 제대로 못해보고 사장되는 불행을 당하지 않으려면 시장 동향을 잘 살피고 표준경쟁의 승자가 되거나 승자 편에 동승하여야만 한다.

> **TIP** 승자-소니의 8mm방식 캠코더, JVC와 마쓰시다연합의 VHS방식 VCR, 블루레이
> 패자-JVC의 VHS-C방식 캠코더, 소니의 베타 방식 VCR, HD-DVD

2_ 발명은 언어의 마술이다.

발명은 언어의 마술이다. 자신이 생각하는 개념을 문장으로 잘 표현

할 수 있는 이들은 또한 훌륭한 발명가가 될 충분한 소질이 있다. 글만 잘 써도 훌륭한 발명가가 될 수 있다는 주장이다.

모든 훌륭한 아이디어들은 우리가 날마다 사용하는 일상 언어로 충분히 잘 표현할 수 있고 언어의 구사능력과 문장능력이 뛰어나다면 창의적 발명 역시 잘할 수 있다. 언어의 마술사처럼 자신이 원하는 바를 글로 정리해서 표현한 후 그 글을 실현하기 위한 기술 요소만 찾아서 정돈하면 훌륭한 발명이 완성되는 놀라운 경험을 누구나 할 수 있다. 간결하고 중요한 표현으로 꼭 필요한 요소들을 집적하고 압축해서 간소화하라. 짧지만 잘 정돈된 문장으로 개발 방향과 의도를 명확히 작성해보자.

애플의 아이폰에 대한 개발 방향 설정에서 극도로 단순화된 미니멀리즘을 지향하는 스티브잡스의 디자인 철학은 결국 아이폰의 모든 설계에 영향을 끼쳐 아이폰의 멋지고 환상적인 정체성을 형성하고 그로 인해 대성공을 거둘 수 있었던 것이기도 하다. 간결하고 중요한 표현으로 압축된 발명의 묘사는 경우에 따라서는 그 문장 그대로 제품 광고 문구로 사용할 수 도 있고 특허의 제목이 될 수도 있으며 기술을 부가하면 멋진 발명품으로 완성되는 것이다.

1) 모든 발명은 핵심과 주변으로 나뉜다.

아이디어 또는 발명을 잘하기 위한 여러 가지 뛰어난 발상기법들이 활용되고 있지만 생각의 정리를 체계적으로 잘되도록 하거나 간단한 발명에 대한 사고력을 발전시켜주는 것 외에는 그다지 큰 효용은 없는 듯하다.

아이디어의 3대 발상기법(마인드맵, 체크리스트, 브레인스토밍)이나 러시아 알츠슐러 박사가 주창한 TRIZ(창조적 문제해결 이론) 등이 예비발명가나 연구원들에게 생각을 체계적으로 정리할 수 있도록 도와주거나 분석의 툴을 제공해 주기는 하지만 그러한 것들이 각 개인의 창의력 자체를 쉽게 증진시켜주지는 못한다는 생각이다.

이미 세간의 주목과 높은 평가를 받고 있고 대기업 등 많은 연구소에서 체계적인 학습과 연구를 진행하고 있는 연구방법에 대해 감히 필자 따위가 언감생심으로 왈가불가 할 일이 못되지만 기술행정가나 이론연구에 탁월한 박사들의 논리가 아닌 뛰어난 발명가의 창의적 아이디어 발상법을 배웠으면 하는 기대 심리가 누구에게나 있다고 본다. 이는 에디슨과 같은 천재적인 발명가가 쉽고도 명료한 발명 발상법을 제공해주기 바라는 기대를 말하는데 아쉽게도 에디슨 또는 어느 천재 발명가도 스스로의 발명의 발상 원리를 후학을 위해 체계적으로 남겨 놓은 역작은 아직껏 없는 듯하다.

천재 음악가나 미술가 등이 타고난 뛰어난 재능과 열정으로 그들만의 작품 세계를 구축하고 있듯이 천재 발명가라면 그 역시 예술가의 퍼포먼스처럼 늘 일정한 수준의 발명을 창출해 낼 수 있을 것이고 그러한 발상법을 정리하여 후학들에게 남길 수도 있을 터인데 말이다. 따라서 필자가 이 책에서 주장하는 바는 어설픈 논리라고 누군가 비난을 할지 모르겠지만 20여년간 나름대로 닦아온 발명가로서의 발명 원리를 정리해서 기록으로 남겨 초보 발명가들에게는 도움이 되고 발명의 대가들과는 생각을 나누는 노력을 기울여보자는 시도이다.

모든 발명은 핵심요소와 주변요소로 구성된다. 자동차의 예를 들면 "기계의 힘으로 스스로 이동한다"는 목적을 이루어 줄 엔진, 동력전달축, 바퀴 등이 핵심요소로 분류될 수 있고 차체, 환향, 새시, 안전장치 등을 주변요소로 분류할 수 있으며 복잡한 발명의 주변요소 또한 그 안에서 다시 핵심과 주변요소로 나뉘며 주변요소도 중요한 발명이 될 수 있다.

위와 같이 주어진 발명을 놓고 핵심과 주변을 나눌 수도 있겠지만 역으로 자신이 고안하고자 하는 기술 대상을 발명하기 위해서 핵심과 주변으로 나누어 분석해 볼 수도 있다. 비행기를 처음 발명한 라이트 형제의 입장에서 새로이 고안하고자 하는 기술 대상의 핵심은 "하늘을 난다"라는 발명의 주목적을 원론적으로 해결해줄 수 있는 엔진, 프로펠러, 날개 등이 핵심이 될 것이고 비행기동체, 각종계기, 안전장치 등은 주변 요소에 해당할 것이다.

자연 및 발명의 진화 측면에서 한 사례를 살펴보면 바람을 일으키기 위해 부채질을 하고 단풍나무 씨앗의 회전 날개에서 바람개비의 회전 원리를 찾아내고 풍로, 선풍기, 프로펠러 등의 복잡한 발명의 산물을 순차적으로 발명해 낼 수 있다. 이렇듯 자연의 삼라만상의 이치나 인간이 만들어낸 피조물을 개선 발전시키기 위한 노력을 기울이는 데에 있어서 간단한 분석 및 고안의 원리가 있다면 이를 통해 좀 더 편리하고 체계적으로 발명을 고안해 낼 수 있지 않을까라는 생각이 든다.

자신이 발명하고자 하는 기술 분야가 정해졌다면 그 발명의 주요 목적을 정해 핵심기술을 구성하고 그 핵심기술을 원활하게 구현 할 수 있도록 주변 기술을 더한다면 그 자체로 훌륭한 발명이 되는 것이다.

최근 고학력 비호감 개그우먼 P양의 "참 쉽죠 잉?"이라는 유행어처럼 발명은 그다지 어려운 것이 아닌 누구나 목적이 있고 유심히 생각하고 분석하는 능력만 있다면 쉽게 할 수 있다는 생각이다.

TIP ⅰ) 지금 바로 각자가 필요로 하는 요소를 생각하고 그 필요한 주요 내용을 핵심요소로 정하여 발명을 구상해 보자.
ii) 주변요소도 훌륭한 발명의 대상이다. –목적 달성을 위한 기능들에 주목하라. 사물의 사용 목적에 따라 분리하라. 누구나 사는 목적이 있듯이 모든 사물은 사용 목적이 있다.

2) 형용사는 훌륭한 발명 아이디어다.

발명을 하는 데에 있어서 초기 단계의 개인발명가들이 가장 많이 범하는 오류는 자신이 인식한 문제의 해결을 위해 복잡한 구조를 추가한다는 것이다. 가장 이상적인 발명은 최대한 간결하고 꼭 필요한 요소들만으로 구성되어야 하는데 문제의 해결에만 골몰하다 보니 구조가 복잡해져서 또 다른 문제를 야기하게 된다.

최근 고인이 된 애플의 스티브 잡스가 주창한 것도 디자인의 극도의 단순화와 나사의 사용금지 등으로 가장 심플하면서도 미려한 디자인과 기능을 지닌 제품을 만들어내자는 것이었다. 아이폰처럼 최고의 발명품 출시를 위해서는 기술을 집적하고 크기를 압축하고 디자인을 극도로 간소화 해야만 되는 것이다. 위와 같은 단순화되고 미려한 디자인을 위해서는 수많은 노력을 기울여야 하며 결과물이 출시되었을 때 가장 단순한 구조의 것이 오히려 가장 어려운 과정을 거친 것일 가능성이 높다.

이러한 단순화의 노력에 결부된 표현으로 가벼운, 세련된, 부드러운, 날렵한, 빠른, 간단한, 간편한, 저렴한, 안전한, 편리한, 선명한 구조물을 지향하게 되고 이렇게 사용된 형용사를 구체적으로 구현하기 위해서는 별개의 발명을 구상해서 실현해 내어야 비로소 의도한 발명품을 만들어 낼 수 있게 된다.

일반적인 언어의 사용에 있어서 “착한 사람”이라고 한다면 이는 “선하다, 호감이 간다, 편하다, 무능력하다.”는 등의 의미를 그 사람에게 부가할 수 있듯이 “날렵하고 빠른 로봇”에 대해서는 그 형용사가 의미하는 기능을 세부 기술로 구현해 낸 후에야 비로소 의도한 목적의 이미지를 표현해 낼 수 있을 것이다.

시장 소비자의 요구나 주문자의 요구를 맞추어 주기 위해서는 그 요구를 구성하는 주어와 형용사의 의미를 정확히 이해하고 구현해내야만 할 것이며 이러한 행태가 언어의 유희처럼 느껴질지도 모르지만 분명한 건 발명의 명확한 표현을 위해 형용사로서 발명 착상단계를 묘사하고 있다는 사실이다.

결국 주어 또는 목적어인 발명의 핵심장치에 대해 소비자가 원하는 기능과 이미지를 구현하기 위해서는 그 핵심 장치에 알맞은 주변장치를 묘사하는 형용사를 부가하고 이를 실제 발명으로 구현해 냄으로써 훌륭한 발명을 완성해 낼 수 있게 되는 것이다.

TIP

I) 형용사(주변)+명사(핵심)=빠르고(주변) 안전한(주변) 이동수단(핵심)=자동차
ii) 가볍고 터치가 편하며 부드러운 곡선으로 마무리된 직사각형의 통신기기=아이폰

ㄱ) 형용사의 단순 의미 비교

착하다–선하다, 호감 간다, 편하다, 무능력하다.

영악하다–이기적이다, 돈이 많다, 능력 있다, 아는 게 많다.

언어의 유희–발명 착상 단계를 묘사할 수 있다.

아래의 예처럼 "떠오르다"와 "떠올리다"는 유사한 의미의 단어이지만 그 목적 대상이나 문장의 구성은 많이 다르게 사용된다.

ㄴ) 주어(핵심)와 결합된 형용사는 훌륭한 발명이다.

빠르다, 안전하다, 편리하다, 조작이 편하다

형용사(주변)+명사(핵심)=빠르고(주변) 안전한(주변) 이동수단(핵심)

= 자동차(발명품)

언어의 믹서기–단어 갈아 마셔라. 찢어진 신문지(코미디)를 상상하라.

자동차 제조회사 내에서 기술연구부서와 마케팅부서는 같은 제품에 대해 아래와 같이 다른 접근을 하게 되지만 결론은 소비자에게 잘 팔릴 수 있는 차를 만들자는 것이다. 이처럼 기술요소와 마케팅 요소는 분리된 것이 아니라 한데 묶여서 적절하게 융합되고 간결화된 문장으로 묘사될 수 있고 그대로 제품화 될 수 있어야 한다.

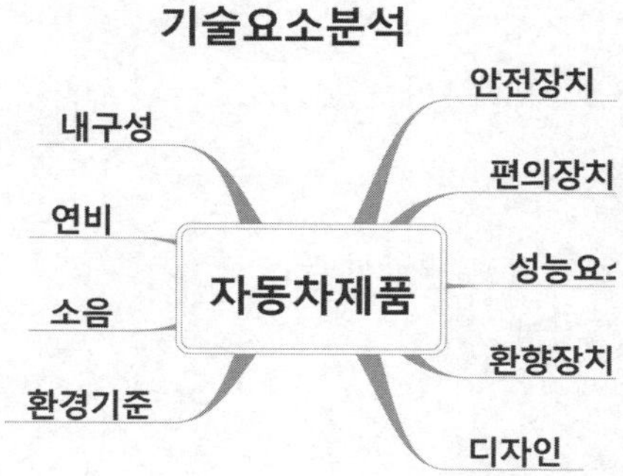

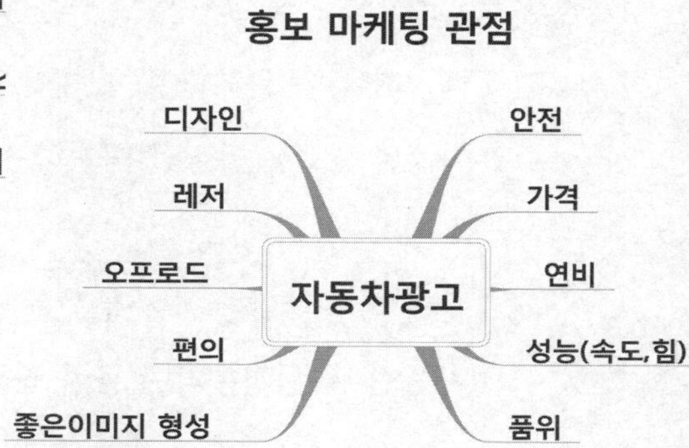

3) 우수 발명은 좋은 문장으로 표현된다.

일반인들의 경우 발명을 고안해내는 동기가 대부분 사회생활 중 불편함을 느끼거나 주변의 문명 이기들을 자주 사용하다 느낀 점 등을 토대로 우연히 아이디어를 떠올리게 된다. 반면에 제조업체에서 근무하는 기술자나 연구원들은 끊임없이 자신이 속한 분야의 기술 개선 및 신기술 특허발굴 과제에 접하게 되지만 내부의 좁은 사고 틀에 갇혀 의외로 새로운 아이디어를 창출해 내기가 쉽지 않다.

이러한 때에 고전적 발명 발상법들을 활용해서 문제 해결을 시도하고 대기업의 경우 Triz(발명의 문제해결 기법)를 활용하거나 외부 전문가의 도움을 받기도 하지만 가장 좋은 방식은 그 문제를 가장 잘 아는 내부 직원 스스로의 창의력을 통해 문제를 해결하는것이다.

따라서 우선 내부 직원들만의 힘으로 당장 해결해야 될 문제를 복잡하게 나열하거나 새롭게 만들고자 하는 발명품에 대한 기술을 세부적으로 조사 연구하기에 앞서 회사가 원하는 바를 간단한 문장으로 정리해 보면 어떨까? 개인 발명가들의 경우도 똑같이 자신이 발견한 해결해야 될 문제를 간단한 문장으로 정리해 볼 수 있을 것이다.

(1) 해결해야 될 문제 전체에 대한 간단하고 명료한 문장 작성

(2) 작성된 명료한 문장을 구현하기 위한 주변요소를 서술 문장으로 작성

(3) 문제 해결을 위한 서술 문장을 구체화 할 기술의 탐색

(4) 가능한 많은 경우의 수를 수집하고 이들 중 최적의 안들을 선정

위의 단계들은 많은 발명가나 연구원들이 부지불식간에 이미 실행하고 있거나 전문적인 발명의 기법에서 유사한 형태로 이미 언급된 것일 수도 있지만 복잡하고 어려워 보이는 발명을 간단하고 눈에 보이는 것으로 단순화하는 효과를 볼 수 있는 장점이 있다.

발명이 구체적 형상을 지닌 유무형의 구조물들을 창안해 내는 것이지만 경영마케팅 등의 무형의 창의적 아이디어들의 경우도 역시 간략하고 명료한 문장들이 성공적으로 전체적인 의도를 대변해내는 사례들을 많이 볼 수 있기도 하다. 바꿔 말하면 우수한 발명은 우수한 마케팅 문구처럼 명료하고 간단하게 표현될 수 있어야 한다는 주장이기도 하다. 완성된 발명품을 판매하기 위해 그 발명품을 최적의 표현으로 나타낸 마케팅 슬로건이나 광고 문구보다 더 그 발명품을 잘 묘사해 낼 수 있을까?

이미 앞선 주제에서 설명했듯이 모든 발명은 핵심요소와 주변요소로 나뉘어지며 주변요소는 또 하부의 종속된 핵심요소와 주변 요소를 포함할 수 있다. 또한 요구된 발명을 단순한 문장으로 표현하기 위해서 발명의

주변요소를 묘사하는 형용사는 훌륭한 발명 아이디어를 단순하고 구체적으로 표현할 수 있는 것으로 그림을 그리듯 명료하게 발명이 추구하는 바를 나타낼 수 있다.

시장 소비자의 요구나 주문자의 요구를 맞추어 주기 위해서는 그 요구를 구성하는 주어 및 동사와 형용사의 의미를 정확히 이해한 후 최대한 간결하고 단순한 문장으로 구현해내야만 할 것이며 이러한 행태가 언어의 유희처럼 느껴질지도 모르지만 분명한 건 발명의 명확한 표현을 위해 형용사로서 발명이 추구하는 기능과 성능을 묘사할 수 있어야 한다는 사실이다.

결국 주어 또는 목적어인 발명의 핵심장치에 대해 소비자가 원하는 기능과 이미지를 구현하기 위해서는 그 발명대상장치에 알맞은 형용사를 부가하여 단순하고 명료한 발명의 설명문을 작성한 후 이를 실제 발명으로 구현해 냄으로써 훌륭한 발명을 완성해 낼 수 있게 되는 것이다.

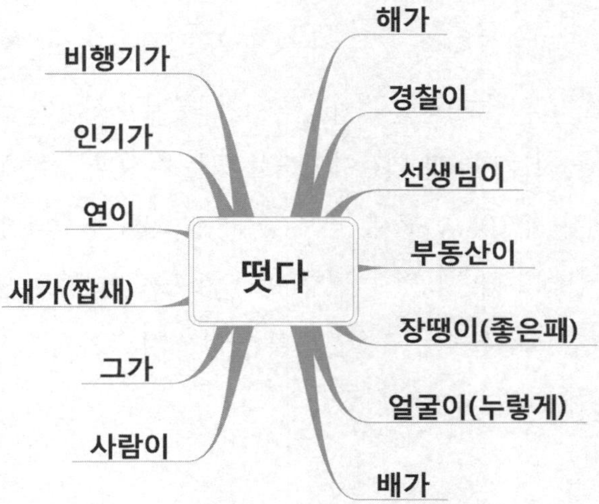

TIP 문제를 최소 단위로(더 안 나누어지는) 나눈 후 적절한 문장 작성 후 해결

4) 서술어가 답이다.

발명의 핵심인 주어 목적어는 주로 핵심 기능을 나타내는 발명품의 주된 존재를 말하며 개선하고자 하는 신규 발명 아이디어는 발명품의 주변요소인 보조기능을 묘사한 형용사, 동사 즉 서술어 영역일 경우가 대부분이다. 주변 요소를 묘사하는 형용사, 동사는 같거나 유사한 의미를 지닐 경우 주된 발명품의 구성에 따라 다소 달리 만들어 질 수 있더라도 그 의미하는 기능은 유사한 경우가 많다. 따라서 주어인 핵심이 무엇이든 가리지 말고 개선하고자 하는 기능이 유사한 모든 기술들을 찾아서 결합해 볼 필요가 있다.

이러한 유사 서술어의 결합 작업은 특히 창의적 사고의 산출물을 발명에 국한하지 않고 인간의 모든 사유 및 사고의 산출물로 확장해볼 때 더 더욱이 신빙성이 높아지는 것이기도 하다. 창의적 사고의 산물을 발명으로 한정지울 것이 아니라 인간이 만드는 모든 사상과 사물에 확장해 놓고 보면 창의적 사고의 중요성은 더욱 증대되고 교육 실습의 방향은 더욱 명확해진다. 이렇게 되면 경영·마케팅·광고·스포츠·연예·예술 등 모든 분야에 원리는 같고 실현되는 구성은 다른 창의적 사고 체계를 한 흐름으로 완성할 수 있게 된다.

〈표5〉의 발명의 묘사처럼 각기 다른 핵심(목적)에 대한 동일하거나 유사한 묘사를 할 수 있고 결국 각기 다른 목적물에 대한 묘사이지만 그 의

〈표5〉

발명의 묘사 I		발명의 묘사 II		발명의 묘사 III		핵심 (목적)
예쁜	아름다운	영리한	멋진	싱그러운	상큼한	여자
예쁜	화려한	지능적인	멋진	역동적인	스포티한	자동차
예쁜	매끄러운	스마트한	멋진	산뜻한	심플한	핸드폰

미나 묘사수단(기술)은 유사하므로 차용해서 사용할 수 있다는 사실이다.

정리해서 말하면 해결해야 할 문제가 있으면 문제를 명확한 문장으로 정리한 후 해결책을 찾아야 하며, 또한 원하는 신제품 개발방향이 있으면 명확한 문장으로 정리한 후 개발을 시작해야 한다. 이때 문제 해결안과 개발방향의 주요 단서로서 잘 작성된 문장에 서술된 서술어를 중심으로 동종의 기술에 국한하지 않고 이종의 기술 중 유사한 묘사 및 기능을 구성하는 것들을 찾아내어 적극 활용하자.

발명의 묘사에서 해결해야 할 기술문제는 여자, 자동차, 핸드폰이라는 핵심이 아니라 '예쁜, 멋진' 과 같은 발명을 묘사한 형용사로 표현된 기술 문제이며 이러한 기술문제는 발명의 핵심과 상관없이 동일한 특성을 지닌 기술요소에 의해 결정지어지는 것들이다. 따라서 예쁜 자동차를 만드는 기술을 찾아서 문제를 해결하려면 예쁜 여자, 예쁜 핸드폰을 구성하는 기술요소를 차용해서 해결하면 된다.

제6장

좋은 발명의 창출에 필요한 지식

젓가락, 이쑤시개, 침, 바늘과 같은 단순상품 아이디어로 창업하여 나름의 성공을 거두는 이가 있는 반면에 복잡한 첨단기기를 발명하여 이를 사업화하며 많은 어려움을 겪는 이들도 있다. 따라서 사업 아이템으로서의 발명 아이디어를 어떻게 잘 선택하여 이를 합리적으로 잘 운영해 나갈지 깊이 또 깊이 생각해 보아야 한다.

발명은 그 자체가 하나의 사업 아이템이고 발명자는 자신이 직접 발명의 사업화를 추진하거나 제3자에의 기술 공여 또는 매각을 통해 사업화를 추진하게 마련이다.

발명이라는 태생을 지니고 시장에 나온 신제품은 초기 시장의 저항을 반드시 겪게 되고 이를 슬기롭게 극복해야만 비로소 성공의 희열을 맛볼 것이다. 그러나 모든 사업이 그렇듯 성공이라는 종착점은 없으며 끊임없이 변화하고 노력을 기울여야 추락하지 않고 현상 유지 또는 발전할 수 있다. 따라서 특허의 출원 절차 및 사업화에 관한 기본 지식이 있어야 하며 동 분야 전문가의 도움을 적극적으로 받을 필요가 있다.

또한, 이장에서는 아이디어 발상단계에서 자주 사용되는 아이디어의 3대 발상기법과 창조적 문제해결 기법인 Triz에 대해서 간략히 설명을 한다. 이러한 기법들은 필자가 이 책에서 주장하는 간결한 발명의 원리와 배치 대립되는 내용이 아니라 아이디어 발상의 초기 단계에서 아이디어 정리에 도움이 되거나(아이디어 3대 발상기법), 문제 해결의 보조적인 기법(Triz)으로서 병행되어 사용할 수 있다.

다만 Triz는 그 자체가 방대하고 발명의 문제 해결 부분에서 필자의 주장과 중첩되는 부분이 있으나 이 책의 저술은 문제해결 단계 이전의 창의적 아이디어의 발상 방법론과 해결된 문제의 결실맺기 부분에 대한 전략까지 종합적으로 서술된 것이다. 따라서 일부 중첩된 발명의 문제해결 부분에 대해서는 독자들의 적절한 비교 판단이 요구될 수도 있다.

이러한 부분에 대해서는 추후 기회가 된다면 Triz의 문제해결 방법론을 완전히 용해하여 필자의 주장의 일부로서 유연하게 비교 설명해볼 생각이다.

이러한 시도는 Triz를 발명한 알츠슐러가 의도한 숭고한 뜻(기술공개 및 공동연구)대로 Triz를 살아서 진화 발전하는 존재로 만들기 위해서도 바람직한 일이라고 생각한다. 결국 중요한 건 현재까지 알려진 다양한 기법들을 숙지하여 최종적으로 나만의 기법을 만들어 내는 것이다.

1_아이디어 발상기법

아이디어 발상법 중 시행착오법은 발명왕 에디슨이 주로 활용한 방법들이었지만 현대와 같이 복잡하고 고도화된 발명품을 개발하기 위한 방법으로는 비효율적이고 비과학적이라 판단된다. 여기서는 현재까지 널리 이용되고 있는 아이디어발상법으로서 아이디어의 구체화 단계 이전에 선행되어야 할 유용한 창의적 발상의 툴 몇 가지를 간략히 소개한다.

이 책에서 깊이 설명하기에는 내용이 방대하고 전문적인 것들이라 개요만 설명하지만 이러한 발상기법들을 잘 숙지해서 활용하면 전혀 예상하지 못했던 창의적 해결책들을 스스로 찾아낼 수도 있을 것이다. 이 책에 언급된 기법 이외에도 여러 가지 아이디어 발상법이 있지만 이 책의 편집 목적에 부합하는 내용으로 한정지을 수밖에 없다.

참고적으로 최근에 창의적 아이디어 창출을 위한 집단회의 방식으로 널리 인기를 끌고 있는 타운미팅, 오픈스페이스, 액션러닝, 퍼실리테이션 등에 대해 별도의 관심을 가져 볼 필요가 있으며 1993년부터 국내에서 가장 먼저 창의성 교육 연구에 심혈을 기울여온 임선하 교수의 창의성 공식인 C=f(DESK) 모형도 기회가 닿으면 관심 기울여 볼만한 구상이라 생각된다.

1) 브레인스토밍

브레인스토밍(Brainstorming)은 미국의 광고회사 BBDO사의 알렉스 F. 오스본에 의해 창시된 것으로 창의적인 아이디어를 생산하기 위한 학습 도구이자 회의 기법이다. 3인 이상의 사람이 모여서, 하나의 주제에 대해서 아이디어를 공동으로 내어놓는 집단사고를 통해 사고의 확산을 추구하는 회의 방식이다. 중요한 점은 어떤 사람이 제시한 의견에 대해서 다른 참가자가 비판을 해서는 안 된다. 특정시간 동안 제시한 생각들을 모아서 1차·2차 검토를 통해서 그 주제에 가장 적합한 생각을 다듬어나가는 일련의 과정이다. 어떤 문제가 생겼을 때 여러 사람이 함께 풀면 그 문제의 해결이 쉬워진다.

브레인스토밍을 적절히 활용하면 집단의 효과를 살리고 아이디어의 연쇄반응을 일으켜 보다 짧은 시간 내에 전통적인 회의 방식보다 더 많고 우수한 아이디어를 생산할 수가 있다. 이러한 이유로 발명 아이디어의 개발에 가장 효과적인 방법의 하나로 이용되고 있는 브레인스토밍을 잘 하기 위해서는 반드시 지켜야 할 몇 가지 기본 원칙과 방법이 있다.

〈진행방법〉

(1) 테마의 선정 : 테마의 선정은 가능한 한 구체적인 것으로 한다.

(2) 회의장소 선정 : 전원이 서로의 얼굴을 볼 수 있는 곳으로 발표된 아이디어를 기재할 칠판을 준비한다.

(3) 리더 선정 : 선정된 리더는 미리 테마에 대해 많은 관점에서 검토를 하여 회의가 엉뚱한 방향으로 흘러가지 않고 다양한 각도에서 아이디어가 나오도록 유도한다.

(4) 주제의 선정 : 가장 중요한 주제가 너무 구체적이어서는 아이디어가 나오기 어려우며 곤란하다. 따라서 가능한 한 조원들이 인식하고 있는 공통적인 사항으로 단순한 것이 효과적이다.

(5) 브레인스토밍: 참여자 전원에게 자유롭게 발언시키고 모든 발언은 칠판에 기

재한다.

① 제1법칙–자유자재 사고. 어떤 아이디어라도 구애받지 않고 자유롭게 낸다.

② 제2법칙–비판 엄금. 남이 내놓은 아이디어를 절대 비판하지 않는다.

③ 제3법칙–질보다 양. 질에는 너무 신경쓰지 말고 되도록 많은 아이디어를 낸다.

④ 제4법칙–결합 개선. 발표된 아이디어를 통해 새로운 다른 아이디어를 이끌어 낸다.

서기는 되도록 전문적인 사람으로 정하되 인원수가 적을 때에는 리더가 서기를 겸한다. 서기의 중요한 역할은 발표된 아이디어를 재빨리 요령 있게 요약해서 적는 일이다. 진행을 빠르게 하고 요점을 분명히 하여 다음 발상을 촉진하기 위함이다.

(6) 종료 : 한 시간 정도를 목표로 하고 그 이상 계속 될 때에는 5~10분 정도의 휴식시간을 갖는다.

(7) 회의 모임을 통한 선별 : 브레인스토밍 회의 기법을 하는 것은 좋은 아이디어를 얻기 위한 것이기 때문에, 여러 차례의 모임을 통해서 많이 나온 아이디어 중 선별하는 작업이 필요하다.

(8) 평가 : 제기된 아이디어에 대한 평가는 바로 계속해서 할 수 있지만 냉정하고 객관적으로 평가하기 위해 될 수 있으면 하루쯤 있다가 실시하는 편이 낫다. 평가는 멤버를 바꿀 필요도 있지만 절반 이상은 브레인스토밍을 실시한 멤버가 들어가도록 한다.

브레인스토밍은 문제 해결을 위한 집단 토의이므로 생산된 아이디어는 독창성뿐만 아니라 경제성, 실용성도 평가해야 한다. 평가는 객관성과 전문성을 가진 사람이 담당하여야 하나 가벼운 문제일 경우에는 다른 조원이 평가할 수 있으며, 비판을 허용하여 철저하게 아이디어를 다진다. 이 단계에서 아이디어끼리 결합하여 높은 수준의 아이디어가 나오는 경우가 많다. 또한, 브레인스토밍은 제품개발을 위한 신제품 아이디어, 마케팅, 각종 개선안 도출, 기획안 입안 등 여러 분야에서 사용될 수 있다.

멤버선정은 동일한 계층, 입장에 있는 사람에게 편중되는 것을 피하여 전문가와 일반인을 막론하고 다양한 사람으로 구성한다. 멤버들의 자유로운 발언을 봉쇄할 수 있는 권위적인 상사나 사람들을 배제해야 한다. 양적으로 아이디어가 많다고 해서 발상을 중단해서는 안되며 관점을 더 넓혀 사고해야 한다.

2) 체크리스트(checklist)법

체크리스트법은 브레인스토밍을 만든 알렉스 F. 오스본이 고안한 발상법이다. 아이디어가 막히거나 벽에 부딪혔을 때 리스트를 보면서 미처 발견치 못한 것을 떠올릴 수 있으며, 다각적인 사고를 할 수 있게 해준다. 체크리스트법은 아이디어 발상의 기본이 되면서도 쉽게 활용할 수 있는 방법이다. 무엇인가를 발명하기 위해서는 이미 존재하는 관습과 틀에 박힌 것들에 역행해야만 하며 발명가들은 규칙을 깨뜨림으로써 위대한 발명을 할 수 있게 된다.

아이디어 산출을 위한 체크리스트는 사고의 출발점 또는 문제해결의 착안점을 미리 정해 놓고 그에 따라 다각적인 사고를 전개함으로써 능률적으로 아이디어를 얻는 방법이다. 동일한 목적을 달성할 수 있는 또 다른 수단과 방법 등은 없을까? 하는 문제들에 대해 구체적인 방향을 제시하는 방법으로 교육현장에서 많이 사용되고 있는 발명의 십계명과 거의 유사한 형태를 이루고 있다. 이 방법은 발상아이디어에 대해 넓은 각도로 점검해 나갈 수 있는 방법으로 개인기법으로 아이디어를 창안하는 데 널리 이용되고 있다.

- 전용=개조해서 다른 것으로 사용할 수 없는가?
- 응용=비슷한 것은 없는가?
- 변경=의미, 색, 형태, 냄새를 변화시키면?
- 확대=크게 하면?
- 축소=작게 하면?
- 대용=다른 것으로 대체해서 사용할 수 없는가?
- 재배열=요소를 교체해보면?
- 역전=반대로 변환해보면?
- 결합=각각의 아이디어를 조합해보면? 등이다.

참신한 아이디어를 내놓고 싶지만 머릿속에 이미 정해진 회로가 생겨 비슷한 아이디어 밖에 나오지 않을 때 사용하면 효과적이며 특히 신상품을 기획할 때 유용하다. 발명에 관련된 항목들을 정리하는 체크리스트법은 아이디어의 새로운 창출과 연쇄적인 파생효과를 얻고자 하는 데 그 목적이 있으나 이 방법은 다음과 같은 결점을 갖고 있다.

첫째, 체크리스트에 너무 의지하면 새로운 문제에 필요한 것들을 빠뜨릴 우려가 있다. 둘째, 없는 것까지 체크하고 시간을 낭비할 우려가 있다. 셋째, 체크리스트에 너무 의지하면 자기 자신의 생각을 하지 않을 우려가 있다.

따라서 이러한 방법들에 대해 유의할 점은 새로운 아이디어에 대한 폭넓은 접근을 위해 사용하는 것이지 발명아이디어를 얻는 유일한 방법은 아니라는 점이다. 아이디어를 떠올리는 데 있어 체크리스트 항목을 모두 활용할 필요는 없지만 그 중에 필요한 몇몇 항목만을 활용해도 되고 필요에 따라 또 다른 체크리스트 항목을 추가할 수도 있으며 여러 개의 항목을 결합해 생각해 볼 수도 있다.

아이디어는 우리가 너무나 잘 알고 있는 상식적인 것에서 나오는 경우가 많다. 나만의 체크리스트를 만들어 그 체크리스트에 따라 아이디어를 떠올려 보자. 체크리스트를 제대로 활용한다면 제안의 능력을 급증시킬 수 있으며 창의적이고 능동적인 발명 마인드의 함양에도 도움을 받을 수 있을 것이다.

3) 마인드맵 mindmap(생각정리의 기술)

'마인드맵(Mindmap)'은 1971년 영국의 토니 부잔(Tony Buzan)이 개발한 학습과 기억의 새로운 방법으로 "마음의 지도" 또는 '생각의 지도'라 하며, 종합적인 사고와 이해를 유도함으로써 창의력과 기억력을 무한대로 확장시킬 수 있는 방법이다. 이론적 바탕은 기억심리학적 요소로 두뇌의 기능을 정확히 파악한 후 그 기능들을 효과적으로 활용할 수 있도록 고안된 두뇌 사고법이다.

구체적으로는 무순서, 다차원적인 특성을 가진 사람의 생각을 표현하는데 있어 백지 위에 키워드, 이미지로 중심 주제를 적고 가지를 쳐서 핵심어, 이미지, 컬러, 기호, 심볼 등을 사용해 방사형으로 펼침으로써 사고력, 창의력 및 기억력을 높이는 두뇌개발(사용)기법이다. 로저 스페리 교수팀에 의해 발견된 "인간의 좌뇌와 우뇌의 서로 다른 기능"은 마인드맵 이론을 뒷받침해주는 좋은 근거가 되었다.

우뇌의 기능

1. 총괄적인 인지와 사고
2. 명확한 정의 없이 인지 전체적인 해결점을 한 번에 파악
3. 감정과 직관의 통찰력 리드

좌뇌의 기능

1. 시각적 기억으로 핵심을 감지 분석적이고 개별적으로 처리
2. 명확한 정의로 발상을 연결 말이나 계산을 파악 논리적이며 이성적으로 판단
3. 어휘와 상상력으로 대변

좌뇌는 학문적이고 일차적인 행동을 담당하고 우뇌는 상상력이 필요한 행동을 담당한다. 논리적이고 이성적인 영역을 담당하는 좌뇌의 기능과 창의력, 색상, 디자인 영역을 담당하는 우뇌의 기능이 서로 다르지만 좌 우뇌 기능이 조합되어 효과적으로 연결될 때 최대의 두뇌활용 효과가 나타난다고 할 수 있다.

마인드맵은 두뇌가 자연스럽게 정보를 받아 들이고 쏟아내는 방법과 유사하기 때문에 누구나 조금만 방법을 숙지하면 쉽고 재미있게 마인드맵을 그리고 그 효과를 경험할 수 있다.

마인드맵 작성의 7원칙

1. 가로로 된 종이의 중심에서 시작한다.

2. 중심 생각을 나타내기 위해 이미지나 사진을 이용한다. (3가지 이상의 색깔)

3. 전체적으로 색깔을 사용한다.

4. 중심이미지에서 주가지로 연결한다. 주가지의 끝에서부터 부가지로 연결한다. 그리고 부가지의 끝에서 세부 가지를 연결한다.

5. 구부리고 흐름 있게 가지를 만들어라.

6. 각 가지당 하나의 키워드만을 사용하라.

7. 전체적으로 이미지를 사용하라.

마인드맵은 정신적으로 두뇌를 사용하는 방법을 가르쳐주며 두뇌의 통로를 통해 논리적이고 창의적인 사고력을 훈련시켜 준다. 양쪽 뇌는 서로 돕는 역할을 하고 있으므로 양쪽 뇌가 얼마만큼 서로 도와주느냐에 따라 창의력은 달라지게 되므로 마인드맵 작성을 통해 두뇌의 개발 및 사고력과 창의력을 신장시킬 수 있다. 마인드맵의 더많은 내용에 대한 학습과 실습은 이 책 제2장에서 추가로 다룬다.

TIP 생각을 구체적으로 정리하라. 경우의 수, 청구항

4) 창의적 문제해결 방법(Triz)

러시아의 특허청 심사관이었던 겐리흐 알트슐러가 1940년대에 창안한 Triz는 전 세계의 2백만 여건의 특허를 과학적으로 분석하여 공통의 원리를 찾아내서 발명 모순의 원리를 해결한 40가지의 창의적 문제해결법을 만들어냈다.

Triz의 기술적 문제해결 방법은 기술 문제를 추상적으로 정의한 후 핵심적인 기술적 모순과 물리적 모순을 파악하게 한다. 발명자가 자신의 전문 영역 외의 문제일지라도 그 문제에 대한 해결책을 찾을 수 있게 하는 발명 원리들의 상세한 목록을 제공하며, 기술개발의 일반적 경향을 바탕으로 엔지니어링 시스템의 진화를 예측하는 것이다.

더 이상 나누어지지 않는 단계까지 문제를 끌어 내린 후 기술적 모순을 고려하며 40가지 발명의 문제해결원리가 배열된 모순 행렬표를 통해 문제를 해결해 나간다. Triz는 내용이 방대하고 국내외 대기업들이 기술개발의 문제점 해결에 광범위하게 사용되는 방법이므로 이 책 제3부에서 자세히 다루게 된다.

TIP "내가 찾은 해결책은 원래의 문제를 해결하지만, 또 다른 문제를 야기한다. 결과 시스템의 한 특성은 개선되고 다른 한 특성은 악화된다."

2_사전 준비를 철저히 하라.

1) 선행기술을 찾아라.

같은 시기에 같은 환경에서 살고 있는 이들끼리는 비슷한 생각을 하는 경우가 많으므로 좋은 아이디어가 떠올랐다면 남보다 먼저 서둘러 특허출원을 하여 권리를 확보할 필요가 있다. 그러나 내가 생각한 아이디어와 연관된 사업을 하는 업체들이 있다면 날마다 그 일을 반복하고 있는 업체의 직원들이 이미 생각해 내었거나 앞서 이야기한 데로 비슷한 생각을 한 이들 중 먼저 특허출원을 했을 수도 있다.

따라서 누군가가 나보다 먼저 특허를 출원하였다면 이 사실을 모르고 특허출원 후 사업화를 진행하게 되는 경우 차후 특허소송에 휘말리는 등 크게 낭패를 볼 수 있으므로 특허출원이나 사업화 이전에 반드시 선행기술조사를 해보아야 한다. 발명 특허 출원 전에 사전조사 비용과 노력을 아끼지 말아야 불필요한 시간과 경비의 낭비를 막고 침해금지 및 손해배상 소송에 휘말리는 일이 없게 된다.

또한 선행기술을 찾는 도중에 남이 출원한 특허기술 속에서 내가 필요로 하는 필요요소를 찾을 수도 있고 전혀 새로운 착상을 해낼수 도 있으니 상세검색은 전문가에게 의뢰하더라도 발명가 스스로 선행기술을 간단하게라도 해보는 습관을 들여야 한다.

TIP 관심기술분야의 patent map을 작성해 보자.
무료특허검색사이트 www.kipris.or.kr
유료특허검색사이트 www.wips.co.kr

2) 전문가를 찾아라

발명가들은 새로운 아이디어를 떠올리면 특허 출원도 하기 전에 일확천금의 환상에 빠지지만 정작 그렇게 소중한 아이디어를 특허 출원하면서 비용을 아끼기 위해 자신이 직접 출원을 하거나 특허에 대해서 좀 아는 지인을 통해서 특허를 출원하는 경우가 다수 있다.

특허는 출원이 중요한 게 아니라 권리가 강한 특허를 받는 것이 중요하므로 자격증 있는 전문가의 도움을 받아서 명세서와 청구항을 잘 작성하는 것이 매우 중요하다. 특허의 등록 후 사업화에 있어서도 특화된 분야별 전문가의 조력이 필요하며 이러한 선택이 사업화의 성공을 좌우할 수 있다. 제대로 된 전문가(변리사, 변호사, 마케팅 및 금융 분야)를 찾아서 비즈니스적으로 협상하라.

관련 분야의 전문가들의 도움을 받는 데에 있어서 내가 기본적인 지식이 있어야 적절하게 전문가와 협의 및 활용을 할 수 있다. 내가 아무것도 모르는 상태에서는 제대로 된 전문가를 찾기 어려우므로 지적재산권에 대한 기초 지식을 습득하고 절차와 정보에 능통해야 한다. 어디까지나 발명을 한 주체는 나이며 특허 출원인으로서 특허권리의 매각 또는 사업화에 대한 모든 주도권은 내가 가지고 있어야 하기 때문이다.

우리나라에는 각 분야별로 어설픈 전문가는 많지만 자타가 공인하는 전문가가 드물다. 한 분야를 꾸준히 소신 있게 연구하며 일을 진행하기보다 외형적 허울을 중시하거나 관리적 타성에 빠져 쉽게 일하려는 이들이 많기 때문이다. 따라서 초기에는 관련 분야의 전문가를 적극 활용해야 하겠지만 어느 정도 진전이 되면 발명가 스스로 상황 판단을 할 수 있을 정도의 지식과 정보를 갖고서 진정한 전문가와 함께 하거나 스스로 전문가가 되어야 할 경우도 발생할 것이다.

TIP 특허출원 및 심사 절차, 해외출원 정보, 심판 및 소송 절차, 특허의 명세서 및 청구항 작성

3) 시장이 요구하는 발명을 하라.

아이디어의 참신성이나 독특함은 일순간의 관심을 끌 수는 있지만 시장에서 요구하는 것이 아닌 제품들은 쉽게 도태되고 마는 것을 자주 볼 수 있다. 따라서 발명자들의 아이디어 창안 단계부터 기술 진보의 흐름과 시장에서의 요구사항에 부합하여 팔릴 수 있는 우수사업 아이템으로서의 발명을 해야 한다. 시장의 상황과 기술 진보의 흐름에 대한 공부를 지속적으로 하는 발명을 해야만 현실과 괴리되지 않는 좋은 발명을 해낼 수 있다.

새로운 아이디어가 떠오를 때 마다 항시 선행기술조사를 하는 습관에 더해 끊임없는 시장조사를 위해 전시회 및 세미나 참관을 하거나 자주 아이디어 회의에 참석해 남의 이야기를 경청하는 것도 좋은 방법이다. 발명은 창조적 모방이니 최신 기술동향 자료를 읽고 보고 듣고 생각하는 자세가 필요하다.

내가 창안한 아이디어에 대한 확신과 자신감은 필요하지만 독선은 금물이다. 애써 개발한 특허 기술이 시장판단오류로 인해 잘못된 기술 또는 뒤처진 기술로 상품화를 추진하거나 선진기업특허에 발목이 잡히는 수도 있다. 또한 시장의 요구에 부합하는 디자인이 중요하다. 고가의 자동차 선택기준 조차 성능 못지않게 디자인에 의해서 결정되는 경우도 많고 스티브 잡스의 아이폰이 성공한 것도 심플하고 멋진 디자인에 있다는 것은 익히 잘 알려진 일이다.

발명은 끝(종점)이 없고 항상 진보된 기술은 새롭게 나오게 마련이다. 첨단 기술은 주기가 빠르므로 특히 발 빠르게 대응해야 한다. 기술 진보의 흐름을 놓치면 시장에서 아무도 찾지 않는 발명을 해내게 되는 황당한 상황에 처해질 수 있다.

4) 돈이 되는 발명을 하라.

창의적 사고를 키워서 우수한 발명을 고안해 내려는 궁극적인 목적은 무엇인가? 사업의 성공과 돈을 벌기 위한 것이다. 따라서 적절한 시장이 형성되어 있는 기술을 발명하여 사업화 추진을 해야 하고 단기간 내에 매출 및 수익이 발생되는 구도로 가야 한다. 만일 아이디어가 동시에 여러 건 있다면 우선순위에 있어서 쉽게 수익을 낼 수 있는 발명부터 추진하는 것이 좋을 것이다.

또한 소속 사회의 발전에 기여하는 측면에서 개인만을 위한 돈이 아닌 사회가 필요로 하는 발명 즉 사회의 부가가치를 증대할 수 있는 발명을 해야 할 것이며 이 경우 처음에는 돈은 적게 벌고 명예만을 위한 것 같아도 장래의 지속적인 사업 확장에 있어서 사회적 정당성을 입증할 수 있게 된다.

5) 좋은 발명은 누구나 알 수 있다.

맛있는 음식은 누구나 쉽게 판단할 수 있다. 각자의 입맛에 따라 선호 하는 음식은 다를 수 있지만 좋은 식재료를 사용해서 정성스럽게 만든 음식에 대한 평가는 대동소이 할 것이다. 또한 짓고 있는 건물의 진행 상황은 누구나 볼 수 있고 잘된 점과 잘못된 점을 비교적 쉽게 판단할 수 있다. 발명에 대한 평가도 음식의 맛을 평가하거나 건물의 건축 진행사항을 보듯이 할 수 있으며 좋은 발명 역시 그 결과물을 보는 순간 쉽게 알 수 있다. 좋은 발명을 창안해내기는 어렵지만 누군가에 의해 창안된 좋은 발명은 누구라도 쉽게 인지할 수 있는 것이다.

따라서 발명가는 맛있는 음식을 맛보듯 자신의 발명을 스스로 평가해 볼 수 있어야 하며 자신의 발명의 좋은 점과 나쁜 점을 한눈에 도시하여 쉽게 판단해 볼 수 있는 능력을 키워야 한다. 세계 최고높이인 버즈두바이 빌딩을 벽돌로 쌓을 수 없고 이카루스의 날개처럼 비행기 날개를 밀랍으로 연결할 수 없다. 객관적으로 보면 쉽고 명확하게 알 수 있는 일들을 어떤 경우에는 발명자 자신만 모르는 경우도 있으니 항상 객관적 시야를 갖도록 하는 것이 중요하다.

3_특허권의 활용

1) 국내 특허 제도의 문제점

국내 특허의 짧은 심사기간이나 전자출원제도 등은 세계적으로 인정받고 있다. 또한 PCT출원 시 국제선행기술조사기관으로 지정된 것이나 전 세계 특허기구의 공식언어 중 한국어가 포함된 것 등 우리나라는 특허 선진국으로서 자랑할 만하다. 하지만 아래의 몇 가지 문제점은 오랜 기간 동안 출원인들의 많은 불만에도 불구하고 개선되지 않고 있어 국가경쟁력 강화 차원에서라도 시급하게 개선되어야 할 내용이라 생각한다.

하나, 국내특허의 출원에 대한 청구항 숫자는 기본 청구항이 20항인 미국에 비해 현저히 적으며 청구항 숫자가 적다는 것은 그만큼 특허의 권리 범위가 좁고 부실화 될 가능성이 크다는 것을 의미한다. 제도적으로 출원료 산정과 연차유지료가 청구항 숫자 기준으로 증가되게 되어 있어서 출원료 및 연차 유지료를 줄이기 위해 특허 출원시 의도적으로 청구항을 줄여서 신청하는 경우도 많다.

청구항 숫자에 따라 가산금이 붙기 때문에 특허출원 및 등록시 이에 신경을 쓰게 되며 더욱이 일부 대리인의 경우는 특허등록을 위해 청구항을 대폭 줄이고 1항에 모두 연결하여 놓음으로서 권리 범위가 매우 협소해지거나 무의미한 특허를 양산해 내고 있다. 미국의 경우 수십 개의 청구항이 있는 경우가 많은데 우리나라는 많아야 10여개 항이고 대부분 3항 전후인데 이는 국가 경쟁력 측면에서 특허기술의 현저한 실제가치 저하를 가져 오고 있다.

둘, 연차유지료 정상납부기간을 넘길시 6개월간 유예기간을 주고 1.5배로 내게 하는 제도나 6개월의 유예기간이 지나면 회복 불가능하게 되어있는 법규는 반드시 고쳐야 한다. 저작권은 등록료 연차료 없이 저작권자 생존 시와 사망 후 50년 동안 권리를 인정해 준다.

이에 반해서 기술의 빠른 발전을 위한다는 명분으로 최대 20년으로 권리를 제한하는 특허권은 출원료, 등록료, 연차유지료를 내야하고 기간을 도과하면 1.5배의 벌과금 부과 및 권리소멸이 된다. 저작권과 비교해 형평성이 크게 어긋나므로 벌과금 부과 및 권리소멸에 대한 합리적 개선이 요구된다.

셋, 10여 년 전 특허청장이 중소기업 경영인들을 대전 특허청으로 불러서 간담회를 열었을 때 필자는 특허펀드의 필요성을 역설한 바 있다. 그 이후 다행히 국내에 특허펀드라는 것이 몇 년 전부터 결성되어 운영되고 있지만 말만 특허펀드 일뿐 기초단계의 특허권을 지닌 발명가나 예비창업자들을 지원하는 것이 아닌 창투사의 다른 펀드와 똑같이 운영되고 있다. 곧 코스닥 등록 등의 단계에 있는 매출이 많은 안정적인 투자처에 투자자금을 운용하고 있으며 발명자가 투자 유치를 요청하면 "중소기업에 특허

하나 없는 기업이 어디 있느냐?"는 말과 함께 어이없는 표정을 짓는다. 특허펀드는 말 그대로 초기단계의 발명에 투자 되어야 하며 펀드운용자의 자질 및 성적평가도 투자수익보다는 펀드설립 목적에 맞는 엄정한 투자 집행에 두어야 할 것이다.

〈특허 무용론〉

2010년 말경에 서울중앙지검 형사 6부 주최로 열린 지식재산권 관련 세미나에서 정차호 성균관대 교수가 발표한 자료에 따르면 우리나라 특허심판원의 특허 무효심판에서 무효율이 70%를 넘고, 특허권자가 특허심판원에 제기한 권리침해확인심판의 침해 성립률은 25%대에 불과했다. 특허권 침해소송에서 특허권자가 이길 확률도 20%를 조금 넘는 수준이다.

여기에 개인이나 중소기업들이 특허침해 손해배상을 청구해도 손해배상 판결은 청구액의 10분의 1 수준이라는 한국지식재산연구원의 조사 결과도 있다. 고의적 침해에 대해서는 최고 3배 배상제도를 운영하는 미국과는 대조적이다. 이에 따라 특허무용론이 제기되고 있는 실정이기도 하다.(한국경제신문 2010.12.09일자 인터넷 참조)

필자는 국내에서는 개인 및 회사 명의로 삼백 여건의 특허출원과 해외출원 및 등록을 하였고 이에 따라 거절불복심판, 무효심판, 권리범위확인심판, 특허침해손해배상 소송을 여러 번 직접 경험하였다. 최근까지 특허기술을 사업화한 것에 대해 국내 인터넷대기업인 N사와 영업금지 가처분신청 및 손해배상 소송과 형사고소를 당하였고 G사와는 특허무효소송을 진행하여 4년여 간 막대한 비용과 시간을 들여 소송을 했었다.

위와 같이 많은 경험으로부터 느낀 특허권에 대한 소회는 특허청이나 특허심판원까지의 특허의 출원 등록 거절불복 및 무효심판은 그나마 특허권리에 대해 비교적 정당한 대우를 받지만 특허법원이나 일반법원에서 특허에 관한 소송을 진행할 때 대하는 법관 및 변호사들의 특허에 대한 인식은 매우 낮고 하찮은 것에 불과하다는 생각이 든다.

특허의 청구항에 대한 해석은 매우 엄격하고 정밀하여 소위 균등론 따위는 들어설 자리가 없고 심지어 출원한지 11년이 지난 특허권의 무효심판에서 특허심사 할 때 발명가가 이미 출원서에 선행기술로 명시하여 진보성을 인정받은 사안을 근거로(새로운 증빙이 아닌) 무효를 선고하였다. 또한 재판 절차를 공개하도록 법이 규정하고 있으나 변론준비 기일에 준비절차실에서 기술심의를 하다가 코미디처럼 갑자기 법복으로 갈아입고 나와서 변론기일 재판이 개시됨과 동시에 종료를 하였기에 대법원에 소송절차 법리 오류를 주장하였으나 합법적인 절차라고 기각했다.

법원의 생각이 저러하다면 특허심판원에서는 기술심리 위주라 거의 공개재판을 하지 않고 특허법원은 형식적 공개(?)로 어물쩍 넘어가며, 대법원은 선고일 외에는 거의 재판정에 갈 일이 없으니 결국 특허권에 대한 재판만이 유독 공개재판의 기회가 없게 된다. 새로운 사실의 증거에 기인한 것이 아닌 법관의 자의적 판단으로 특허 진보성이 "있다"에서 "없다"로 말만 바꾸면 되고, 법이 정한 재판 공개의 취지에 부합하는 공개재판 절차는 무시해도 되는 것이 법원의 판단이라면 심각한 문제라고 생각된다.

특허청의 특허업무 처리는 나름대로 선진화되어 여타 다른 나라들보다 나은 점이 많다고 생각되나 정작 헌법에 보호하도록 되어 있는 발명자나 중소기업은 또 다른 국가기관인 법원의 권위 앞에서는 한없이 작아지는 모습이다. 식민지에서의 해방과 동시에 동족상잔의 전쟁으로 폐허가 된 이 나라를 재건한 것은 열악한 환경에서 신기술 특허를 개발하고 열정을 다해 사업화 해온 중소기업인들의 힘이 공헌한 바가 큰 나라에서 국가기관이 특허기술과 특허권자를 무시하는 행태는 반드시 바로 잡아야 하지 않을까?

노동쟁의와 학교에서의 처벌 등 법령상의 허용된 행위로 "특허권의 실시 행위"가 인정되어 정당한 특허권의 실시에 대한 처벌을 할 수 없도록 해야만 한다. 자유시장 경쟁체제를 근간으로 하는 법치국가로서 대기업과 중소기업 간의 자유경쟁을 인정해야 할 것인데도 불구하고 신기술을 사업화한 분쟁에서 대기업의 비교 침해손해가 크다는 이유로 대기업의 이익을 보호하고 특허권 실시를 금지하는 판결은 있어서는 안 될 것이다. 특허권을 실시한 사업을 법관의 자의적 판단으로 금지시킨 데에 더하여 민법750조의 "위법"을 확장 해석하여 손해배상을 명하고 형사 처벌까지 하는 나라에서 어느 누가 특허 기술을 개발하여 이사회에 기여하려고 하겠는가?

TIP 기업간의 소송에 있어서 미국의 확정 판례소개

"경쟁의 부산물이 있다고 하더라도, 경쟁 그 자체가 부적절한 목적이 아니다"라고 판시하고
"거칠고 혼란한 시장에서 경쟁자들은 자신의 이익을 위해 상대방에게 어쩔 수 없이 피해를 끼치기 마련이다. 법은 이러한 피해–심지어 의도적일지라도–에 대하여 치유책을 제공하지 않는다.
왜냐하면 그것은 불가피한 경쟁의 부산물이기 때문이다"
"행위 자체가 법에 반하는 것이 아니라면, 경쟁자로부터 자사의 고객을 유도해 내기 위한 의도는 소송할 수 있는 대상이 아니다"
– 대기업과 신생기업 간에 반드시 발생하는 시장다툼 분쟁, 과연 누가 옳은가?

2) 특허는 소송을 통해 완성된다.

발명가들은 처음 특허를 출원할 때에는 아이디어만 떠오르면 구체적 구상이 정리되기가 무섭게 무조건 빨리 출원해 줄 것을 변리사 사무소에 요청한다. 하지만 특허는 출원만이 능사가 아니고 명세서와 청구항을 잘 작성해야 하며 권리를 주장하기 위해서는 특허 소송에서 이겨야만 한다는 사실을 나중에야 알게 된다.

또한 선행기술 조사를 위해 특허검색을 하다 보면 개인발명가들이 출원한 특허 중 주소변경 등의 사유로 연락이 안 되었거나 의견제출통지서를 받고 적절한 대응을 하지 못해 아깝게 권리를 놓치는 경우가 다수 있다. 개인발명가들은 대리인 없이 쉽게 특허를 출원하는 경우가 많고 이러한 경우 발명특허로서의 구성을 제대로 갖지 못해 특허등록이 거절되기 쉬워 결과적으로 아이디어만 노출하고 끝내는 경우도 많다.

다행히 의견제출통지서에 대응해 적절한 "보정"을 통해 특허등록사정을 받거나 거절결정에 불복하여 특허심판원의 "거절불복심판"을 통해 특허 등록을 받게 되면 대부분의 발명가들은 등록증이 곧 권리를 완전하게 획득한 것으로 인식한다.

그러나 등록 받은 특허를 발명가가 직접 사업화 할 경우는 별문제 없겠으나 제3자에게 기술매각 또는 실시권 허여 등을 추진하는 과정에서 특허권의 권리범위가 명확하지 않으면 별다른 가치를 인정받기 어려운 의미없는 특허가 될 가능성이 있다. 만일, 제3자가 자신의 특허를 침해하고 있다면 그 권리 구제를 위해 특허소송을 통해서 이를 인정받아야 한다.

특허분쟁 발생 시 소극적으로 특허심판원(1심)에 "권리범위확인심판"

을 청구하거나 상대방이 "특허무효심판", "권리범위부존재확인심판"을 청구할 경우 이에 대응을 해야 하며 특허법원(2심), 대법원(3심)까지 분쟁이 계속 이어질 수 있고 이에 따른 장기간의 시간 소요와 막대한 소송경비를 부담해야만 한다.

적극적으로는 특허침해에 대한 형사고소를 하거나 민사손해배상, 가처분신청 등을 통해 권리 침해의 구제 및 손해배상을 받을 수 있으나 이 또한 형사고소는 경찰조사, 검찰조사(항고, 재항고-재정 등 3심, 헌법소원)를 받은 후 정식재판(3심)을 받아야 하고 민사소송도 3심까지 거쳐야 최종 확정된다.

이러한 과정에서 장기간의 시간 소모와 막대한 소송경비 부담 및 변호사에게 기술적인 조력을 끊임없이 해주어야 한다. 이처럼 어렵게 받는 특허권리가 특허증을 받는 순간 모든 것이 이루어지는 것이 아니라 구체적인 권리 실현을 위해서는 이제부터 시작이라는 사실을 절실히 알아야만 하는 것이다.

개인발명가들은 특허 출원시 소송이라는 최종 권리실현장치를 염두에 두고 명세서 및 청구항의 권리범위를 명확하게 작성해야 차후 소송시 제대로 된 권리실현을 할 수 있다는 것을 반드시 명심 또 명심해야만 한다. 그래야만 가뜩이나 전문성과 자금여력에서 월등히 열세인 개인발명가들이 그나마 희망을 갖고 전문가의 조력이나 주변의 도움을 받아서 권리구제 및 실현의 기회를 가질 수 있기 때문이다.

3) 특허도 계열화 해야 한다.

개인발명가들은 아이디어가 떠오르면 응용 사례에 대한 철저한 연구 없이 성급히 출원을 한다. 아이디어는 처음 개발한 이의 것이 가장 존중 받고 가치 있는 것이어야 하지만 다양한 응용사례에 대한 조사 없이 출원을 하면 관련 전문가들에게 아이디어가 공개된 후에 그들의 전문지식으로 훨씬 유용한 응용 예를 만들어 낼 수 있다. 특허 기술의 실제 활용도는 이들이 출원한 것이 더 좋아서 개인 발명가들이 향후에 모방 회피사례로 울먹이지만 이미 상황은 어찌 할 수 없게 되고만다.

퀄컴이 약 1,500여건의 특허로 완전 무장하여 휴대폰 제조사들이 도저히 피해 나갈 수 없도록 하여 CDMA 기술을 상용화한 국내 업체들이 어쩔 수 없이 수 조원의 로열티를 낼 수밖에 없는 것은 좋은 사례라 하겠다.

미국 등 선진국 시장의 진출에 있어서 특허 소송이 발생할 경우 상대방이 무더기로 연관 특허를 던져서 침해 유무분석에만 엄청난 노력과 비용이 들고 특허소송 기간 동안의 영업 손해가 막대하여 마지못해 합의하는 경우도 많다. 특히 중소기업의 경우는 이러한 특허 소송 폭탄을 감내하기 어렵다.

선진 기업들의 특허 운용 전략이 많은 비용과 노력이 투입되는 것이므로 개인 발명가가 이를 흉내내기는 어려울 것이나 아이디어 개발에 있어서 가능성이 있는 한 분야에 자산과 노력을 집중하는 것이 바람직하다 할 것이다.

우선 개인의 직업 또는 전공 분야와 연관이 있거나 관심이 많은 분야 중 자본력과 인적자원이 적은 개인이 집중할 수 있는 아이템을 선정하고 그 중 대상 시장이 넓은 것을 선택한다. 특정 아이템을 선택한 후에는 전체적인 테마를 설정하여 하나 둘씩 진행해가다 보면 어느덧 그 분야에 상당한 아이디어 축적과 특허 자산을 갖게 되고 특허 기술의 거래나 사업화에 있어서 훨씬 수월한 추진을 할 수 있게 된다.

개인 발명가 지원을 전문으로 하는 아이디어플라자(ideaplaza)가 2000년 초에 전성기를 이루었던 BM특허 출원을 남보다 빠른 1999년부터 시작하여 인터넷 광고 및 쇼핑몰 등에 130여건의 BM특허를 집중하여 출원한 것은 그 한 예이며 조만간 그 성과를 보게 될 것이라 확신하는 바이다.

TIP 테마를 정하고 집중해서 개발해야 한다.

4) 잘 작성된 명세서만이 성공을 보장한다.

대부분의 발명가들은 좋은 아이디어가 떠오르면 바로 일확천금의 환상을 떠올리고 특허출원의 경험이 없는 이들은 어찌할 줄 몰라서 한참 방황을 하게 된다. 함부로 아이디어 노출도 못하고 특별히 상의할 곳도 마땅치 않은 가운데 우여곡절 끝에 특허 출원을 진행하게 되면 보안유지에 안절부절 하고 서둘러 출원을 한다. 다행히 양심적이고 실력 있는 변리사를 대리인으로 선임하여 출원한 경우 비교적 출원 명세서를 잘 작성하게 되지만 개인이 직접 출원하거나 대리인을 잘못 만나면 부실하게 명세서 작성을 한 채로 출원하는 경우가 다반사이다.

특허는 출원 사실보다 명세서 작성을 얼마나 잘 했는가가 중요하고 특히 청구항은 말 그대로 내 권리의 범위를 정하는 것이어서 잘 작성해야 한다. 외국의 특허를 보면 명세서 본문이 매우 상세하게 작성되어 있을 뿐 아니라 수십 개 이상의 청구항이 세밀하게 작성되어 있고 청구항이 백 개 이상이 되는 것도 제법 많다.

이에 반하여 개인발명가의 특허들은 청구항이 3개 이하가 대부분이고 열개가 넘는 것이 매우 드물며 그 기재 내용이 매우 부실하기 짝이 없어서 설사 등록이 되더라도 실제 아무런 권리도 없는 무용지물이 될 가능성이 높은 것이다.

또한 특허는 등록 받는 것으로 끝나는 것이 아니라 특허 침해가 있을 때 소송으로 그 권리를 주장하여 구제 받아야 한다. 그런데 권리의 기본이 되는 청구항과 명세서 작성이 엉성하면 특허소송 승소 가능성은 매우 낮아 아무런 권리구제를 못 받게 되고 결과적으로 세상에 아이디어만 공개한 꼴이 되고 만다.

필자가 직접 특허 소송을 진행해본 결과 국내 유수의 인터넷 기업인 N사와의 키워드검색광고 침해소송, A사와의 모바일경매 소송, D사와의 이메일 소송, S사와의 이미지 저장 관련 소송 등의 사례에 비추어 볼 때 청구항의 중요성은 참으로 큰 것이었다.

위의 특허 소송들의 보도를 접하고 필자에게 대리소송을 상담한 여러 건의 특허들을 살펴보면 특허제목만 보면 너무나도 좋은 특허들인데 청구항 작성이 엉망이어서 아쉽게 돌려보낸 건이 여러 건이어서 참으로 안타까워 한 적이 많다.

따라서 아이디어가 떠오르면 제일 먼저 선행기술 조사를 해보고 특허 출원시에는 대리인을 잘 선임하여 전문가로 하여금 명세서를 작성하게 하여야 한다. 또한 심사관의 등록 심사시 무조건 등록만 받기 위해서 청구항을 너무 협소하게 축소하는 일을 가급적 해서는 안 될 것이다.

큰 뜻을 품고 특허 출원하는 아이디어를 부주의나 돈을 아낄 목적으로 대충 출원하면 돌아오는 것은 아무 것도 없다는 사실을 깊이 유념해야 한다.

TIP 균등론(Doctrine of Equivalents)

구성요건완비원칙에 대한 예외적인 사항도 특허 침해로 인식돼야 한다는 이론이다. 구성요건완비원칙을 지나치게 고수하다 보면 선행발명에 대한 약간의 설계변경 등에 의해서 특허를 받을 수 있는 결과가 발생되므로 선출원된 특허권의 효력이 미약해서 결과적으로 특허제도 자체의 존립이 문제될 수 있기 때문에 등록된 발명의 구성요건과 실질적으로 동일하다고 인정되는 것도 침해로 보는 것이다.

"이 세상에는 어떤 법칙도 없다. 우리가 법칙을 완성하기 위해 노력하고 있을 뿐이다."

토마스 에디슨

제2부

생각의 줄기 다듬기

창의적 사고와 문제해결을 위한
생각정리의 기술, 마인드맵

mindmap

제7장

마인드맵이란?

마인드맵은 Mind(마음, 생각) + Map(지도)로 구성된 단어로 마음속의 생각을 지도 그리듯이 표현하는 필기법이다. 마인드맵은 시각적이고 체계적으로 생각을 정리하는 창의적인 필기법을 제공할 뿐만 아니라 자유로운 발상과 창의적 사고를 제공하는 틀 이기도 하다. 한마디로 마인드맵은 시각적인 필기법과 창의적인 사고법과 필기법이라 말할 수 있다.

마인드맵 작성법은 정리하거나 생각하고자 하는 내용을 표현하려는 곳의 중심에 가장 핵심이 되는 주제나 대표 이미지를 먼저 그린다. 그리고 이것에 핵심 단어와 이미지를 결합하여 나무의 줄기와 가지가 펼쳐 나가듯 전개시켜 나간다. 색깔, 핵심어, 상징, 기호, 이미지 같은 생각의 요소들을 적절히 결합하는 등 시각적이고 체계적인 구조의 모습으로 펼쳐 나가는 것이 마인드맵이다.

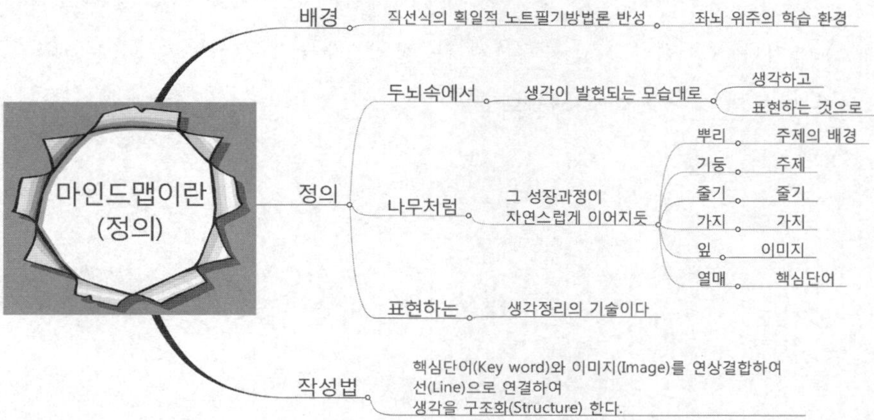

이런 창의적인 사고기법과 정리기법이 시대적으로 필요하게 된 것은 우선 두뇌과학의 발달로 두뇌 친화적인 생각의 전개와 정리 방법이 연구되면서 이에 적합한 정보와 지식의 소통방법이 요구되면서 시작되었다고 볼 수 있다. 또한 많은 정보와 지식을 기억할 필요 없이 검색만으로도 쉽게 정보와 지식을 접할 수 있는 시대가 됨으로써 know-how 보다는 know-where를, 정보와 지식의 양보다는 질적인 면을, 종래의 정리방법보다 창의적인 정리방법을 찾게 되었고 그 중요성이 점차 강조되어 가고 있기 때문이다.

지금 우리가 사는 21C 지식정보화시대는 많은 정보와 지식으로 인해 이제는 과거와 달리 시각적이고 체계적인 구성으로 요약, 정리, 전달, 공유되는 고도화된 정보와 지식 욕구를 갖고 있는 시대이다. 현재 마인드맵은 인터넷의 확산으로 지식정보화시대에 걸 맞는 다양하고 차별화된 콘텐츠 형태로서 학습현장과 사회 일반에서도 점차 그 수요와 호응이 커 나가고 있다.

향후 마인드맵은 지식정보화 시대를 주도하고 리드해 나갈 창의적인 사고능력과 주도적인 학습능력을 갖춘 창의인재들의 양성분야에 많은 역할과 영향을 미칠 것으로 예상된다.

1_이론적 배경

1) 말과 글이 갖는 한계

인류의 역사와 문화는 말과 글에 의해서 진화되고 발전되어 왔다. 누구도 이러한 말과 글의 힘과 영향력을 부인하지 못할 것이다. 그러나 우리는 말과 글만으로는 인류의 온전한 생각과 상상을 제대로 표현할 수 없다는 한계를 잊어서는 안 된다. 그래서 이를 좀 더 보완하고 발전시키는 끊임없는 도전과 시도들이 계속되어야 한다.

일찍이 시각적 사고와 표현 방법들을 통해서 새로운 역사를 만들어 낸 위대한 인물들을 주위 깊게 연구하고 발전의 기회로 삼아야 한다. 더불어 기존의 말과 글의 한계를 극복할 수 있는 좀 더 개선되고 진화된 대안들이 좀 더 현실화되고 대중화 되어야 한다. 왜냐하면 새로운 시대에 맞게 좀 더 스마트한 사고기법과 정리기법이 필요한 시대가 되었기 때문이다.

우리의 생각을 생각 원형에 맞게 사고하고 표현하는 사고기법과 정리방법의 개발이야 말로 인류가 새로운 지적 도약을 위해서 준비하고 갖추어야 할 새로운 시발점이다. 이런 시발점의 첫 발걸음이 마인드맵이라 할 수 있다.

2) 좌뇌 위주의 학습 방법 한계

우리의 두뇌는 외부로부터의 정보를 받아들일 때 오감을 통해서 받아 들인다. 그 중 대부분이 시청각을 통해서 받아 들인다. 시각을 통해서 83%의 정보를 받아들이고 청각을 통해선 11%의 정보를 받아들인다고 한다. 그런데 문제는 대부분의 정보원들이 텍스트 위주의 말과 글을 통해서 받아 들여진다는 점이다. 그래서 전달하고자 하는 내용과 생각의 원형은 사실 말과 글로 표현하자마자 생각의 원형은 파괴되어 버려 수많은 오해와 왜곡이라는 문제에 마주치게 된다.

또한 효율적인 두뇌 활용 면에서도 두뇌에는 시각적인 정보의 광활한 저장장소가 있다. 좌뇌 보다도 수백만 배 광활한 시각적 정보의 저장소가 있는데도 우린 지금까지 텍스트적인 표현과 정보 저장으로 우뇌를 효과적으로 활용하지를 못했다.

정보원의 편중과 기억공간의 효율적인 활용 면에서 지금까지의 지식 습득 문화를 되집어 봐야 한다. 이런 반성에서 새로운 대안으로서의 정보와 지식 습득방법을 고민하여 새로운 대안을 찾기 시작한 것이 마인드맵이다.

〈표1〉 인간의 두뇌

구 분	좌뇌	우뇌
정 보 원	청각 11%	시각 83%
기억효과	텍스트 기억(1배)	이미지기억(텍스트8배)
기억저장공간	텍스트 공간(1배)	이미지공간(백만배이상)
주요기능	언어(말과 글)	상상력
전공분야	분석력	통합력

초대형 컴퓨터보다도 더 놀라운 기능을 갖고 있는 것이 우리들의 두뇌이다. 이를 기능별로 비교하면 좌뇌와 우뇌의 양분된 구조로 표현할 수가 있다. 좌뇌는 우뇌보다 언어적, 계열적, 논리적이며 분석적인 방법으로 과제해결에 접근한다. 반면 우뇌는 시공간적, 직관적, 형태적인 방법으로 과제를 해결한다.

지금까지의 학습방법은 정보와 지식의 표현방법이 상대적으로 좌뇌 위주이고 지식습득 방법도 텍스트 위주의 주입식의 방법에 치우쳐 왔다. 그렇기 때문에 우뇌의 기능을 촉발시키고 더 나아가서는 좌뇌와 우뇌의 상호 시너지 작용을 상승시키기 위해서는 시각적이고 구조적인 학습방법으로써 마인드맵 학습을 더 활발하게 전개시켜 나가야 한다.

3) 4가지 두뇌 원리

두뇌는 단순하게 기능별로 좌뇌, 우뇌로 나누어 비교하지만 사실 놀라울 정도로 복잡한 구조를 갖고 있다. 그러나 우리에게 그러한 복잡한 구조물에 대한 제대로 된 사용자 매뉴얼이나 활용지침서가 한 장도 없다는 것은 의외의 결과이기도 하다.

다음의 4가지 두뇌원리는 그러한 반성에서 두뇌가 반응하고 운영되는 지배적인 원리들을 표현하고 있다.

가) 두뇌는 무순서 사고이다.

나) 두뇌는 다차원의 사고를 한다.

다) 두뇌는 급속도로 망각한다.

라) 두뇌는 반복을 통해서 기억한다.

4) 두뇌의 원리를 활용한 학습차원의 적용

우리는 무한자원에 가까운 놀라운 두뇌를 가지고 있다. 앞의 4가지 두뇌원리를 활용하여 아래와 같이 학습차원에서 마인드맵을 효과적으로 적용할 수 있다.

그래서 두뇌의 무한한 잠재력을 일깨우고 효과적으로 극복할 수 있다면 우리가 원하는 학습부문에서 놀라운 학습향상의 결과를 확인할 수 있을 것이다.

- 무순서 사고→ 계획을 통한 순서 수립 : 맵으로 생각정리하기(브레인맵핑)
- 다차원 사고→ 목표를 세워서 정렬하기 : 맵으로 비전, 목표 그리기(비전맵)

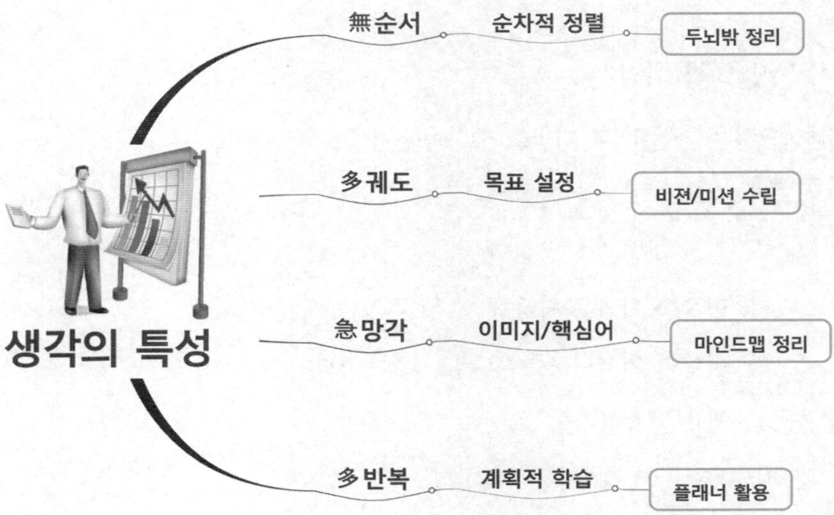

- 급속한 망각→ 기록 + 시각화 + 단서 : 연상 결합하여 기억(연상 결합)
- 반복으로 기억→ 반복 시스템 구축 : 맵 갤러리 + 바인더 (맵 플래너)

2_마인드맵이란?

1990년대 이후 두뇌연구가 활발히 진행되면서 이루어진 다양한 두뇌연구 결과를 토대로 두뇌를 가장 잘 활용할 수 있는 방법들을 찾고자 노력하면서 토니부잔(Tony Buzan)에 의해서 몇가지 작성방법으로 마인드맵이 체계화 되었다. 마인드맵은 시각화와 강조기법을 통해서 개념을 조직화하고 표현하는 생각정리 방법이다. 마인드맵을 다음과 같이 사용하는 기법과 표현하는 작성법으로 나누어 설명할 수 있다.

1) 마인드맵 기법

마인드맵은 다음의 각 기법들이 사용된다.

가. 강조 기법을 사용한다.

나. 연상 기법을 사용한다.

다. 명료화 기법을 사용한다.

라. 명확한 위계구조를 갖는다.

마. 상호 결합한다.

바. 조합하고 분류, 범주화한다.

사. 구조적 모습으로 배열한다.

사람들이 노트에 기록하는 습관을 가질수록 사물을 보는 시야가 오히려 좁아지고 두뇌의 종합적 사고를 가로막게 된다. 그래서 단순하게 기록하는 습관보다 다음과 같은 기능을 사용하여 모든 것들을 마음속의 지도를 그리듯 기록하고 표현해야 한다.

가. 강조 기법을 사용한다.

ㄱ) 마인드맵은 일반적인 노트 필기식 나열을 선택하는 것이 아니라 가장 중심되는 사상을 이미지나 주제어로 표현하여 이를 통해 연결하고 조직화 한다.

ㄴ) 이미지는 두뇌피질을 강하게 자극함으로써, 인지력 뿐만 아니라 기억력에 까지 영향을 미치는 강조효과를 갖게 한다.

ㄷ) 핵심단어는 한 문장을 한 단어로 요약하게 하여 인지시 강한 강조효과를 갖게 하며 기억의 효과도 배가시킨다.

ㄹ) 색상은 노트필기의 단조로움 벗어나게 하고 자연 속의 생명감과 표현력을 회복시켜 줌으로써 생생한 표현을 가능하게 해준다.

ㅁ) 공간을 자유스럽게 활용하여 내용에 맞는 다양한 표현을 통해 전달하고자 하는 내용을 더욱 강조할 수가 있다.

나. 연상 기법을 사용한다.

전달하고자 하는 내용이나 각 내용들의 연결을 간단한 이미지나 기호로 이미지화 시킴으로써 수많은 정보와 지식들을 쉽게 기억하고 회상할 수 있게 해준다.

다. 명료화 기법을 사용한다.

인지나 기억의 조건은 모호함과 혼재됨이 아니라 명료한 구분과 표현을 요구한다.

ㄱ) 하나의 선위에는 하나의 핵심단어만을 사용한다. 하나의 핵심단어는 선을 통해 연결되어질 수많은 결합들을 미리 예약해 놓는 효과가 있다.

ㄴ) 부등호나 화살표시 같은 기호를 사용함으로써 내용이나 내용들의 연결인 흐름을 보다 명료하게 이해하게 해 준다.

라. 명확한 위계구조를 갖는다.

ㄱ) 첫 맵핑의 단계인 중심사상은 중심이미지나 핵심주제로 표현되어 이어질 다양하고 창의적인 연상작용과 결합작용을 촉진하고 자극한다. (여기서 '맵핑(Mapping)'이란 마인드맵을 작성한다는 뜻이다)

ㄴ) 중심사상에 이어지는 줄기와 가지 부분은 선으로 연결되어 명확한 위계질서를 갖는다.

마. 상호 결합한다.

ㄱ) 선과 핵심단어는 같은 크기와 길이로 상호결합 되어지고 이미지와 핵심단어도 서로 결합되어 강력한 연상결합 효과를 갖게 한다.

ㄴ) 이미지, 핵심단어, 줄기와 가지, 가지와 세부가지 등을 서로 연결하여 구조화된 형태로 모습을 만들어간다.

바. 조합하고 분류, 범주화한다.

ㄱ) 줄기, 가지, 세부가지들은 각 단계별로 조합되고 분류되어 체계적인 범주와 구조를 갖게 된다.

ㄴ) 단계별 분류, 범주화는 창의적인 사고의 확장과 빠른 전개에 많은 도움을 준다.

사. 구조적 모습으로 배열한다.

전달하고자 하는 내용을 효과적으로 보여주기 위해서 내용에 가장 적절한 구조(틀)를 선택하여 배열할 수가 있다. 가장 많이 사용하는 구조가 방사형이라 할 수 있고 그 외 내용에 따라서 다양한 구조들을 활용할 수가 있다.

2) 마인드맵 작성법

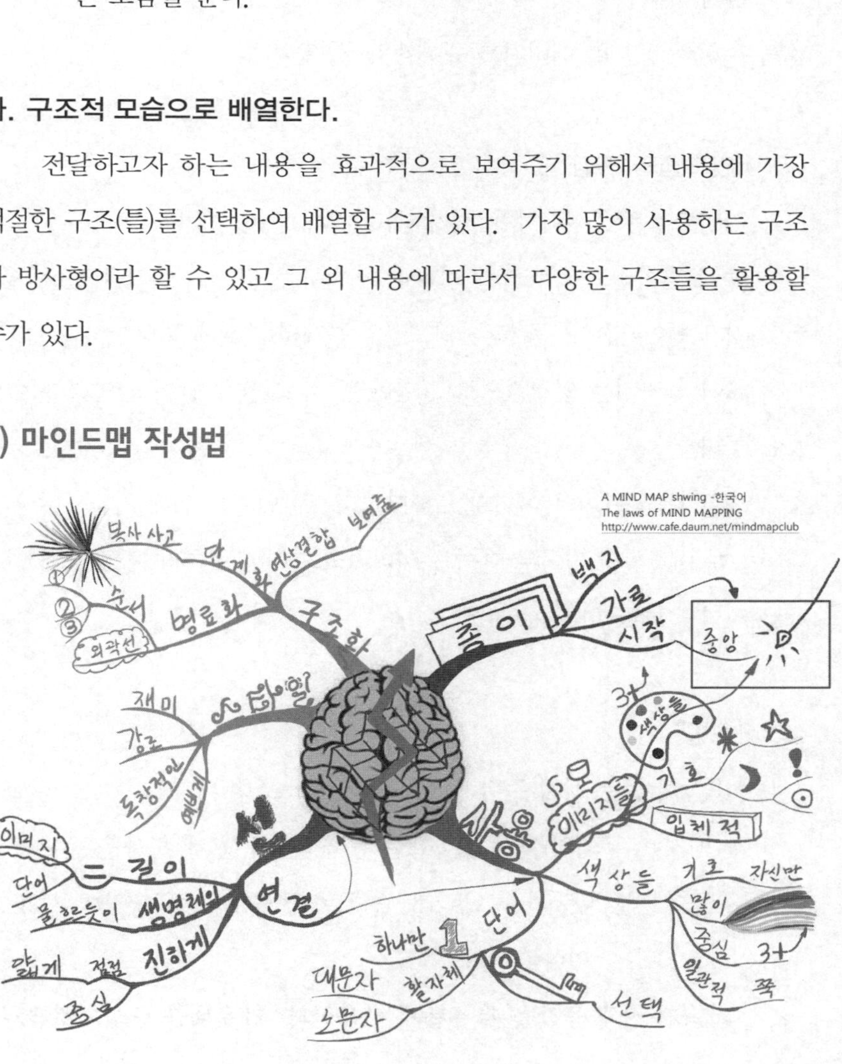

A MIND MAP shwing -한국어
The laws of MIND MAPPING
http://www.cafe.daum.net/mindmapclub

가. 준비물

빈 여백용지를 준비한다. 크기에 굳이 구애될 필요는 없으나 보통 A4 용지면 적당하다. 우리의 시야가 수평적인 것을 감안하여 용지는 가로로 놓는다.

필기구를 준비하는데 최하 3가지색 이상을 준비한다. 준비한 색상이 많을수록 더 풍부한 이미지를 표현할 수 있다.

나. 마인드맵의 구성

마인드맵은 중심이미지, 줄기, 가지, 잎으로 구성된다.

중심은 마인드맵의 가장 가운데 위치하는 것으로 여기서 모든 줄기와 가지가 뻗어나간다. 곧 그 마인드맵의 주제와 핵심에 해당한다.

줄기와 가지는 연결선으로 표현한다. 각 개념과 단어를 연결하는 역할을 한다.

잎은 핵심 단어와 이미지가 해당한다. 곧 연결선 위에 기입하는 것이다. 이 때 연결선의 길이는 단어와 이미지의 길이에 맞춘다. 상호간에 연관성을 나타낼 때는 화살표(↔)를 그린다.

다. 작성법

ㄱ) 줄이 없는 백지 준비

- 백지 – 두뇌의 자유스런 표현 능력을 펼치는 데 도움을 준다.
- 줄이 쳐진 종이? – 생각을 펼치는 데 줄로 인해 생각의 제약 요소가 될 수 있다.

ㄴ) 백지 전체 공간을 자유롭게 사용한다. 가운데를 중심으로 좌우,

상하 공간을 자유스럽게 활용할 수 있다.

ㄷ) 중심에서부터 시작한다.

- 종이는 가로로 길게 펼쳐 좌우로 충분한 여백을 확보한다.
- 사고와 생각의 출발을 중심 안으로부터 시작하여 점차 밖으로 발전, 완성해 나간다.

ㄹ) 주제에 대한 핵심 이미지를 정한다.

- 백문이 불여일견 (텍스트보다는 이미지로)
- 결합의 시초로서 생각의 초점을 맞추고 재미있게 기억이 더 잘 나게 한다.

ㅁ) 주제 이미지와 연결된 핵심 단어를 사용한다.

주된 테마는 주요 가지 위에 쓰여지고 핵심 이미지와 연결되어 서로간의 관련된 중요성을 나타내 준다.

ㅂ) 다른 장의 제목을 상상하여 나머지 주 테마의 가지를 만든다.

모든 주제를 명확히 표시함으로써 새롭게 연관된 사고를 이끌어 낼 수 있다.

ㅅ) 작성 단계

- 자유로운 발상

중앙에 중심 이미지를 그린 후 주제와 관련된 것들을 자유롭게 발상하여 그려 나간다. 가능하면 몇 가지색을 사용하여 강조한다. 마인드맵에는 핵심 단어를 사용하는데 되도록 한 개의 선에 한 단어 이상 쓰지 않는 것이 좋다.

- 체계적인 조직화

발상된 단어들이나 이미지를 조직화하고 첨삭하는 단계이다. 내용을

1차로 맵으로 만들고 난 후에 새롭게 떠오른 생각들을 추가하기 위해서는 추가로 다시 그려 넣을 수도 있다. 하나의 영역으로 표현할 수 있는 부분은 둘레에 선을 그려 넣어 동일한 영역으로 구분, 표시하기도 한다. 중복없고 빠짐없도록 필요없다고 생각되는 부분은 과감히 삭제하고 관계있다고 보이는 것은 추가하면 된다.

• 맵 읽기를 통한 교정

맵으로 만들어진 것을 보고 말이나 글로 전달해보면 잘 작성된 맵인지 아닌지를 알 수 있다.

• 맵 나눔을 통한 발전

맵핑한 자료를 다른 사람과 토론 토의하며 비교, 평가해보고 더 좋은 것으로 발전시켜 나가는 것은 맵을 만드는 가장 큰 즐거움이다.

그렇다고 해서 마인드맵은 꼭 이쁘게 그려야 하는 것은 아니다. 스스로 창의하는 과정이기 때문에 자유롭고 거침없이 그려 나가다보면 의외로 멋진 마인드맵과 보물지도를 그려낼 수 있다.

 # 마인드맵 작성 실습(A4 백지 배포)

주제 – "저를 소개합니다" 등 자유 주제 선정

■ 작성 Tips

ㄱ) 맵핑전 생각정리

마인드맵을 작성할 때 어떤 사항에 중점을 둘지에 대해 미리 생각한다면 훨씬 더 내용을 체계적이고 풍부하게 작성할 수 있다. 예를 들어본다.

• 생각의 정의-내가 하려는 생각이나 일은 어떤 것인가?

• 문제, 원인, 이유-무엇이 문제인가? 그리고 문제의 원인과 이유는 무엇인가?

• 목적, 파급효과-내가 하려는 생각과 일의 목적과 목표는 무엇인가? 그리고 이것이 미치는 파급효과는 어떤 정도인가?

• 이것의 목표는? 목표기간은? 준비되어야 할 것들은 무엇인가?

이런 식으로 주요 내용을 미리 생각하고 마인드맵 작성에 임하는 것이 맵핑의 실수를 줄일 수 있고 보다 체계적이고 중요한 것들이 빠지지 않은 알찬 맵들을 만들 수 있다.

ㄴ) 맵핑시 주의사항

먼저 마인드맵을 편히 작성할 수 있도록 주위를 정돈한 후 정리하고자 하는 주제에 대해 집중하도록 한다.

• 중심이미지 작성시

주제의 성격과 맞게 이미지를 선정해야 한다. 뿐만 아니라 줄기와 가지들이 상호 연계될 수 있도록 연결되는 줄기와 가지와 연관성이 내포되어야 한다. 너무 많은 색깔이나 복잡한 이미지는 핵심을 가리기 때문에 삼가하는 것이 좋다.

• 핵심단어 선정시

연결선 위의 단어는 핵심어 위주로 요약하여 쓰되, 부득이 내용이 포함되어야 할 경우에는 빈 공간을 활용하여 별기하는 방법을 선택해도 좋다.

• 색깔을 사용시

색깔은 3가지색 이상 사용할 수 있으나, 연결선과 단어에 너무 많은

색을 활용하면 혼잡해질 수도 있다. 색깔별로 구분해서 작성할 경우 작성된 마인드맵을 더욱 명료하게 확인할 수 있다. 가령 기록하는 내용은 검은색으로 표현하고, 계획에 관한 내용은 파란색으로 표현하고, 기억할 사항은 빨간색으로 표현하는 식이다.

- 공간활용

맵을 작성시 너무 빽빽하게 작성해서는 안된다. 추가적인 맵핑이 항상 가능하도록 충분한 여백의 미를 확보해야 한다. (과유불급)

- 이해 가능해야

글의 방향이 서로 엇갈린다든가 이해할 수 없는 글자인 경우에는 아무리 좋고 예쁜 맵이라 할지라도 맵핑이 효과를 절감시키고 만다.

- 기억하기 쉽도록

가능한 기억이 잘되도록 꾸미는 것을 우선순위로 한다. 기왕이면 특징적인 부분을 강조하고, 나와 연관된 것 위주로 작성한다. 또 생각이 잘 전달되고 나타날 수 있도록 간결하게 꾸민다.

ㄷ) 궁리하기

사물의 이치를 깊이 연구하는 것을 궁리(窮理)라 한다. 혹은 마음속으로 깊이 따져 생각하는 것을 뜻하기도 한다.

마인드맵을 작성할 때에도 궁리의 과정을 거치게 된다. 우선 떠오르는 생각을 끄집어 낼 때에는 빠르게 비판 없이 끄집어 낸다. 그리고 나서 이를 기록하고 정리한다. 그리고 이러한 정리가 체계적으로 이루어진 후에는 드디어 궁리의 단계로 옮겨 갈 수가 있게 된다.

하루에도 많은 생각들이 오가는데, 이 모두가 나의 것이 되는 것은 아니다. 정리가 된 생각만이 유용하게 쓰일 수 있다. 생각을 두뇌 밖으로 끄집어내어 정리하는 과정을 거치면서 우리의 생각은 이전보다 더 정교해지고 명료해진다. 마인드맵은 이럴 때 특히 도움이 된다.

비단 사업계획이나 아이디어 구상의 경우뿐만 아니라 고민을 정리하는 것도 문제 해결에 도움이 되기도 한다. 그 과정을 통해 문제의 실체에 대해 좀 더 명확히 접근하면, 해결 방법을 구할 수도 있다.

생각에서만 멈춘다면 우리 주변의 어떤 상황도 변화되지 않는다.

마인드맵을 만들 때 특별히 어떤 내용, 상황, 시기만을 가려서 할 필요는 없다. 설령 주의가 산만하거나 졸음이 밀려오는 등 집중력이 떨어질 때조차도 일단 펜을 들고 쓰기 시작하는 것이 좋다. 마인드맵을 작성하면서 생각들이 정리되어 갈 것이다. 마인드맵을 작성하는 동안 우리는 창조본능에 충실해져간다. 생각을 억지로 끄집어내는 것이 아니라 마인드맵이 작성되어가는 모양대로 생각이 순차적으로 자연스럽게 떠오르게 되는 것이다.

정리할 때에는 거침없이 임하는 것이 중요하다. 자유롭게 연상하되 너무 심각해지지 말아야 한다. 과연 이것이 좋은 생각일까 하며 쉽게 판단하거나 의심하지 말고, 빠르게 생각하라. 생각의 영역에 제한을 두지 말고, 생각이 떠오르는 동안 계속하여 펜을 움직여라.

3) 마인드맵의 활용

가. 글쓰기

마인드맵으로 전체 개요를 짠 뒤 글로 실타래를 풀 듯이 옮기게 되면 더 논리적이고 이해하기 쉬우며 주제가 뚜렷한 글이 된다. 매일 쓰기 힘들어하는 일기도 마인드맵으로 쓰게 되면 새로운 재미와 흥미를 일기쓰기에서 발견할 수 있다.

창조적인 글을 위해서는 쓰려는 어떤 주제의 중심 이미지를 먼저 설정한다. 그 다음 마인드맵은 주제에 관련된 모든 아이디어를 연상 결합하게 해준다. 주제를 정하지 않고 글을 쓸 수는 없다. 왜냐하면 주제가 없으면 쓸 거리가 없기 때문이다. 또 만약 주제를 정하고 곧바로 쓰기 시작했을지라도 주제에서 벗어나거나 같은 글을 자주 반복하게 되고 글을 어떻게 써야 할지 모르거나 의욕을 잃기 쉽다. 그런데 마인드맵으로 글을 쓰면 시간을 절약하게 되고 논리적이며 훌륭한 글을 쓰게 된다.

나. 노트필기

학습 내용을 마인드맵으로 정리하면 한 눈에 전체 윤곽을 알아보기 용이하게, 쉽도록 일목요연하게 나타내며 각 내용을 의미 있게 관련시켜서 통합된 내용이 자연스럽게 표현된다.

마인드맵 형태로 수업을 준비하는 것이 하나하나 쓰는 것보다 시간도 절약되고 교사, 학생 모두 수업 내용을 한 눈에 볼 수 있어서 상호 이로운 점이 많다.

다. 발표하기

자기생각을 발표하거나 자기소개를 하라고 하면 천편일률적으로 앞사람의 틀을 그대로 사용하여 자신의 내용을 삽입하여 사용하여 정작 자신의 내용이나 자신이 전달할 중요한 내용을 빠뜨릴 경우가 많다. 이럴 경우 마인드맵을 그려서 해보게 하면 자신이 알리고자 하는 내용을 체계적으로 발표하는 것을 볼 수 있다.

라. 독후 쓰기

미리 글의 제목들을 마인드맵으로 만들어 놓은 후 글의 주제, 줄거리, 등장 인물, 사건, 시간 등을 부가지에 쓰고 느낌이나 생각을 세부가지로 계속 이어나가 마인드맵을 만든 후에 이것을 토대로 글을 옮겨 쓴다. 책을 분석하여 독후감을 쓰는 것은 복잡하지만 마인드맵으로 나타내면 의외로 간단해진다. 책 전체의 흐름을 빠르게 파악하게 되고 자신의 느낌까지도 쉽게 표현할 수가 있다.

마. 학습활용

ㄱ) 예습/복습 - 목차맵을 만들기, 1 Page Map

ㄴ) 과제/시험 - 구조적인 지식을 점검해 보는 기회를 제공

ㄷ) 작문/논술 - 자신의 생각이나 주장을 체계적인 맵으로 구성

4) 마인드맵의 효과

가. 이해력 향상

- 학습하고자 하는 새로운 내용을 함께 그리고 보다 효과적으로 이해하는 능력이 생긴다.
- 핵심 주제를 빠르게 정확하게 파악할 수 있다.
- 특성상의 무순서 다차원적인 인간 두뇌활동이 가장 좋아하는 정리방법이다.

- 복잡한 사실에 대한 체계적이고 논리적인 분석력이 발달한다.
- 보다 많은 내용을 빨리 쉽게 파악하고 나의 지식이 구조화 된다.

나. 기억력 향상

- 기억력, 회상력이 자연스럽게 향상된다.
- 효과적인 내용 습득과 기억 능력을 증진시켜 준다.
- 내용을 기억하기 좋게 조직화함으로 한번 학습한 것에 대한 기억을 오래 지속할 수 있으며 항상 자신만의 기억방법으로 메모하는 습관을 기를 수 있다.

다. 사고력 향상

- 창조성, 집중력, 독창성이 자연스럽게 향상된다.
- 마인드맵의 활용은 논리적 사고력과 창조력을 향상시킨다.
- 지적인 흥미를 느끼며 성취감을 느낄 수 있고 사고력 중심의 전뇌 개발이 증진된다.
- 그림과 어휘를 사용하여 다양하고 풍요한 생각이 표출된다.
- 방대한 양의 정보를 한 장으로 조직화할 수 있다.
- 짧은 시간 내에 독창적 아이디어의 발산과 수렴이 가능해진다.
- 정보의 핵심 내용이 추출되므로 신속한 의사결정이 이루어질 수 있다.
- 인간의 잠재능력을 이끌어낼 수 있도록 생각하는 힘을 키워준다.
- 생각하며 일하는 방법을 배움으로써 어려운 문제 해결에 도움이 된다.

- 근본적이고도 혁신적인 해결방법을 찾아내게 한다.
- 생각하며 일하는 습관을 키움으로써 일에 대한 즐거움과 보람을 얻게 된다.
- 생각하는 것이 더 이상 고역이 아니라 즐거움이 된다.
- 두뇌의 활동의 조직성 및 효율성을 자연스럽게 향상시킨다.

라. 동기유발 등 기타 효과

- 그림 이미지, 문자를 사용하면서 학습하기 때문에 학습에 거부감이나 책 읽기를 싫어하는 학생의 흥미유발을 도울 수 있어 학습 분위기를 조성할 수 있으며 따라서 학습의 효과를 높일 수 있다.
- 지식(knowledge)보다는 구체적인 기법(skill)과 태도(attitude)를 다룬다.
- 수행평가 시 학생의 학습 정도를 상세히 파악할 수 있으며 평가하는데 걸리는 시간을 줄일 수 있다.

마. 마인드맵 이론을 교육현장에 적용한 결과

첫째, 학생들은 그림과 어휘를 사용하여 다양하고 풍부한 생각을 표출하였다. 이 같은 결과는 마인드맵이 학생의 사고력 중심의 전뇌 개발 프로그램을 투입해서 전뇌를 모두 사용하게 함으로써 기억 활동 뿐 아니라 사고력 및 창의성까지도 개발할 수 있는 학습방법으로 활용될 수 있음을 알게 해 주었다. 학생들은 마인드맵에 대한 흥미와 호기심을 보였고 숙달될수록 빠른 시간 내에 완성할 수 있었다.

둘째, 교사가 가르칠 교수-학습내용을 마인드맵으로 정리한 결과 내용을 일목요연하게 나타내었으며 각 관련 단원을 의미 있게 통합하여 표현할 수 있었다.

셋째, 학습에 자발적으로 참여하므로 학습내용을 빨리 이해하고 학습에 적극 참여하게 되었다.

넷째, 교사와 학생의 관계가 긴밀해져 더욱 자발적이고 흥미롭게 되었다.

다섯째, 판서가 딱딱해지기 쉬운데 유연해지고 실용적이 되었다. 빠른 시간 안에 쉽게 수정하고 보완할 수 있었다.

여섯째, 마인드맵은 관계있는 자료만을 분명히 기억하기 쉬운 형태로 제시하기 때문에 학생들의 학업성적이 향상되었다.

일곱째, 직선 교재와는 달리 사실만을 나열하지 않고 사실들간의 관계를 보여 주므로 이해력을 심화시켜 주었다.

협력학습에 의한 수업에서도 학생 각자의 자유로운 생각을 표출할 수 있으며 즐거운 마음으로 참여할 수 있었다. 교실환경 꾸미기에서도 교실벽면을 자유롭게 활용할 수 있으며 낙서장이나 기록장 등에 순간적인 생각이나 기발한 상상을 메모 식으로 작성하여 도움을 줄 수 있었다.

또한 마인드맵을 작성하는데는 장시간이 요구되지 않고 준비물이 많이 소요되지도 않는다. 현재 우리가 간과하기 쉬운 전뇌의 인지적 특성을 충분히 발휘하고 활용하면 실효성을 거둘 수 있게 된다. 그러므로 사고력 중심의 전뇌 개발 프로그램은 실제 학교 교수·학습에의 열의와 용기가 있다면 학생과 교사의 사고력 중심의 전뇌개발 증진을 통한 보다 더 실제적이고 전인적인 교육의 효과를 거둘 수 있을 것이다.

마인드맵의 구조화 기법 (Making & Taking)

▷Map-Making

자신의 생각을 맵핑하는 것을 남의 생각을 맵핑하는 것(Taking)과 비교하여 Map-Making이라고 표현한다. 많은 생각들은 분류되어서 체계적인 이해와 기억에 용이하게 구조화된 모습으로 표현될 수 있다.

따라서 맵을 만들 때에 어떻게 분류하느냐는 맵의 구조를 결정짓는 매우 중요한 선택이다. 그래서 Map-Making의 경우에는 미리 이런 분류 기준과 범주(어떻게 나눌 것이고 어떤 범위까지 다룰 것인지)가 미리 정해져야 체계적인 맵이 가능하다.

주) • category : a group of people or things with particular features in common.
• 범주 : 동일한 성질을 가진 부류나 범위.
• His pictures don't fit into any category.→ 그의 그림은 어떤 범주에도 속하지 않는다.

▷Map-Taking

책이나 강의 등의 노트필기는 다른 사람의 생각을 맵으로 구조화하게 된다. 이때 필기하는 사람의 생각도 가미되어 새로운 창조가 일어나기도 한다. Map Taking도 Making과 마찬가지로 전체적인 구성을 미리 파악하는 것이 도움이 된다.

따라서 글의 개요를 빠르게 훑어본다든지 전체 맥락을 파악하는 것이 필요하다. 문장단위의 말과 글에서 핵심단어를 추출해서 이를 논리적으로 구조적으로 맵핑하다 보면 새로운 Making의 재료들이 탄생될 것이다.

5) 보다 발전하는 마인드맵

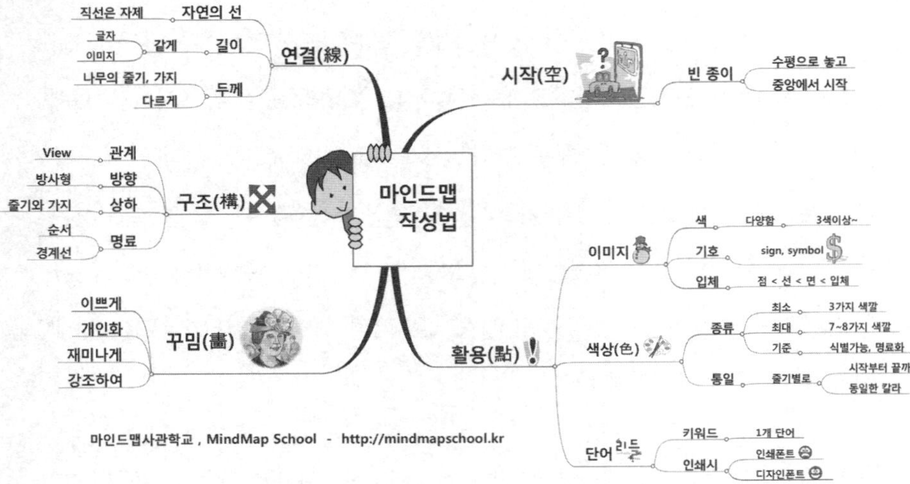

첫째, 토니부잔을 넘어서 – 맵핑의 영역과 대상은 무궁무진하다. 그러나 마인드맵은 수많은 사상과 내용들을 적절하게 담는 데 한계가 있다. 하나의 독서방법(정독)만 존재하는 것이 아니라 가독, 속독, 다독, 숙독 등이 존재하는 필기법에도 수많은 맵핑기법이 존재한다. 콘셉맵, 아이디어맵, 브레인맵, 이미지맵, 트리맵, 씽크맵, 슬래시맵 등 수많은 맵핑기법들이 즐비하다. 이에 대한 적용없이 천편일률적으로 토니부잔식의 마인드맵만 양상되는 국내의 현실을 다시한번 짚어보고 새로운 모색을 스스로 찾아 나가야 할 것이다.

둘째, 마음의 지도라는 단어의 뜻이 불분명함으로써 야기되는 모호함이 존재하고 있다. 마음과 생각의 모호함이 존재하는 데 이에 대한 명확한 정리가 없다. 마인드맵을 전해야 하는 사람이라면 이 점을 잘 구분하고 규정해서 전해야 할 것이다. 마음은 우리 안에 내재된 것들이고 이를 밖으로 표현하는 것이 생각이다. 안과 밖의 명확한 구분이 있어야 좀더 체계적으로 이론을 발전시켜 나갈 수 있는 것이다.

셋째, 토니부잔의 작성법 자체가 갖는 맵핑의 오류이다. MECE가 잘 적용되지 못해서 개념상의 엉성한 부분들이 많다. 그래서 이를 5차원의 작성법으로 고쳐 본 것이 위에서 보여주는 본 교재의 마인드맵 작성법이다.

넷째, 생각정리의 기술까지 밖에 못 나갔다. 생각의 기술로 한 차원 높여야 하는 것인데 이에 대한 현실적인 모색이 부족하다. 이에 마인드맵 보다는 생각지도인 씽크맵을 궁극적인 지향점으로 보고 브레인맵 〉 마인드맵 〉 컨셉맵 〉 씽크맵이라는 마인드맵 전문가로서의 4단계 로드맵을 제시한다.

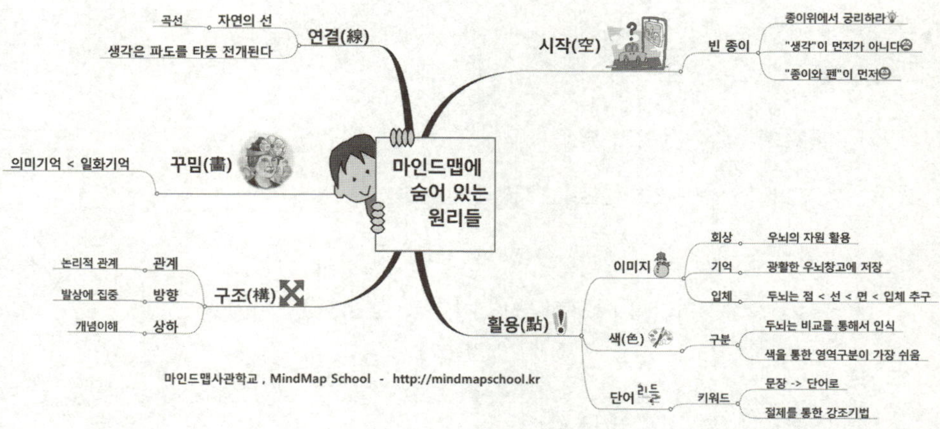

3_마인드맵 실습

1) 브레인스토밍

브레인스토밍과 연상결합은 마인드맵핑의 첫 단계이다. 브레인스토밍의 연습은 연상능력을 강화시키고 풍부하게 해서 완전한 복사사고를 할 수 있는 토대를 마련해 준다. 단어와 이미지를 연상시키고 통합하고 확장하는 연습을 통해서 두뇌의 뇌피질 기능과 정신적 기능을 극대화 시켜준다.

가. 어휘 브레인스토밍 연습

- '마인드맵'이라는 단어로 브레인스토밍
- '꿈'이라는 단어로 브레인스토밍
- 이미지 브레인스토밍 : 제시하는 인물들의 이미지를 떠올려 본다.
  Ex) 세종대왕 , 이순신
- 공통된 단어를 찾아 짝 만들기
- 한 단어에서 새로운 단어 연결

2) 범주화와 분류

가. 내용이 같은 것끼리 분류

교회 - 열린교회, 드림교회, 잠실교회

학교 - 서초초등학교, 김해고등학교, 김포중학교

야구장 - 어린이 야구장, 잠실야구장, 프로구단 야구장

나. 내용이 다른 것끼리 분류

요일	일, 월, 화,
무지개	빨, 주, 노, 초,
숫자	2, 4, 6, 8,
차례	첫 번째, 두 번째,
계 이름	도, 레, 미,

다. 비슷한 것과 반대되는 것

다음에 제시된 단어와 비슷한 것과 반대되는 것을 적어보자.

구분	비슷한 것	반대되는 것
우유		
비		
여름		
고래		

라. 중심사상 선택

보기	피아노, 나팔, 피리, 머리핀, 자, 바이올린, 색종이, 거울, 풀, 무스, 빗, 가위

중심사상 : 물건

단계별 범주화와 분류 : 미용품, 학용품, 악기

아래 나열된 단어들에서 중심 사상을 찾아 앞의 보기처럼 단계별로 범주화하고 분류해봅시다.

탁구, 소금, 연필, 배구, 지우개, 간장, 자, 농구, 설탕

3) 이미지화

가. 3행시

ㄱ) 이름으로 삼행시 짓기

ㄴ) 세 자 단어로 삼행시 짓기

나. 속담으로 맵핑하기

ㄱ) 밑 빠진 독에 물붓기

– 아무리 큰힘을 들여 애써서 해도 끝이 없고 보람도 생기지 않는다는 뜻이다.

ㄴ) 도토리 키재기

ㄷ) 미운 놈 떡 하나 더 준다.

▷나만의 상징기호를 만들어봅시다.

문	벽	지붕	친구	비
일년	소	깃발	보기	밤
안경	에너지	전화	요리	인사

4) 연상결합

우리 두뇌는 서로 연관 되어지는 성질을 연결만 시켜준다면 즉시 연상결합을 시작하는 특성이 있다. 생각의 단서를 마련하여 부가적인 자극을 준다면 얼마든지 연상결합이라는 능력을 쓸 수 있게 되는 것이다.

사진 – 딸기 – 케이블카 – 연못 – 금반지 – 핸드폰 – 햄버거 – 지렁이 – 우유 – 자동차					
1	젓가락	1		1	
2	오리	2		2	
3	스프링	3		3	
4	요트	4		4	
5	문고리	5		5	
6	뱀	6		6	
7	절벽	7		7	
8	눈사람	8		8	
9	콩나물	9		9	
10	야구방망이와 공	10		10	

1	젓가락이 사진을 뚫었다.
2	오리 코가 딸기코가 되었다.
3	스프링위에 케이블카가 올려져 있다.
4	연못 위에 요트가 떠있다.
5	문고리에 금반지가 대롱대롱 걸려있다.
6	뱀이 핸드폰을 삼켰다. 지금 1544–뱀뱀뱀뱀으로 전화주세요.
7	절벽에서 햄버거가 다이빙중이다.
8	지렁이가 눈사람을 먹고 있다.
9	우유 속에 콩나물을 푹 담궜다.
10	야구 방망이와 공이 자동차에 탔다.

5) 핵심단어 찾기

가. 어구

ㄱ) 명사+명사

노래 소리 : 노래

기차 소리 : 기차 소리

ㄴ) 형용사+명사

유보된 행복 : 유보된 행복

ㄷ) 강조부사 + 동사

매우 배가 고프다 : 고픈 배

특히 영어가 약하다 : 약한 영어

몹시 화가 나 있었다 : 큰 화

ㄹ) 방향부사+동사

밖으로 나가다. : 나가다 – 동사가 핵심어

ㅁ) 반복되는 단어 : 생략 또는 대표만

ㅂ) 제외할 것 : 당연한 것

나. 문장

ㄱ) 한 문장 전체 : 6何원칙이 들어있는 문장

ㄴ) A가 아니라 B이다 : B

A 또는 B이다 : A , B

ㄷ) 문장전체가 단어를 수식할 때 : 문장전체에는 핵심어가 없다

ㄹ) 비교급, 최상급

A보다 B가 크다 : B

ㅁ) 가정법(조건문)

A가 B한다 : B

개인보다 나라가 우선이다 : 나라

A가 B한다면 C가 D한다 : A=B, C=D

4_ 디지털 마인드맵

1) 손으로 그리는 아날로그 마인드맵의 문제점

ㄱ) 많은 시간이 소요된다.

ㄴ) 편집과 수정이 용이하지 않다.

ㄷ) 그림을 잘 그리지 못하는 일반인에게 그리고 바쁜 현대인에게 너무나 많은 시간과 노력을 요구하여 익숙해지기 쉽지 않다.

2) 디지털 마인드맵의 등장

〈표2〉 아날로그 마인드맵과 디지털 마인드맵 비교

아날로그 마인드맵	디지털 마인드맵
종이, 그림	파일, 멀티미디어 자료
일회성, 수정이 용이롭지 않음	언제든 수정 가능, 여러 버전 가능
개인적 소장,보관	배포가 용이하고 협업 가능
때와 장소 상관없이	때와 장소의 제약이 있음
외부자료 활용도 미흡	모든 인터넷 자료 copy활용 가능

3) 디지털 마인드맵의 활용사례

ㄱ) 마인드클럽의 자료실 사례-http://www.mindmapclub.com

ㄴ) 기타 웹상의 마인드맵 자료 다수

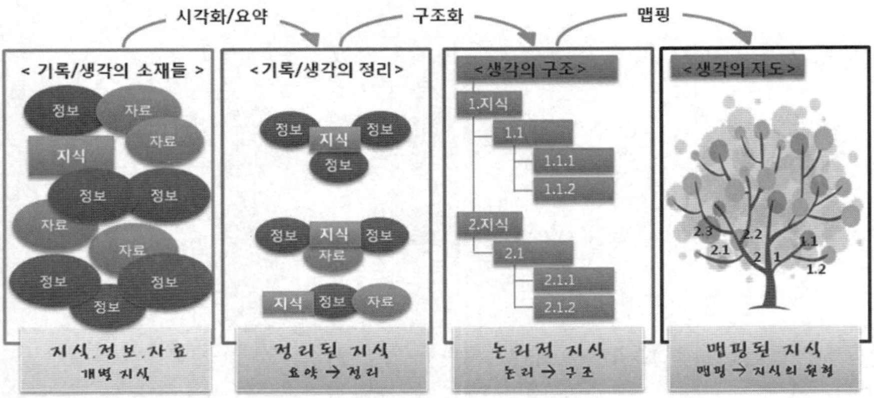

제8장

생각정리의 기술, 마인드맵

1_ 생각 정리의 현주소

1) 끝없는 생각의 연속 · 하루 5만가지 이상의 생각

아무리 한가한 사람이라 할지라도 하루 5만가지 이상의 생각을 하면서 산다. 자신의 인생과 장래에 대한 거창한 목표 구상에서 시작해서, 오늘 점심은 어떤 것을 먹을지를 놓고 생각하는 것에 이르기까지 한 시도 생각이 떠나지 않는다.

단지 점심 메뉴를 결정하는 것이라면 크게 문제가 되지 않을 지도 모른다. 우선 식당에 가서 나열된 메뉴판을 한 번 훑어본 후 얼마 전 식사했던 순간을 회상하면서 결정을 내리면 되기 때문이다.

하지만 조금만 사안이 복잡해지면 머릿속은 꼬이기 시작한다. 가령 대형 마트에 들려 장보기를 할 때 오늘 반찬으로 무엇을 살지, 집에 필요한 것은 무엇이 있는지, 집 식구 중에 특별히 부탁 받은 물건이 있는지를 헤아릴 정도가 되면 기존 자신의 뇌 역량에 슬슬 한계를 느끼기도 한다. 그리하여 장볼 목록을 수첩 등에 적어 다니는 사람마저 있을 정도이다.

이 시점에서 업무적인 부분에 눈을 돌리면 상황은 더 커진다. 복잡한 업무란 어느 한 가지에만 집중한 경우는 무척 드물며 대개는 여러 사건이 동시다발적으로 일어나고, 여러 가지 일을 동시에 추진해야 하는 경우가 흔하다. 한 가지 일만 몰두하기에는 시대적 여건이 그렇게 녹녹치 않다.

이런 상황은 조직 내에서 상위 계층으로 올라갈수록 더 심해진다. 여러 사람의 일을 통제하고 관리 감독해야 하는데, 어느 한 가지에만 몰두해서는 곤란해지는 것이다. 그래서 사람들은 생각을 점차 여러 가지 도구에 의존하게 된다. 그 중 가장 일상화된 것으로 수첩이나 노트를 들 수 있다.

2) 생각 정리의 현주소

그러나 수첩이나 노트 등으로 정리를 하더라도 한계에 직면하는 경우는 드물지 않다. 일정이 빼곡히 적힌 다이어리를 늘 가지고 다니더라도 예기치 않은 상황은 항상 벌어지기 마련이다. 그럴 때는 부득이 기존의 계획에 수정을 가해야 하는 경우도 발생한다. 이런 경우 다이어리가 얼마나 도움이 될까?

잘 정리된 다이어리라면 적어도 현재 진행 중인 계획이나 약속 등 제반 상황을 파악하는 데는 무리가 없을 것이다. 그러나 대개의 경우 월간 혹은 주간이나 일 단위로 시간의 흐름대로 계획을 나열해 놓는 형태로 진행되는 경우가 태반이다.

이 점은 회사 중역이 되었든, 신문 기자가 되었든, 전공과목을 듣는 대학생이든 마찬가지이다. 대개는 노트나 수첩 등에 상대의 생각과 자신의 생각을 적을 뿐이다. 이는 단지 생각을 기록하는데 주안점을 두었을 뿐, 이를 토대로 창의적인 결론을 도출하는데 뚜렷한 도움이 된다고 보기에는 곤란한 감이 있다.

그러면 업무 유형마다 어떤 식으로 생각이 정리되는지 살펴보도록 하자.

구분	학습	회의	프로젝트	프리젠테이션	문제해결
정리유형	노트	상품기획	전시회	사업계획	과제,전략
주안점	학습내용 정리	회의결과	전시회 준비	비전제시	해답 및 전략 수립
기존방법	나열식	결과식	준비에 치중	화면단위	계획위주
새로운 개선점	내용의 구조가 필요→스키마 형성 위해	회의과정에 대한 공유	중간점검과 과정모니터링	1Page Report	실전지도 필요

가. 학습

ㄱ) 정리 유형 : 학습 내용을 노트로 정리

ㄴ) 주안점 : 지식의 구조적 관계 위주에 초점. 즉 어떤 정보 다음에 어떤 정보가 놓이느냐가 관건

ㄷ) 기존 방법 : 단지 지식의 나열에 중점을 둔 획일적인 직선적인 정리법이 주종을 이룸.

ㄹ) 개선 사항 : 학습한 지식을 구조적 형태로 나타낼 수 있는 생각

정리 방식이 필요.

나. 회의

ㄱ) 정리 유형 : 상품기획, 전략적 회의 등

ㄴ) 주안점 : 계획의 기획 및 준비 과정에 초점

ㄷ) 기존 방법 : 보고서 형태의 정보 전달 및 회의 진행

ㄹ) 개선 사항 : 기획 및 회의 과정을 창의적으로 적용할 수 있는 생각 정리 방식이 필요.

다. 프로젝트

ㄱ) 정리 유형 : 마케팅 전략, 전시회 방향 등

ㄴ) 주안점 : 어떤 식으로 시작하고 끝을 맺는지와, 비전과 목표가 잘 공유되는지, 확인해야 할 점검 상황에 대해 초점을 둠.

ㄷ) 기존 방법 : 프로젝트 참여자간 생각의 공유가 어려워 대개 성과를 확인하는 차원에서 이뤄짐.

ㄹ) 개선 사항 : 프로젝트 참여자 간 생각의 공유와 공감을 촉진할 수 있는 생각 정리 방식이 필요

라. 프레젠테이션

ㄱ) 정리 유형 : 사업계획 등의 공식 발표 혹은 보고

ㄴ) 주안점 : OnePage리포팅, 즉 한 화면에 파악할 수 있는 정보의 소개가 필수

ㄷ) 기존 방법 : 간단한 정보 발표에는 용이하나 많은 내용을 알리는

경우가 요약하기가 용이하지 않음.

ㄹ) 개선 사항 : 한 장으로 전체를 일목요연하게 살펴볼 수 있는 스타일의 생각 정리 방식이 필요

마. 문제 해결 과정

ㄱ) 정리 유형 : 문제 혹은 과제의 표면화 혹은 대안이나 전략의 수립

ㄴ) 주안점 : 핵심 문제 요소 및 핵심 성공 요인(KFS)의 확인

ㄷ) 기존 방법 : 주어진 상황이나 문제를 나열식으로 정리하고 있을 뿐, 유기적인 구조로 정리되지 않음

ㄹ) 개선 사항 : 문제를 구조적인 관점에서 평가한 후 전략적인 대안을 세우는데 도움이 되는 정리 방식이 필요.

위에 언급한 네 가지 유형들은 모두 학교나 기업체, 단체에서 널리 쓰이는 생각 정리의 유형들을 꼽은 것이다. 저마다 일장일단(一長一短)이 있으나 획일적이고 직선적인 정리로 끝난다는 단점을 안고 있다.

좀 더 발달된 정리 방법을 활용하는 사람의 경우, 중요도에 따라 별도로 구분 표기를 하거나, 진행 과정을 기호 등으로 표기하기도 하지만, 대개는 보통의 노트 쓰기 형태는 벗어나지 못한다.

(1) 장님, 코끼리 만지기

기존 생각 정리법은 생각한 내용과 정리한 결과가 일치하지 않는다는 문제점을 안고 있다.

가령 기존의 정리 방법 중 하나인 '노트 정리법'을 보면, 그저 일렬로

문장 혹은 단어를 나열하는 획일적인 필기일 뿐이다. 실제 내용과 이를 표현한 방법에는 상당한 거리감이 있는데도 대부분의 사람들은 이 방법을 그대로 답습하고 있다. 특히 낯선 대상을 처음 접한 사람일수록 이런 특성은 두드러진다.

만약 처음 외계인을 접한 사람이라면 어떤 식으로 외계인을 설명할 수 있을까? 아마 이런 식의 표현이 되기 싶다.

- 몸통은 사람처럼 팔 다리가 나 있다.
- 얼굴은 생기다 만 모습이며, 다리 또한 뻗어나다 만 모습이다.
- 어떻게 보면 생쥐처럼 보이기도 한다.
- 배는 좀 앞으로 나온 것 같기도 하다.

설령 이들의 설명이 맞다 치더라도 한 번에 외계인의 모습이 와닿지는 않는다. 실체를 알 수 없어 애매모호 하기 때문이다.

어떤 정보를 접하는데 있어 그것이 생소한 사람의 입장에서는 모든 것이 그저 외계의 인물처럼 느껴진다. 마치 코끼리 앞의 장님과 같다.

정보를 그대로 전달하고자 할 때에는 위처럼 여러 문장 형태로 쪼개기보다는 전체의 온전한 모습을 상대가 이해할 수 있는 형태(구조와 이미지)로 전달할 필요가 있다. 그래서 역사적으로 위대한 업적을 남겼던 위인들의 대다수는 자신의 연구 결과와 생각을 그림과 같은 형태로 많이 남겼던 것이다.

(2) 현실의 문제

생각한 내용과 정리된 결과의 불일치 문제는 현실에서도 상당히 빈번히 일어난다.

업무 면에서 보면 기록은 하더라도 정작 기록하게 된 배경이나 이유, 목적은 기록하지 않는 경우가 많다. 많은 수의 학생들과 직장인들이 애용하는 다이어리 또한 문제점을 갖고 있다. 새해가 되면 학교나 직장, 지인을 통해 받게 되는 새 다이어리, 이를 흡족하게 본 기억이 누구에게나 있을 것이다. 하지만 얼마 지나지 않아 다이어리는 몇장 쓰지 않은 채로 구석에 방치된다. 그저 빽빽하게 채우는 식의 필기법은 우리들에게 의미와 긍정적인 반응(feedback)을 주지 못하기 때문이다. 일정별로 쪼개진 스케줄은 개별 사안을 파악하는 데는 도움이 될지라도 전체 흐름을 파악하는 데는 어려움이 따른다.

간단한 메모에 자주 쓰이는 포스트 잇(Post It)의 경우 책 사이나 여기저기 책상 주변에 붙여놓기 일쑤이다. 수첩에 기록할 때도 정보의 종류와 상관없이 정보가 나열되기 쉽다.

이처럼 전체의 흐름을 파악하기가 용이하지 않은 기존의 생각 정리법을 계속 고수한다면, 기존의 생각 정리법은 오히려 생각을 제한시키고, 그 결과 핵심을 잃고 삼천포로 빠지게 만들 것이다. 그리하여 중요도와 순서에 따른 사안의 추진보다는 노트에 필기된 순서에만 따르게 될 가능성이 높아지게 되는 것이다.

(3) 생각은 생각의 원형 그대로 정리되어야 한다

생각이 본연의 가치를 발휘할 수 있기 위해서는 우선 잘 정리되어야 한다. 지금처럼 필기한 순서대로 생각을 정리하기에는 현대사회는 이미 지식으로 넘쳐나고 있다. 무엇부터 해야 될지 모를 정도로 상황이 복잡할 때 이를 일목요연하게 정리할 수 있는 기법이 필요하다.

그 기법이 바로 '마인드맵(Mind Map)'이다. 마인드맵을 통한 생각정리의 요령과 실제 사례를 이제부터 소개하고자 한다.

3) 생각 정리가 절실한 이유

우리가 매 순간 생각을 하는 것은 어떤 상황을 개선하거나 더 나은 선택을 하기 위해 필요한 과정이라 할 수 있다.

그러나 앞에서도 언급했듯이 뇌의 생리구조를 감안한다면, 생각이란 본래 질서가 없는 것이다. 그래서 많이 생각하면 할수록 점점 무질서 속에 빠져들어 복잡해진다. 회의를 거듭하면 할수록 오히려 회의 흐름이 정체되는 것도, 어떤 문제에 대해 골똘히 생각하면 할수록 머리에 쥐가 난다는 표현이 나올 정도로 산만해지는 것도 결국은 생각이 정리되지 않았기 때문이다.

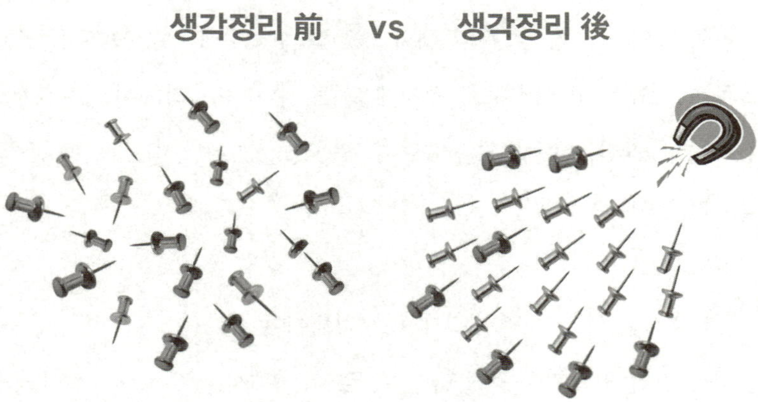

생각이 정리되기 전과 정리된 후의 모습의 차이를 나타낸 그림
본래 생각이란 무질서의 상태로 복잡하게 혼재되어 있기 마련이다. 하지만 일단 정렬이 되고 나면 한 번에 파악하기 쉽고 관리하기에도 편리하다. 그 매개체 역할을 하는 것이 바로 마인드맵이다.

따라서 생각을 많이 하는 것보다 더 중요한 것은 생각의 정리라 할 수 있다. 특히 하나의 선택이 인생을 좌우할 때, 프로젝트나 회사의 사활이 걸린 때라면 생각 정리의 필요성은 그 어느 때보다도 중대할 수밖에 없다.

4) 생각 정리·업무 성과 향상을 위한 주요 화두(話頭)

업무 회의 상황을 예로 들어보자.

대다수 회사의 경우 한 계획을 수립하고 추진하는데 여러 구성원들이 참가한다. 그들은 계획의 원활한 추진과 목표 달성을 위해 애쓴다는 점에서 공통의 목적을 가지고 있다.

그러나 비록 한 팀에 속해 있다 할지라도 구성원들이 생각하는 모습은 서로 다를 수밖에 없다. 우선 완전히 같은 일을 하고 있는 경우가 드물고, 살아온 경륜이나 인생 가치관에서도 차이가 나기 때문에 같은 현상을 두고도 완전히 같은 생각을 하는 경우는 무척 드물다.

따라서 동일한 업무라 하더라도 각자가 해석하는 바에 따라 다른 형태로 업무 추진을 하는 것이 일반적이다. 회의 중에 구성원끼리 주고받는 언어와 문서상의 표현 또한 어떤 식으로 정리되느냐에 따라 업무성과에 미치는 영향이 무척 커진다. 그렇기에 그 팀의 성과는 주어진 목표를 위해 팀 구성원이 얼마나 공감대를 잘 이루고 있느냐에 달려 있다고 보아도 결코 지나치지 않다.

이렇듯 생각을 정리하는 문제는 많은 기업들이 전략적으로 고민하고 추구하는 업무성과 향상의 테마이기도 하다.

2_ 어떻게 정리할 것인가?

1) 학습이 가능한가?

그렇다면 머리가 굳어진 것으로 인식되는 40~50대 연령층도 창의력을 계발할 수 있는가?

세상에는 50대에 처음으로 저서를 출간하고 60대에 이르러서 위대한 발견을 한 사람들이 적지 않다. 70대에도 생각 정리법을 통해 창의적인 삶을 영위할 수도 있다.

'생각의 탄생'의 저자 루트번스타인 부부는 창의력이나 상상력도 학습할 수 있는 능력이라 말한 바 있다. 물론 창의력과 직관력은 부분적으로 선천적으로 타고나는 재능인 것은 분명하다. 하지만 노력 여하에 따라 어느 정도까지는 계발할 수 있는 재능이라는 것이다.

사실 역사적으로 알려진 천재들 대부분은 노력하는 천재들이었다. 모차르트와 아인슈타인은 밤을 세워가며 작곡과 연구에 몰두했다.

창의력을 기르는 가장 좋은 방법 중의 하나로 그들이 활용한 생각 정리의 방식을 습득하고 연마하는 것을 꼽을 수 있다. 그들의 방식은 현재까지 거론한 필기식의 정리법의 단점을 보완하는데 좋은 모델이 될 수 있다.

2) 노트필기 정리법과 천재들의 정리법의 비교

많은 학자들의 연구에 의해 점차 두뇌의 신비가 세상에 밝혀지고 있는 추세이다. 두뇌에 대한 이해를 토대로 생각 정리의 기술을 습득한다면, 자기계발과 조직 생산성 향상 등 많은 부분에서 혁신적인 성과를 거둘 수 있을 것이다.

그러면 우선 우리의 두뇌가 어떤 메커니즘을 갖고 있는지 살펴보자.

가. 두뇌의 특성

두뇌의 사고는 다중 분포 형태로 질서가 없다. 즉 생각이 정열 되어 있는 것이 아니라 뒤죽박죽 혼재되어 있다는 뜻이다. 쉽게 예를 들면, 우리는 중요한 회사업무를 처리하는 중에도 많은 생각을 한다. 손실이 난 개인주식을 보유하고 있다면 현재 주식 시세가 내내 신경이 쓰일 것이며, 집에 딸이 아파 학교에 가지 못한 채 쉬고 있어도 마찬가지 일 것이다.

그렇기에 창의적인 아이디어가 필요한 시점, 이를테면 회사 사활이 달린 중요 프로젝트 준비를 앞두고 있는 경우에는 명확하게 그리고 한 방향과 가치 중심으로 정렬된 생각의 정리가 필요하다.

나. 뉴런

뉴런은 뇌세포 구성의 기본 단위이다. 각 뉴런이 상호 연결되어 무한한 조합을 이끌어낸다. 그러나 그 형태를 보면 일렬로 늘어선 모습이 아니다. 즉 질서가 없다.

두뇌 세포는 일단 어느 정도 자라게 되면 더 이상 증식하지 않는다. 그렇다면 어떻게 두뇌 활용능력을 높이는가? 바로 뇌세포 간의 시냅스(근력) 강화에 있다. 천재들은 바로 이런 시냅스 연결을 두뇌활동을 통하여 잘 강화시킨 사람들이라 할 수 있다.

다. 운영

뇌는 기존의 정보와 새로운 입력에 따라 의사를 결정하고 사고를 하게 된다. 새로운 입력이란 외부에서 발생하는 자극을 말한다. 곧 시각, 청각, 촉각, 후각 등 외부의 자극을 통해 알게 된 정보는 모두 새로운 입력이 된다. 기존의 정보란 회상을 통해 뇌에 저장된 정보를 재생하는 것이다.

뇌는 이 두 가지가 서로 맞물리면서 다양한 활동을 하는 것이다.

그런 만큼 생각 정리법에도 시너지 효과를 주기 위해서는 이런 감각들을 잘 활용할 필요가 있다. 곧 생각 정리법에도 시각 청각 등의 자료를 적절히 활용하는 것이다.

라. 시스템

뇌의 주요 시스템으로는 망각시스템과 기억시스템을 꼽을 수 있다.

여기서 망각 시스템이 기본시스템이라 할 수 있고, 기억 시스템은 보완시스템이라 할 수 있다. 언뜻 생각하기에는 기억이 주가 되고, 망각이 보완되어야 할 것 같으나, 실제 우리 뇌의 기능적인 입장에서 보면 망각이 주가 된다고 할 수 있다. 왜냐하면 망각은 일종의 새로운 연결을 준비하기 위한 Null시스템과 같은 중요한 역할을 담당하고 있기 때문이다.

허다한 사람들이 입시를 위해 암기에 열중하는 현실을 감안할 때, 많은 사람들은 이 점에 의문을 던질지도 모른다. 그러나 세상 모든 것을 일일이 기억하기만 한다면 우리의 대부분은 정신과 질환을 앓을지도 모른다. 살면서 좋지 않은 사고를 경험했을 때, 떠올리고 싶지 않은 실수를 했을 때, 잊어버리고 싶은 추억이 있을 때 이런 경우야말로 망각의 힘이 발휘하는 순간이다. 사람이 실패를 한 이후에도 다시 일어설 수 있는 것도 망각의 역할이 크다. 때로는 적절히 망각하는 것도 삶의 윤활제 역할을 할 수도 있는 것이다.

반면 기억시스템은 끊임없이 노력과 보완이 필요한 체계이다. 에빙하우스의 망각곡선에 따르면 일정 시간마다 주기적으로 반복학습이 되어야 장기기억으로 남게 된다고 한다. 곧 복습의 중요성을 뜻한다.

결국 우리의 뇌는 정보 처리에 있어 별도로 순서를 매기지 않는다는 결론이 나온다. 그런 면에서 순차적으로 기록하는 기존의 노트 필기 법은 우리의 뇌와는 잘 맞지 않는다.

생각을 정리하는 의의는 정리 자체를 쉽게 하는데 목적이 있는 것이 아니다. 생각의 정리를 통해 창의적인 활용이 가능하도록 유도하는데 그 목적이 있다. 전통적인 노트 필기식 정리법은 이 점에서 개선의 여지가 많은 방법이라 할 수 있다.

결국 천재들은 뇌의 생리구조에 맞는 고유의 생각 정리법을 활용함으로써 그 한계를 극복한 셈이다.

다음은 기존의 노트 필기법과 천재들의 정리법을 비교한 것이다.

특성	노트 필기식 정리법	천재들의 정리법	참고자료
생각은 쉽게 망각된다	무의미하게 조각난 단어들은 기억하기 어렵다(복숭아, 유모차, 사인펜)	단어들을 의미 있는 구조로 엮어 오래 기억하도록 한다	에란 카츠의 "슈퍼기억력의 비밀"
생각은 순서가 없다	생각이 단지 뒤죽박죽 섞여 나열되어 있다 (혼돈의 모습)	맵핑 (Mapping)에 의해 순서를 체계화	레오나르도 다빈치의 "그만의 창의적 노트"
생각은 다차원이다	단지 생각을 일렬로 나열하기 때문에 비교할만한 요소를 찾기가 쉽지 않다	여러 면에서 비교 혹은 대조를 하므로 일목요연하게 생각간의 유사점과 차이점을 파악할 수 있다	맥킨지 컨설턴트의 "챠트,도표 활용"

특성	노트 필기식 정리법	천재들의 정리법	참고자료
반복을 통해 기억	지루한 반복이 이어지면 권태를 느낀다. 뇌는 무의미한 반복을 가장 싫어한다.(영단어나 공식 등의 끊임없는 반복 기억 학습)	반복하는 과정이 재미있다 자연스러운 방식의 반복으로 주요 사항을 기억	에빙하우스의 "망각곡선이론"
기록 전략	모든 사항을 단지 빠짐없이 일렬로 나열하는 방식	핵심단어와 관계구조 위주로 우선 정리한 후 연관성에 따라 세부적으로 정리	토니부잔의 "마인드맵"

3) 생각 정리의 3단계

생각의 정리와 창조는 서로 뗄 수 없는 불가분의 관계에 있다. 새로운 생각을 이끌어내기 위해서는 반드시 기존의 생각이 먼저 정리될 필요가 있기 때문이다. 생각이 정리되지 않았다는 것은 곧 생각이 혼돈된 상태로 정체되어 있음을 의미한다.

여기에 마인드맵은 3단계 창조과정을 더하여 생각 정리를 하게 된다.

- 논리적인 단계 : 논리적인 과정으로 생각을 정리하고 분류함
- 상상력의 단계 : 질문과 발산, 자유토론을 통한 상상력의 발산
- 창의적인 단계 : 생각의 수렴과 마무리를 통해 생각을 창의적으로 실현

생각이 정리되는 과정을 그림으로 표현하면 아래와 같다.

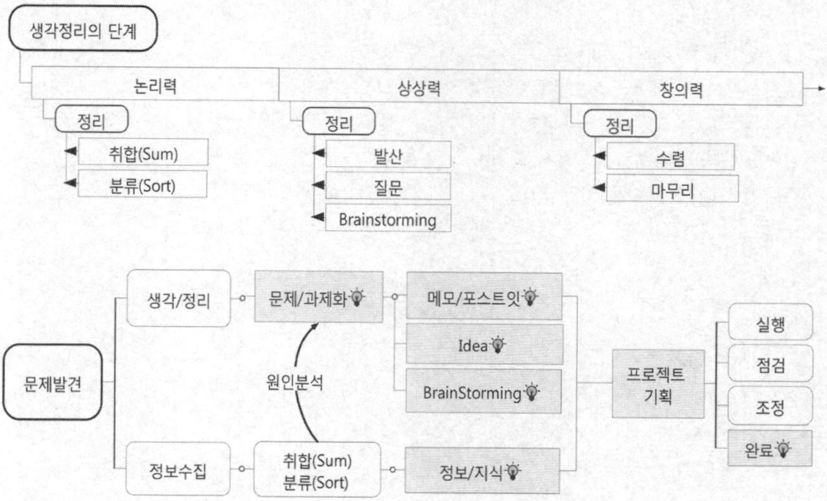

이 그림에서 색이 칠해지지 않은, 모서리가 둥근 사각형은 실제 업무 활동을 나타내며, 색이 칠해진 네모난 사각형은 마인드맵을 통해 처리할 대상을 나타낸다. 이에 대해서는 차후에 상세히 다루게 될 것이다.

4) 노트 정리법과 마인드맵 정리법 비교

기존의 노트정리 방법은 표현 방식 면에서 단편적이라 할 수 있다. 전체가 유기적으로 설명되지 못하고, 부분적으로 설명할 수밖에 없다.

반면 마인드 맵 정리법은 각 부분의 연관 관계에 주목, 전체 모습을 잘 설명하고 있다.

노트 필기법으로 정리한 예

머리는 동그랗게 생겼고 눈,코,입,귀가 있는 중추적인 역할을 한다.
몸통은 몸을 지탱하는 중심역할을 하면서 중요한 기관이다.
왼쪽 다리는 좌측에 있는 다리로 주로 활보와 달리기에 사용한다.
왼발은 왼쪽 다리밑부분으로서 발의 주요 사용용도는 몸을 지지할 때 사용한다.
오른쪽 다리는 우측에 있는 다리로 주로 뭔가를 발로 찰 때 사용한다.
오른발은 오른쪽 다리밑부분으로서 발의 주요 사용용도는 왼발과 같다.

왼팔은 ______________________________

왼손은 ______________________________

오른팔은 ______________________________

오른손은 ______________________________

마인드맵으로 정리한 예

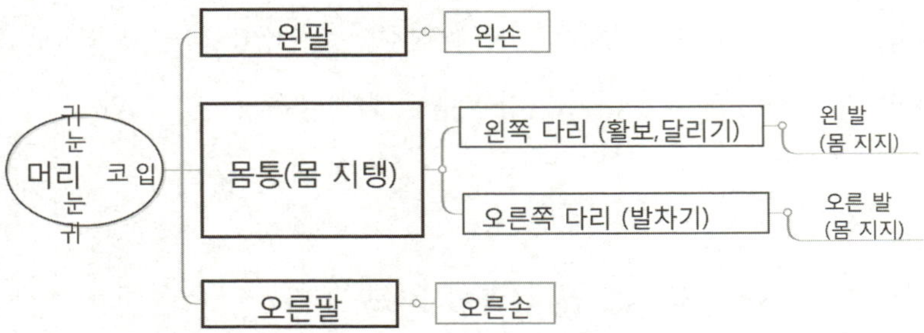

마인드맵은 문장 형태만 활용하는 노트 정리법의 제한을 극복하기 위한 시각적 표현 방법이라 할 수 있다. 핵심을 요약하여 전달하는데 유리한 생각정리의 기술이라 할 수 있다.

5) 생각 정리의 두 가지 모습

생각의 길은 여러 갈래이다. 우리 두뇌 속의 수백억, 수천 억 개에 달하는 뉴런의 조합만큼, 우리의 생각에도 그만큼의 매우 많은 생각의 갈래들이 있다. 그만큼 수많은 생각을 하게 되는 것이다.

하지만 결국에는 생각의 형태는 둘 중 한 가지만 있을 뿐이다. 바로 정리되지 않은 생각과 정리된 생각이다.

정리되지 않은 생각은 어둠 속에서 길을 걷는 것과 같다. 마치 어두운 밤길 속을 걷는 마당에 안개가 자욱한 깊은 숲으로 들어가는 형국이다. 생각을 거듭하면 할수록 오히려 미궁에 빠진다. 현대 사회는 매체의 발달로 정보 자체를 획득하는 것은 이전에 비해 훨씬 빠르고 수월해졌다. 오히려 많은 정보 속에서 양질의 정보를 확인하고 관리하는 기술의 필요성이 대두된 것이다.

반면 정리된 생각은 대낮과 같이 밝은 길을 걷는 것과 같다. 실체가 훤히 드러나 있으나 목표 선정이 명백하며, 이후에 어떤 행동을 취해야 할지 계획 수립에도 도움을 줄 수 있다. 이는 바로 즉각적인 행동력으로 옮길 수 있게 한다. 그렇기에 생각은 정리될 때 비로소 그 힘을 발휘하게 되는 것이다.

6) 생각 정리를 위한 실천전략

가. 정리의 기술이 곧 생각의 기술이다

많은 사람들이 주먹구구식으로 생각하는 틀에서 벗어나지 못한 채, 기존의 생각기술만을 답습한다면 깊이있는 생각의 변화를 이끌어 낼 수 없다. 왜냐하면 생각 정리의 기술은 변화와 향상에 가장 큰 영향을 미치는 요소이기 때문이다.

기존의 노트 필기법이나 플래너, 사무용 프로그램 등 생각 정리를 위한 여러 가지 방법을 활용하면서 새로운 생각 정리법의 필요성에 대해 관심을 가질 필요가 있다. 일단 그 필요성을 절감한다면, 마인드맵을 통한 생각 정리법을 당장 실천해보는 것이다.

나. 생각의 틀 속에 갇히지 말라.

한정된 생각 속에 갇히지 말고, 외부의 환경과 접촉할 수 있는 장치를 마련해 볼 필요가 있다.

이를 위한 전략으로 매일 생각난 내용들을 정리해 두는 것을 들 수 있다. 쓰레기도 쌓이기 전에 처리해야 뒷처리가 크지 않듯이, 생각도 수시로 정리가 되어야 나중에 혼선을 방지할 수 있다. 두뇌(해마)는 21일 이내에 의미 있는 반복이 없는 정보에 대해서는 불필요한 것으로 간주해버린다. 즉 기억에서 사라지게 된다.

다. 생각의 도구를 활용하라

곧 생각의 작업대를 마련하는 것이다. 적절한 생각 정리 도구의 활용은 생각을 더욱 창의적으로 촉발시킬 수 있다.

이를테면 컴퓨터로 업무를 처리하는 사람이라면, 모니터를 2개 준비, 하나는 작업용(기본 모니터)으로 쓰고, 다른 하나는 전체 현황용으로 활용하는 것이다.

라. 생각과 실천은 하나의 흐름이다

실천이 따르지 않는 생각들은 오히려 생각을 제한하기 쉽다. 따라서 생각에 실천이 곧 이어질 수 있도록 환경을 조성할 필요가 있다.

여기저기 흩어져 있는 메모나 체크 리스트, 일일계획표, 기획 내용, 프로젝트 현황 관리들의 기록 및 보관을 모두 한 곳으로 통합하여 정리하도록 한다. 그리하여 생각한 즉시 행동으로 옮기는 것이 쉽도록 한다.

3_ 마인드맵 어떻게 유용한가?

1) 업무 영역으로 살펴본 정리 방법의 비교

정리대상	종래의 정리방법	
	방식	특징
간단기록	수첩이나 핸드폰 등에 기록	일회성
인맥관리	명함첩이나 주소록 의존	창의적인 인맥 관리 불가능
시간관리	다이어리나 플래너 활용	시간들이 단위별로 쪼개어져 직관에 따른 시간관리 불가능
개념정리	습관적인 노트 필기습관 답습	생각나는 대로 편하게 정리, 직관 무시

기존의 시간관리 방법은 스케줄의 관리에 초점이 맞춰져 있었기 때문에 시간 흐름 별로 스케줄을 배분하는 형태로 정리되었다.

하지만 시간이란 단순히 측량할 수 있는 개념이라기보다는 사건(이벤트) 관리에 가깝다. 즉 단지 '정리'하기 보다는 '기획'에 더 충실할 필요가 있다는 것이다.

따라서 이벤트 기획을 위해서는 시간관리 마인드맵의 필요성이 필수적으로 대두된다고 할 수 있다

기존 인맥관리 방법은 단순히 명함을 관리하는 것에 가깝다. 전자수첩이나 노트북의 프로그램을 활용하더라도, 기존의 명함을 관리하던 시절의 형태에서 크게 벗어나지 못한다.

업무 상 인맥 관리에 정작 필요한 것은 고객감동을 위한 상상력의 발동이다. 그렇기에 기존의 명함첩은 인맥관리 마인드맵의 방법으로 새롭게 탄생하여 고객감동을 위한 상상력을 창의적으로 동원할 수 있어야 한다.

정리대상	마인드맵 정리방법	
	방식	특징
간단기록	수첩 등에 마인드맵으로 표기	테마별, 주제별 한눈에 일목요연한 메모전략
인맥관리	인맥플래너	사람의 사진과 이미지를 보며 창의력과 상상력 동원
시간관리	시간플래너	중요도와 우선순위 및 목표에 따른 시간관리 가능
개념정리	마인드맵으로 표기하여 두뇌 친화적	정리의 본래 목적인 회상과 창의적 사고에 도움이 됨

결국 마인드맵은 여러 가지 업무형태에서 장점이 많은 정리법이라 할 수 있다.

2) 업무용 프로그램의 영역

컴퓨터의 활용빈도가 늘어나면서 복잡한 계산이나 데이터 등의 통합 관리

등은 오피스 관련 프로그램 등을 통해 효율적으로 처리하는 것이 요즘의 추세이다. 하지만 컴퓨터를 통해 할 수 있는 부분에는 한계가 있다. 각종 의사진행이나 협력과정 설계, 팀 구성원 간의 의사 교류 등에 대해서는 여전히 전통적인 생각정리의 방식이라 할 수 있는 노트필기법 즉 일반 보고서 형태의 문서에 의존하는 경우가 태반이다. 제아무리 컴퓨터가 유용하다 할지라도 그 태성의 특성상 한계가 명백하기 때문이다.

〈업무 형태에 따른 프로그램별 생각 정리 적합도〉

업무 형태	워드/한글	파워포인트	엑셀	마인드맵
학습 과정	중	하	상	상
회의 진행	중	중	하	상
프로젝트	하	중	중	상
프레젠테이션	하	상	중	상
문제해결 과정	하	중	상	상

워드나 한글 프로그램은 가장 널리 쓰이는 프로그램으로 다양한 기능이 포함되어 있어 범용성이 높은 편이나, 프로젝트 진행이나 회의 진행에는 비교적 적합하지 않다.

반면 파워포인트는 회의 진행이나 프레젠테이션에는 적합한 편이나 많은 양의 문서는 소화하지 못하는 치명적인 단점을 안고 있다.

엑셀의 경우 수식이나 자료의 분석이나 관리에는 적절한 편이나 그 외의 용도에는 효율성이 무척 떨어진다.

즉 기존의 사무용 프로그램 중에 모든 업무 형태에 만능이라 할 수 있는 소프트웨어는 없다고 결론 내릴 수 있다.

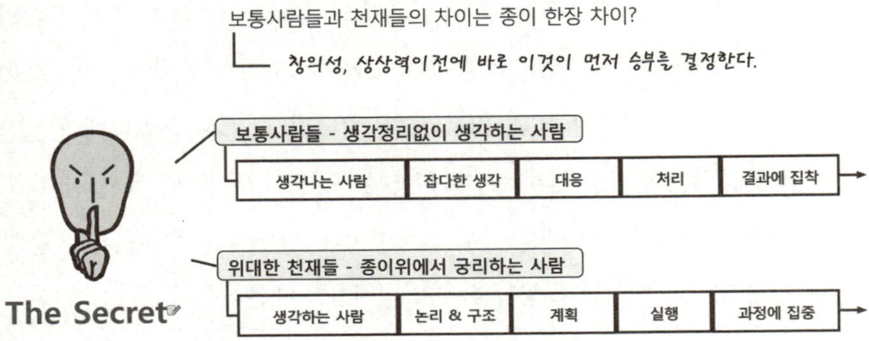

4_ why 마인드맵? - 생각의 원천은 그림이다.

1) 일단 그리면서 생각하라

그러나 대부분의 경우 잘못된 습관과 태도로 인해 현 상황인식에 대한 인식이 제대로 이뤄지지 않는 경우가 많다. 시행착오로 시한이 다 되어서야 일 처리를 서둘러 보지만, 문제 해결에 대해 골몰하느라 중압감과 스트레스가 상당히 쌓인 경우가 많다. 이렇게 되면 결국 실력 발휘를 제대로 하지 못하게 되는 것이다.

이런 경우일수록 가장 절실히 요구되는 것이 문제의 정확한 인식이다. 상황 파악을 정확하게 할수록 해결에 더욱 접근할 수 있다.

귀신이 무섭다고 느껴지는 것은 귀신이 주는 해악(害惡)보다는 그 실체에 대한 막연한 두려움에서 기인하는 경우가 크다 할 수 있다. 정체를 모르는 미지의 것이기에 더욱 무섭게 느껴지는 것이다. 만약 귀신의 정체가 과학적으로 낱낱이 밝혀진다면 전혀 공포의 대상이 되지 못할 것이다.

문제에 봉착하는 경우 또한 마찬가지이다. 문제의 정체를 정확히 파악하고 나면 실마리는 자연스럽게 풀리기 마련이다.

따라서 마인드맵에서 가장 큰 비중을 차지하는 것 하나를 꼽으라고 한다면 '그림'을 들 수 있다. 문제에 봉착했을 때 전체 상황파악을 하는데 도움이 될 만한 도구로 그림만한 것이 없다.

문제에 접근할 때에는 일단 시각화(visualization) 즉 그림을 그려보기를 권한다. 역사상 뛰어난 족적을 남겼던 위인들 대개는 그림을 그리면서 생각했던 사람들이다.

어느 누구라도 레오나르도 다빈치, 다윈처럼 열심히 그리다 보면 그들만큼 위대한 업적을 남긴 사람이 될 수도 있는 것이다.

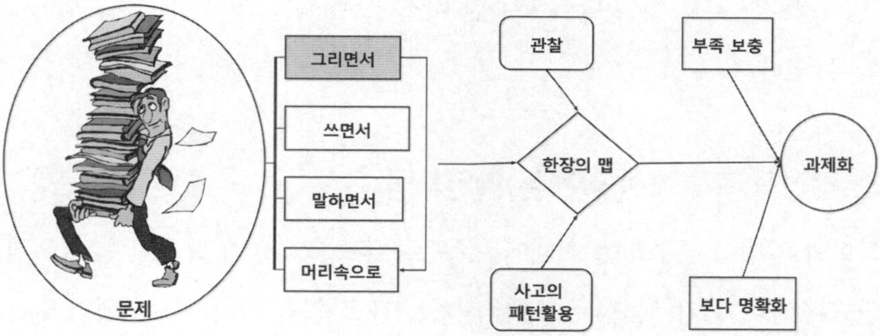

2) 그림의 효율성

요즘 창의력을 키우기 위해 저학년 층은 물론 직장인 중에서도 그림 연습을 하는 경우가 많다. 그림 연습은 그만큼 창의적인 생각과 밀접한 연관성이 있기 때문이다.

그런데 그리기를 단지 생각을 정리하는데 있어 보조적인 개념 혹은 수단으로만 간주하는 사람들이 의외로 많은 것 같다. 그림으로 생각 표현하기 연습을 한 사람들의 경험을 들어 보면, 대부분의 경우 이전에 비해 생각이 풍성해졌고 정리 또한 잘 된다고 한다.

그림을 그리는 것은 고차원의 창작 활동으로, 그림을 그리는 것과 생각하는 것은 서로 떼어 놓을 수 없는 불가분의 요소들이다. 그림을 그리면서 생각한 후에 얻어지는 결과는 이전에는 미처 접하지 못했던 독특한 산물이다.

특히 업무적인 측면에서 이렇게 그리면서 생각한다는 것은 창의적 사고를 증진시킬 뿐만 아니라, 목표를 구체화하고, 정확한 사고를 도와주면서, 잠재된 자신의 역량까지 이끌어내는 면에서 효과가 매우 탁월하다.

정확한 사고 및 전달이 필수인 비즈니스에서는 더욱 필요한 기법이라 할 수 있다.

3) 감성적 측면에서 살펴본 마인드맵

문화와 감성이 존중되는 시대에는 무엇보다도 창의성이 요구된다. 창의적인 직장인이 되기 위해서는 그저 시키는 대로 일을 하기보다는 의미 있는 일(Dreamworks)을 해야 한다.

마인드맵은 단지 기획과 발상을 위한 도구에 불과한 것이 아니다. 사람 감성의 자극제 역할도 충실히 해낸다. 창의력이란 곧 기존 생각의 틀에서 벗어나는 것이다. 일상적인 생각의 흐름에서 방향을 바꿀 때, 새로운 창조의 씨앗이 싹트면서 놀라운 아이디어가 생기게 된다.

마인드맵은 논리의 전개를 한눈에 보여줌으로써 아이디어 창출에 도움이 될 뿐 아니라 직관능력을 향상시킨다. 자칫 메마르고 딱딱하기 쉬운 논리를 감성의 시각으로 보완하는 감성의 전이도구 역할에도 충실하다.

5_ 마인드맵과 뇌과학

1) 위지윅(WYSIWYG)

마인드맵은 위지윅(WSIWYG : What You See is What You Get)이란 방식으로 두뇌에 많은 영향을 미친다. 뇌 과학에 따르면 우리가 보는 시각적인 정보는 두뇌의 인지와 기억에 그 어떤 요소보다 많은 영향을 준다고 한다. 시각화 특성이 강하고 WISIWYG성격이 강한 마인드맵이야 말로 새롭고 창의적인 생각 정리법으로 대두되기에 충분한 것이다.

주) 위지위그(WYSIWYG: What You See Is What You Get) 즉 보는 대로 얻는다는 뜻이다. 문서 편집 과정에서 화면에 포맷된 낱말, 문장이 출력물과 동일하게 나오는 방식을 말한다. 이는 편집 명령어를 입력하여 글꼴이나 문장 형태를 바꾸는 방식과 구별된다. 현재 대부분의 워드 프로세서는 위지위그 방식을 쓰고 있으나 일부 편집프로그램(TeX)은 편집 명령어를 통해 편집하는 방식을 고수하고 있다.

2) 마인드맵의 효과

진실은 눈에 보이는 부분보다는 보이지 않는 부분에 가려져 있는 경우가 많다.

가령 지구의 움직임을 예로 들면, 우리가 지구라는 터전에서 살아갈 수 있는 것도, 밤과 낮의 뒤바뀜이 발생하는 것도 모두 지구의 자전으로 인한 것인데, 지구의 자전은 눈에 보이는 것이 아니다. 하지만 눈에 보이지 않는다 해서 그 중요성이 떨어지는 일은 결코 없는 것처럼 말이다.

마인드맵은 현상과 문제에 숨어 있는 본질을 발견하는데 훌륭한 역할을 수행한다.

마인드맵으로 생각을 정리하면, 일반적인 필기와 달리 강제적으로 논리적이고 전체적인 사고를 유도하는 효과가 따르게 된다. 마인드맵이 갖고 있는 구조적인 관계와 확장성을 전개하다 보면 자연스럽게 천재적인 사고를 가지게 된다는 뜻이다.

마인드맵을 활용하는 사람들 간에 우스개로 하는 소리가 있다. 일반적인 노트 필기를 하는 사람은 졸릴 수 있어도, 마인드맵을 그리는 사람을 졸릴 수가 없다는 것이다. 마인드맵의 경우 작성 과정에서 정보 간의 관계와 구조를 스스로 판단하여 결정해야 하기 때문에 뇌가 한시도 게을러질 수 없기 때문이다.

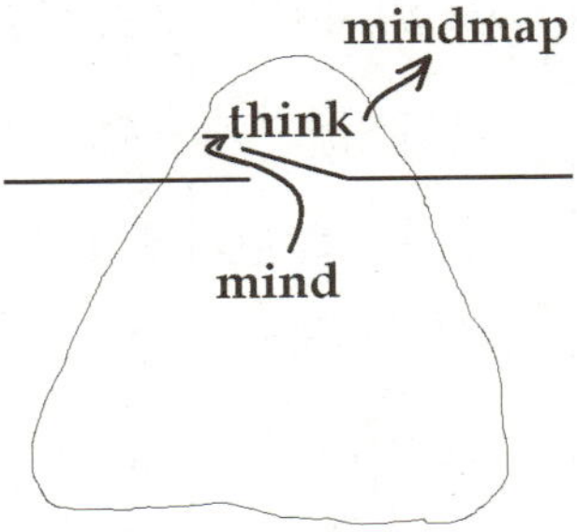

우리 안에 내재된 생각까지 이끌어내어 문제를 폭넓고 깊이 있게 인식하도록 유도하는 창의적인 생각 정리 방법이다.

가. 정보의 입력과정

- 마인드맵을 보면서 부족한 정보가 무엇인지 쉽게 파악하게 된다.
- 모든 정보들은 가지 구조를 띄고 있어 중복되거나 불필요한 정보를 정리하는 것이 쉽다.
- 모든 정보는 서로 연관 관계를 맺고 있어 질적인 면에서 시너지 효과가 크다. 새로운 아이디어를 창조하는데도 도움이 되도록 한다.
- 정보 간에 비교하고 분류하는 것이 쉬워 정보의 호수에서 빠지지 않게 한다.
- 각 정보는 핵심 단어 위주로 요약되어 있어 기억하고 회상하는데 최적의 상태를 제공한다.

나. 논리적인 면(좌뇌의 영역)

• 중복되거나 누락된 부분을 빠짐없이 확인하여 전체의 모습을 파악할 수 있다.

• 선으로 연결된 상관관계를 통해 전체의 모습을 구조적인 면에서 파악할 수 있게 한다.

• 현재 생각이 어느 단계까지 진행되었는지 한 눈에 파악할 수 있다.

다. 시각적인 면(우뇌의 영역)

• 정보의 배열이 시각적 형태를 띠고 있어 상상력을 증폭시킨다. 나만의 창의적인 배열 설정이 가능하다.

• 텍스트와 함께 쓰인 기호 등을 통해 기억의 단서를 삼을 수도 있다.

마인드맵은 두뇌 훈련 중에서 가장 창의적인 면을 가지고 있는데, 이는 좌뇌와 우뇌를 동시에 활용하여 논리적 사고력과 전체적인 구조를 보는 직관력을 함께 향상시키기 때문이다.

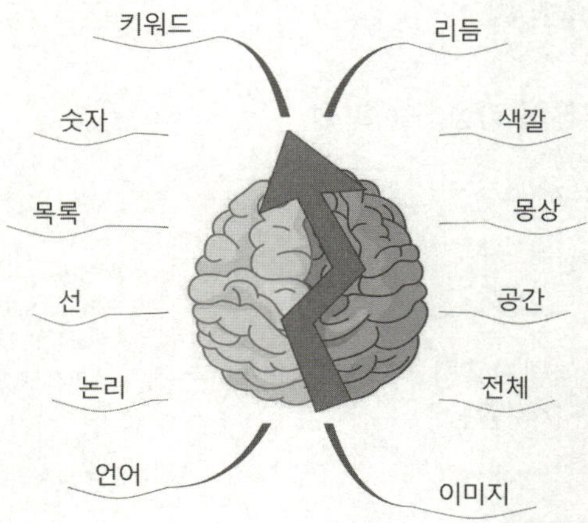

★ 그림 그리는 유형으로 살펴본 좌뇌와 우뇌의 차이점 ★
좌뇌가 논리적인 사고에 해당한다면, 우뇌는 직관적인 사고에 해당한다.

라. 정보의 출력과정

- 각종 정보는 한 장의 마인드맵으로 축약이 가능하다. 이 과정에서 기존의 노트 필기식 정리법에서는 볼 수 없었던 새로운 형태의 저작물이 탄생한다.
- 마인드맵을 작성하는 동안 구조적이고 창의적인 사고가 발달된다.

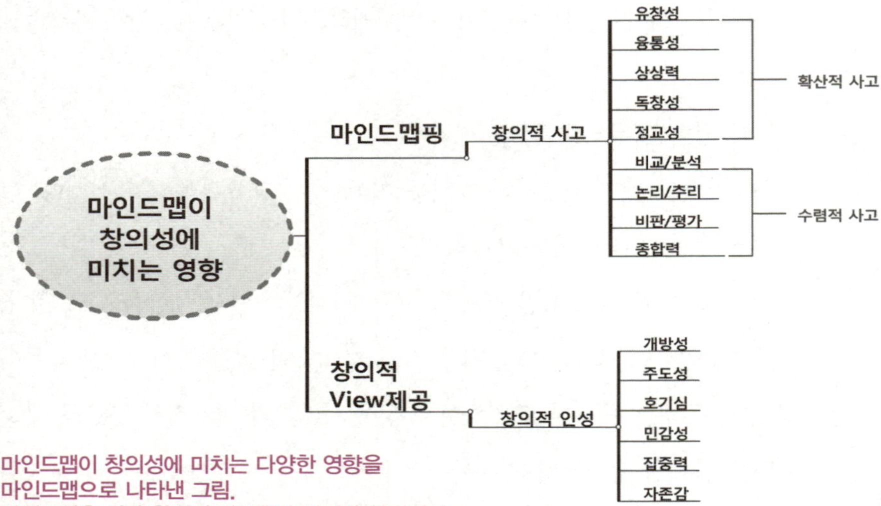

마인드맵이 창의성에 미치는 다양한 영향을 마인드맵으로 나타낸 그림.
마인드맵은 비단 창의적 사고뿐만 아니라 인성적인 면에서도 긍정적인 면을 부각시키는 효과가 있다.

마인드맵이 작성되는 과정

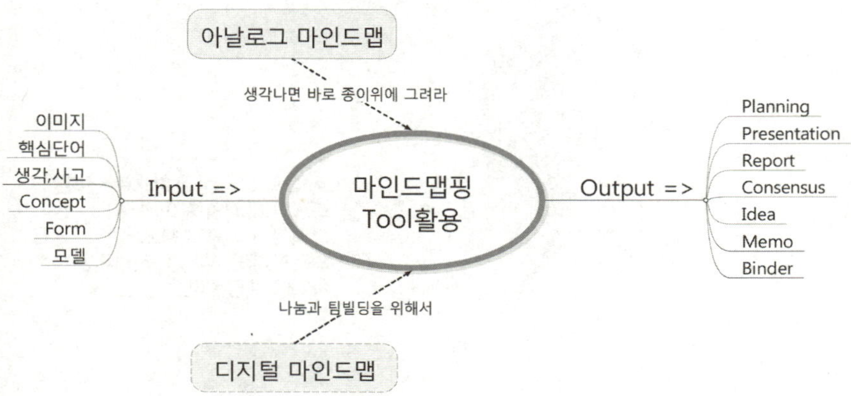

제9장

창의적 사고기법

1_ 천재들의 비밀

1) 천재는 어떤 사람들인가?

두뇌를 연구하는 과학자들에 따르면 사람의 두뇌는 태어날 때부터 천재의 두뇌를 타고난다고 한다. 단지 두뇌를 후천적으로 얼마나 개발하고 활용하느냐가 관건이 되는 것이다. 그렇기에 자신의 두뇌를 과소평가 한다면 일종의 자기 모독행위가 되는 것이다.

보통의 천재는 타고 난다기보다 만들어지는 존재라 보아야 할 것이다. 우리 자신에게는 스스로도 의식하지 못했던 최고의 능력이 감추어져 있다. 하지만 대부분의 사람들은 노력을 통한 지적 능력의 향상이 불가능하다고 여긴다. 자신에게 무한한 능력이 잠재되어있지만 자신은 천재와는 무관하다고 생각한 결과, 내 안의 역량은 묻히고 만다.

여기서 말하는 천재란, 세계 최대의 갑부 빌 게이츠도 아니고 엄청난 수의 발명 특허를 낸 에디슨도 아니다. 따라서 이 장에서 말하는 천재들의 사고란 실제 천재들의 사고법을 말하는 것이 아니라, 후천적인 개발과 훈련을 통해 만들어지는 천재를 위한 사고법을 말한다.

이 글의 취지는 복잡하기 그지없는 현대인들의 생각을 간단하고 조직적으로 정리하는 요령을 다루는 것에 있다. 역사상 가장 천재적인 인물과 조직의 예를 들라고 할 때, 레오나르도 다빈치와 맥킨지(Mckinsey)가 꼽히는 것에 이의를 제기할 사람은 없을 것이다. 그들은 문제해결력과 이미지 사고 트레이닝에 강점이 있다. 특히 이미지 사고 트레이닝은 이 글의 주제인 마인드맵과도 깊은 연관성이 있다.

이미지 사고 트레이닝의 요체는 사고와 이미지, 감정의 세 박자를 맞추는 것에 있다. 이미지를 떠올리는 훈련은 의외로 강한 힘을 발휘한다. 인생 목표도 꿈을 잘 꿀 수 있는 사람이 좀 더 쉽게 성취한다. 반면에 목표에 대한 꿈조차 꾸지 않는 사람은 아무런 목표도 이룰 수 없다. 생각하지 않는 일은 현실로 이루어지지 않는 것이다.

2) 생각의 사칙연산

잭 웰치, 빌 게이츠 등 성공한 CEO들에게는 한 가지 공통점이 있다. 그리면서 생각하고, 설명하고, 정리하는 것에 능통하다는 것이다. 일찍이 빌 게이츠는 마인드맵 소프트웨어 같은 도구에 의해서 정보가 지식으로 변모하는 시대를 맞게 될 것이라고 예견하기도 했다.

또 그들은 생각을 정리할 때 상황에 맞는 적절한 필터를 통해 생각을 정리한다.

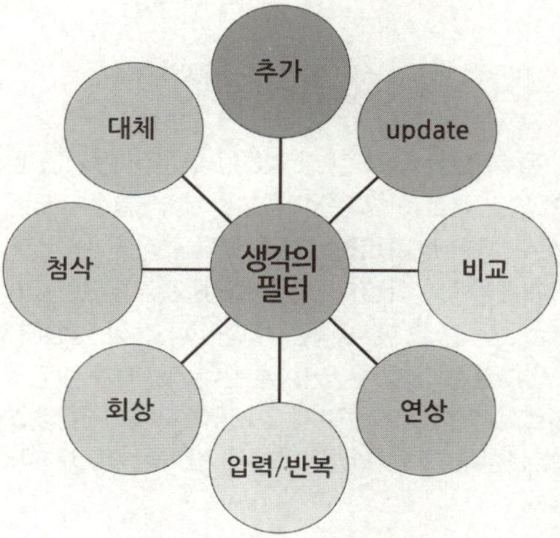

이를 크게 나누면 '생각의 사칙연산' 과정으로 나눌 수 있다. 생각의 사칙연산은 두뇌 연산기능을 활성화하여 새로운 생각을 만들어가는 과정에 해당한다.

Thinking 4 Steps–생각의 사칙연산			
+	덧셈원리	기존의 생각에 새로운 생각을 추가하는 것	연역/귀납적사고 브레인스토밍
÷	나눗셈원리	비슷한 생각들을 그룹으로 분류하여 나누는 것	MECE식 사고 구조화/패턴식 사고
—	뺄셈원리	기존의 생각을 평가기준에 따라 전략적인 선택을 한 후 이에 집중하는 것	기각/포기 전략적인 선택/집중
×	곱셈원리	기존의 생각들 사이의 상호작용에 의해 새로운 상승 사고를 이루어 내는 것	상승/편승사고 시스템사고

이와 같은 생각 정리의 기술은 훈련을 통해 얼마든지 향상될 수 있다. 누구나 천재적인 사고를 할 수가 있다

TIP 발명왕 에디슨의 놀라운 상상력

에디슨이 전구를 개발할 때 가장 고생했던 부분이 전기를 빛으로 전환하는 필라멘트 재료를 찾는 것이었다. 대부분의 재료는 발생하는 엄청난 열을 못 견디고 녹아버리기 일수였다.
2000번을 실패했을 때, 아내가 그만 포기하자고 권했으나 그의 상상력은 거기서 그치지 않았다. 그 때 에디슨이 다음과 같이 말했다고 한다.
"이 세계에는 필라멘트가 될 수 있는 물질이 5500가지나 있지. 그동안 2000가지 재료로 실험했으니 이제 3500가지밖에 안 남았어."
그는 계속하여 실험을 계속하였고 마침내 탄화한 면실을 이용하여 점등에 성공하였다.

2_ 맥킨지식 사고법

세계 3대 '전략 컨설팅회사'를 꼽으라 하면 대개 맥킨지, 보스턴컨설팅그룹(BCG), 베인&컴퍼니를 꼽는다.

그 중에서 맥킨지는 문제해결을 위한 3대 행동규범을 직원들에게 항상 강조해 왔다고 한다.

1) 문제해결 3대 행동규범

- 긍정적인 성향 (Positive mentality)
- 논리적 사고 (Logical Thinking)
- 다양성 (Variety)

여기서 긍정적인 성향이란 어떠한 상황에서도 결코 포기하거나 체념

하지 않은 채 사물과 상황을 긍정적으로 대하는 것을 뜻한다. 항시 논리적으로 생각하되, 매번 전혀 다른 이론적 틀(paradigm)을 추구하는 것이 맥킨지식 사고의 기본이 되고 있다.

맥킨지는 직원들에게 가설(현재 시점에서 내린 결론) 사고의 중요성을 늘 강조하면서, 논리적 사고와 MECE에 입각한 분류(分類)적 사고를 습관처럼 배이게 하였다고 한다.

이들의 사고는 실행과 성과가 중심이 되는 비즈니스 세계에서도 가장 기본이 되는 사고법이다. 이런 사고는 누구나 당연하게 생각해온 만큼, 과연 이것이 천재들의 사고법이 될 수 있을까 하며 의문시 하는 사람들도 많은 것은 사실이다. 하지만 맥킨지의 강점이 바로 이런 사고를 기본으로 한 끊임없는 질문과 답변을 주고받은 과정에서 나왔다는 점은 간과할 수 없는 부분이다.

그들이 성과 지향적이고, 설득력을 갖추면서, 창의적으로 일한다는 것은 겉모습에 지나지 않는 것이 아니라, 실제로 그렇게 사고한다는 것을 뜻한다. 그들은 지구상에 존재하는 모든 문제에 대해 철저히 위 3가지의 원칙에 따라 사고를 한 후 실천에 옮긴다. 합리적인 원칙에 따른 사고법을 내내 유지한 결과 오늘날의 맥킨지가 있게 된 것이다.

2) 맥킨지식 사고의 3대 특징

- **간결성**

시간은 매우 소중한 것이다. 한눈에 주제의 핵심을 파악하기 위해서는 전달 방식이 간결하여야 한다. 누구의 입장에서 보더라도 객관적인 시각에서 핵심요소만 전달되도록 요약이 되어야 한다.

• **철저성**

해당되는 주제에 대해 고려되어야 할 요소들은 모두 망라되어야 한다. 물론 모든 정보를 망라한다는 것은 불가능한 일이나 '20 대 80의 이론'에 따라 전체 정보 가치의 80%에 해당하는 20%를 망라하는 것은 필수적으로 이뤄져야 한다.

철저한 조사와 분석을 통해 정보가 요약되어야 설득력을 보장할 수 있다. 중요한 정보가 혹 빠지게 되면 준비한 모든 노력들이 허사로 돌아갈 수도 있기 때문이다.

• **구조성**

전달하려는 정보에 대해 오해의 소지를 방지하고 쉽게 이해되도록 하려면 '구조화'의 장점을 이용하면 된다. 정보를 받아들이는 상대가 그 자신의 개인적인 기준으로 구조화시키기(오해하기) 이전에, 정보 전달자 먼저 전달하고자 하는 의미를 구조화시켜서 전달하는 것이다. 즉 올바른 관계틀을 통해 정보전달 과정에서 오해의 여지를 없애는 것이다.

이상의 3가지 특징은 마인드맵의 작성원칙과도 잘 맞아 떨어진다.

3) 맥킨지식 사고와 마인드맵 작성법의 비교

• **정보의 요약**

맥킨지식 사고는 간결성에 초점을 둔다.

마인드맵 작성법은 핵심단어에 초점을 둔다.

• **정보의 망라**

맥킨지식 사고는 모든 정보를 철저히 담는데 주안점을 둔다.

마인드맵 작성법은 전체 그림을 담는데 주안점을 둔다.

• **정보의 모습**

맥킨지식 사고는 정보 간의 구조 관계를 명확히 하는데 초점을 둔다.

마인드맵 작성법은 정보 간의 계층 관계를 구조화하는데 초점을 둔다.

3_ 3차원적 사고

마인드맵의 전개 방향에 따라 3가지 방식으로 사고법을 구분할 수 있다. 첫 번째는 가설사고이고, 두 번째는 논리사고이고, 세 번째는 전체사고에 해당되는 MECE분류법이다. 이 세 가지가 함께 운용되는 사고법을 3차원적 사고라 부르기로 하자.

가설사고-수렴적 사고

마인드맵을 잘 활용하는 데는 노력한 부분과 결론에 대해 반드시 매듭을 짓고 다음 단계로 넘어가는 과정이 필요하다. 가설사고는 이 과정의 숙달에 중점을 둔다.

가설사고의 의의는 실천지향적인 과제를 도출하는데 있다. 한편으로는 현 단계에서 내릴 수 있는 잠정적인 결론을 추론하는데 목적을 두기도 한다.

가설사고를 이끌어내는 데는 끊임없는 질문과정이 필요하다.

- 그래서 뭐지?(So What?)

즉 어떤 식으로든, 어떤 방향으로든 상황에 대해 결론을 내리는 것이다.

논리사고-분석적 사고

논리적인 비약은 업무와 계획을 전개하는 과정에 있어 설득력을 떨어뜨리는 주범이 되는 점이다. 논리적인 사고를 통해 상황의 선후 관계를 논리적인 질문을 반복하여 타당성을 검증해 보는 과정이 필요하다

- 왜 그럴까? (Why So?)
- 그래서 어떻게? (So How?)

논리사고란 곧 전개되는 상황이나 사고의 전후 관계가 매끄러운지를 살피는 것이다.

전체사고-MECE적 사고

파레토의 법칙에 따르면, 전체 결과의 80%는 원인이 될 수 있는 요소 중 20%에서 비롯된다고 한다. 우리가 합리적인 의사결정을 내리고자 한다면 요령과 이론적인 지식에만 너무 얽매여서는 안됨을 의미한다. 그러기 위해서는 현장 상황에 대한 실제 활용 가능한 지식과 경험, 직관이 필수적으로 요구된다.

전체사고란 구성되는 모든 요소들을 전체적으로 망라하는 사고법을 말하는 것이다. 누락되거나 중복되는 요소를 방지하는데 중점을 둔다.

MECE사고법은 중복되는 여러 문제를 합리적으로 분리하여 전체적 사고를 돕는다.

1) 가설사고

가. 수렴적 사고와 발산적 사고

가설사고는 사건이나 문제가 발생한 원인에 대해 일종의 분석이나 해석을 내리는 것이다. 끊임없이 질문(So what?)하는 과정을 통해 현 시점의 결론을 이끌어내는 사고법이다. 마인드맵을 그리는 과정 중 과제도출을 위해 필요한 사고라 할 수 있다.

관건은 분석 과정을 거친 후 행동으로 옮길 수 있는 결론을 찾는데 있다. 물론 잘못된 가설을 내릴 수도 있지만, 일단은 결론을 내리는데 초점을 둔다. 가급적 전후 관계에 대해 면밀히 조사와 분석 과정을 거친 후 가설의 검증을 거친다는 점에 주목한다. 가설사고는 정리되지 않는 생각들을 좀 더 명확한 과제로 이끌어 나가는데 의의가 있다.

사고는 '발산과 수렴'의 과정이 연속되면서 발생한다. 즉 문제와 상황을 인지하는 '수렴의 과정'과 이를 토대로 새로운 결론을 도출해내는 '발산의 과정'이 연쇄적으로 반응할 때 생각은 계속될 수 있다. 여기서 가설사고는 수렴의 과정에 해당한다.

발산의 과정만 거친다면 생각은 잡다해지기 쉽고, 실행이나 성과를 얻기가 어려워진다. 반대로 수렴의 과정만 거친다면 내실 없는 껍데기에 불과한 생각이 되기 쉽다.

가설사고와 논리사고, 전체사고는 마인드맵을 그리는데 있어 삼위일체를 이룬다.

논리의 비약을 방지하고 생각들의 체계적인 정리를 위해서는 가설사고에 이어 논리사고와 전체사고가 필수적으로 수반될 필요가 있다.

나. 가설사고의 사례

첫 번째 항목은 현 상황의 주제에 해당한다.

두 번째 항목은 현 상황에 대해 어떤 문제가 있는지 인식하는 과정을 나타내고 있다.

일단 여기까지 마치고 나면 끊임없이 질문(So What?)을 던진다.

세 번째 항목은 질문을 거친 후 도출된 원인을 나타내고 있는데, 문제 해결을 위한 과제 도출을 이끌어내는 징검다리 역할을 한다.

네 번째 항목에서 최종 결론인 문제 해결방법을 제시하고 있다.

위 사례에서 볼 수 있듯이 가설사고의 초점은 현 시점에서의 잠정적인 결론을 내리는데 있다.

2) 논리사고

논리사고는 원인과 대안 및 관계 도출에 초점을 둔다. 즉 다음과 같은 질문을 끊임없이 던지는 것이다.

–원인 : 왜 그런가?(Why So?)

–대안 : 그래서 어떻게 할 것인가?(So What?)

–관계 : 서로 어떤 관계인가?(What relations?)

가. 논리사고의 사례

ㄱ) 원인 분석

원인 분석 마인드맵에서는, '왜'라는 문제의식을 가지고 주제를 분석하게 된다.

다음의 마인드맵은 문제 원인 분석을 위한 것으로 가장 윗줄에는 문제 현상인 '잦은 공정 중단'이 들어갔다. 그 다음으로 그 원인으로 생각되는 것(Why so?)에 대해 자유롭게 마인드맵을 그려본다. 여기서는 '사고', '부주의', '수리'를 꼽았다.

만약 세부적으로 원인을 따져볼 수 있는 부분이 있다면('부주의' 항목) 여기에 선을 더 그어 생각을 확장해 볼 수도 있다.('사람실수', '작업방법' 항목)

원인 분석이 종료되면 곧이어 대안이나 현재 옮길 수 있는 행동 등을 마인드맵으로 표현해본다. 노란색으로 색칠된 '조사'와 '매뉴얼 정비' 등이 이에 해당한다.

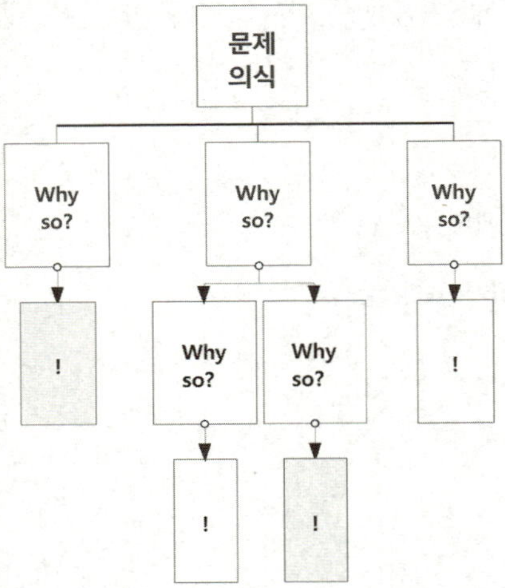

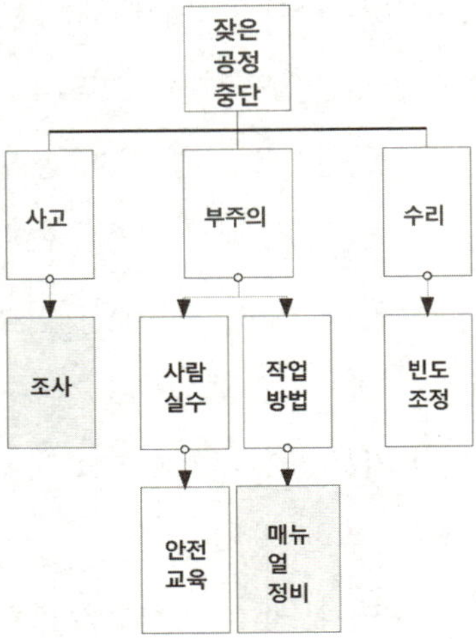

ㄴ) 과제 해결

과제 해결 마인드맵에서는, 대안 제시라는 목적으로 주제에 접근하게 된다.

목표 성취나 상황의 해결을 위한 마인드맵으로 가장 윗줄에는 목표인 '매출 10% 증대'가 들어갔다. 그 다음에는 어떻게 할 것인가에 대해(So How?)에 대해 자유롭게 마인드맵을 그려본다. 여기서는 '제품개발', '판촉', '제휴'를 꼽았다. 앞의 경우와 마찬가지로 세부적으로 따져볼 수 있는 부분이 있다면('판촉' 항목) 선을 더 그어 생각을 확장해 볼 수도 있다.('행사', '광고' 항목)

대안 설정이 종료되면 곧이어 구체적인 지침을 마인드맵으로 표현해 본다. 노란색으로 색칠된 '행사'와 '프로젝트' 등이 이에 해당한다.

과제해결 마인드맵은 원인분석 마인드맵의 연장선상에 있다고 볼 수도 있다. 즉 원인분석 마인드맵에 이어 과제해결 마인드맵을 이어서 그려 볼 수도 있는 것이다.

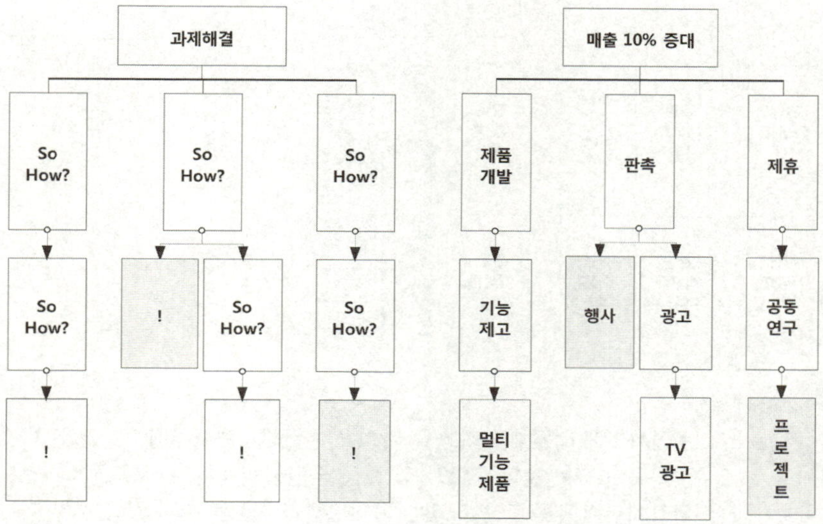

ㄷ) 관계 분석

관계 분석을 위한 마인드맵은 앞의 두 경우와는 다소 차이가 있다. 관계를 명확히 올바른 결론이 도출되기에 좀 더 논리적인 사고가 요구된다고 할 수 있다.

가장 윗줄에는 목표인 '이념 대결'이 들어갔다. 그 다음에는 이와 관련된 주요 관계 개념(What relations?)들을 자유롭게 마인드맵을 그려본다. 여기서는 '진보', '보수', '급진', '극우'를 꼽았다. 앞의 경우와 마찬가지로 세부적으로 따져볼 수 있는 부분이 있다면('진보', '보수' 항목) 선을 더 그어 생각을 확장해 볼 수도 있다.('균형과 평등', '성장과 자율' 항목)

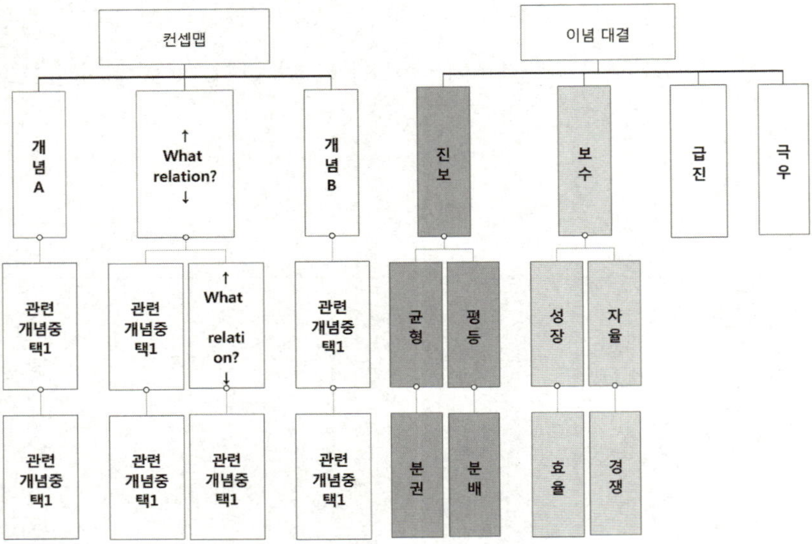

TIP 논리사고에 따른 마인드맵을 작성하기 위해서는 끊임없이 질문을 던지는 것이 중요하다. 질문을 던질 때 다음 내용도 생각해본다면 좀 더 논리적인 마인드맵을 작성할 수가 있다.

- 왜 이것을 생각하는지?
- 목적과 적합한지?
- 객관적 시각을 가지고 바라보는지?
- 명확하게 구체화하고 있는지?

3) 전체사고

전체사고란 집합개념에서 온 것이다. 각 집합의 요소들을 통합하여 전체를 망라 하되 중복된 요소는 배제하는 개념의 사고이다. 즉 모든 사실과 정보를 중복없이 열거하는 것이다. 영어 약어로는 MECE사고법이라 부르기로 한다.(mutually exclusive and collectively exhaustive을 줄인 단어로 중복 없이 전체를 망라한다는 뜻이다.)

가. 전체사고의 사례

요점은 모든 요소를 중복 없이 열거하는데 있다.

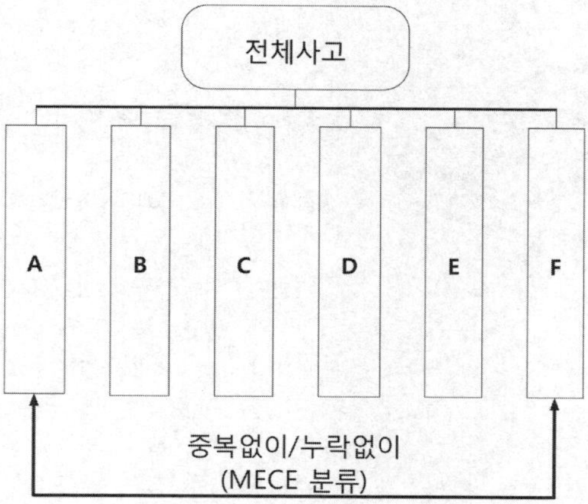

다음 마인드맵은 고등교육제도 중 학제와 유형에 따라 정리한 것이다. 모든 학제 혹은 유형의 학교가 포함된 것에 주목한다. 초등학교, 중학교, 고등학교는 고등 교육의 범주가 아니므로 세부 가지가 없다.

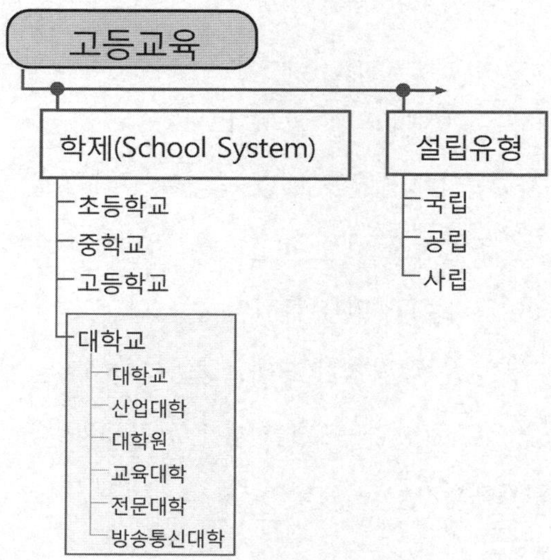

다음 마인드맵은 자동차의 배기량을 기준으로 정리한 것이다.

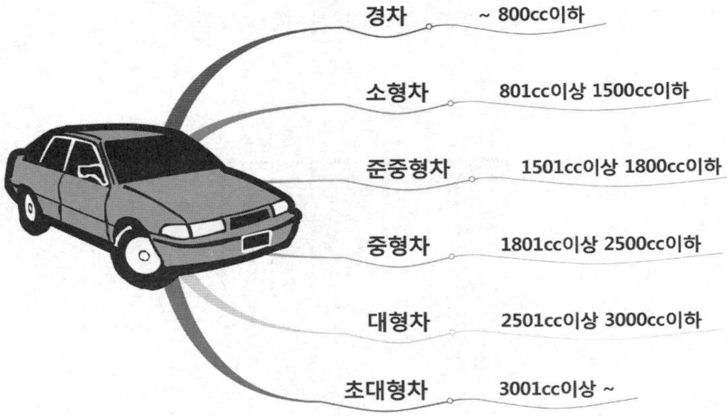

나. MECE 사고법

MECE 사고법이 중요한 이유는 분류하는 질문의 기준에 따라 상황에 대해 전혀 다른 접근을 시도할 수 있다는데 있다. 현 상황을 분석하기 위해서는 가용할 수 있는 정보에 대해 적절한 분류가 필요하다. 특히 프로젝트를 본격적으로 시작하기 전 업무를 세부적으로 나눌 때 이 사고법이 필요하다. 토끼몰이에 비유하자면 토끼를 몰아가는 방향과 각도를 어떻게 두느냐를 논의하는 과정이라 할 수 있다

MECE 사고법의 장점은 이것만 제대로 구사할 줄 알아도 논리적인 업무전개에 많은 도움이 된다는 것을 들 수 있다. 넘치는 정보 속에서도 동요되는 일 없이 착실하게 일을 추진할 수 있다.

MECE 사고법은 합집합의 형태로 표현가능하다. 예를 들면 고객들이 주요 정보를 어디에서 얻는지 출처를 알고자 100명의 고객에게 설문조사를 했다고 가정해보자.

질문 – 당신은 주로 무엇을 통해 정보를 얻습니까?

답변 – 85명 인터넷, 75명 신문, 70명 인터넷과 신문 모두

이를 그림으로 표현하면 아래와 같다.

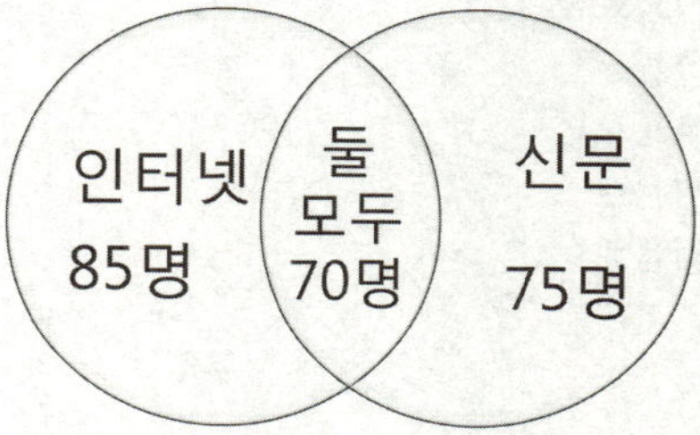

여기서 중복된 사람을 제외하면 순수하게 설문조사에 응한 사람은 90명으로 집계된다. MECE 사고법에 따르면 전체를 망라해야 하므로 나머지 10명에 대해서도 확인하여 조사를 해본 결과 기타 답변에서 5명이 TV, 5명은 책이라고 대답하였다.

이런 식으로 전체를 중복 없이 모두 망라하여 보여주는 것이 마인드맵의 기본 분류방식인 MECE 사고법이다. MECE 분류법에 따라 전체 분야를 모두 망라한 사례이다. 차지하는 비율에 따라 부채꼴의 크기도 달라지는 것에 주목한다.

연습문제1

음료시장 카테고리 별 분류를 MECE 사고법에 따라 구분 해보시오.

(콜라, 이온음료, 사이다, 전통음료, 과일음료, 야채음료, 생수, 주류 등등)

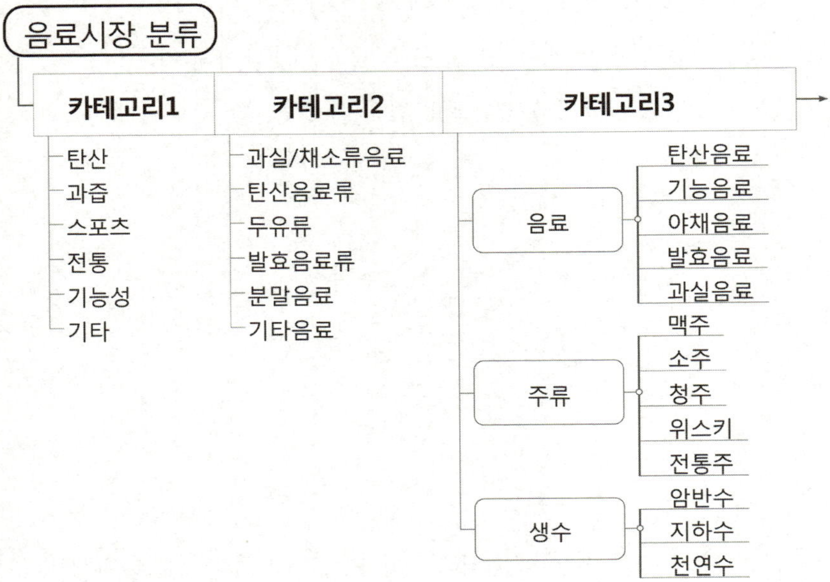

[해설]

음료시장을 어떻게 분류하느냐에 따라 전혀 다른 형태의 마인드맵이 나온다. 경쟁업체 분석이나 시장점유율을 산출할 때에도 분류기준에 따라 엉뚱한 분석을 하게 될 수도 있으므로 적절한 분류기준을 세우는 것이 중요하다.

카테고리1은 음료시장 전체를 망라하지 못했고, 특히 가장 중요한 음료시장인 주류(酒類)를 간과하였다.

카테고리2는 특정화된 분류 방식은 좋으나, 이런 방식은 전체를 망라하는 과정에서 너무 많은 열거가 필요하므로 오히려 전체를 파악하는데 방해가 되기 쉽다.

카테고리3은 음료 / 주류 / 생수라는 비교적 크면서 적절한 분류를 두었기에 세부 음료에 대한 분류가 쉽게 망라될 수 있다.

이처럼 적절한 기준을 통해 분류하게 되면 전체 시장을 파악하는데 좋은 밑그림 구실을 하게 된다. 아울러 음료시장에 대한 분석과 기획이 적절하게 맞물려 효과적인 전략을 수립하는데도 도움이 된다.

[응용사례]

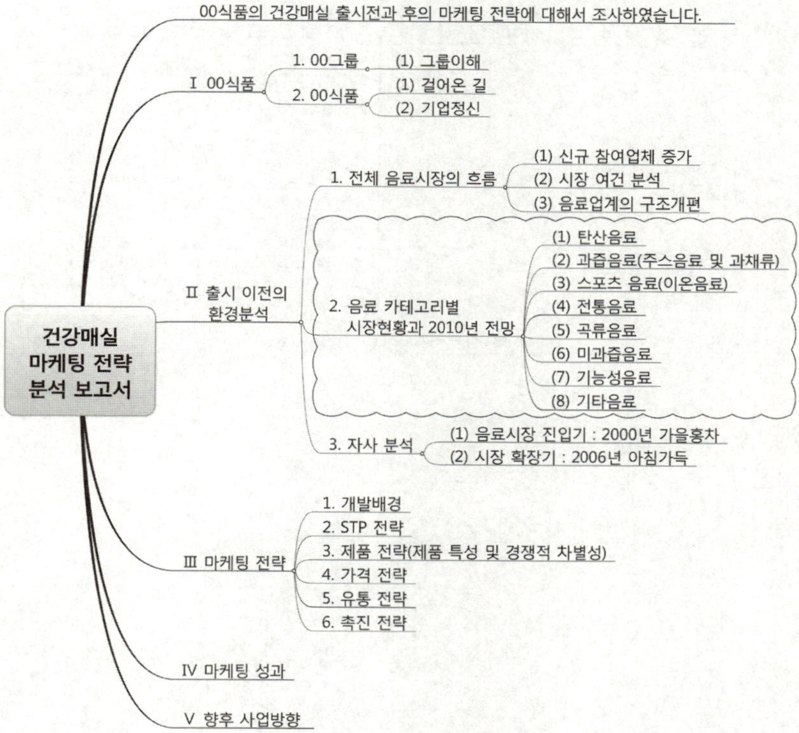

위 마인드맵은 마케팅 전략에 활용된 MECE사고법의 사례이다. 위의 음료수 분류법에 관한 내용 중 일부가 이 분석 보고서에 활용된 것을 확인할 수 있다.

연습문제2

다음 마인드맵은 개봉한 영화관의 서비스에 대해 설문조사한 내용을 일차적으로 정리한 것이다. 분류 기준 없이 단순히 설문 내용을 나열만 하였을 뿐이기에 문제 해결에는 좀처럼 도움이 되지 않는다.

이 자료를 MECE 사고법에 따라 분류해 보시오.

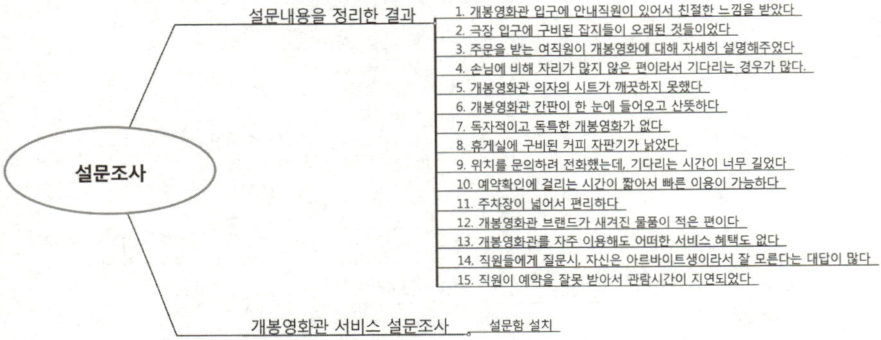

[해설]

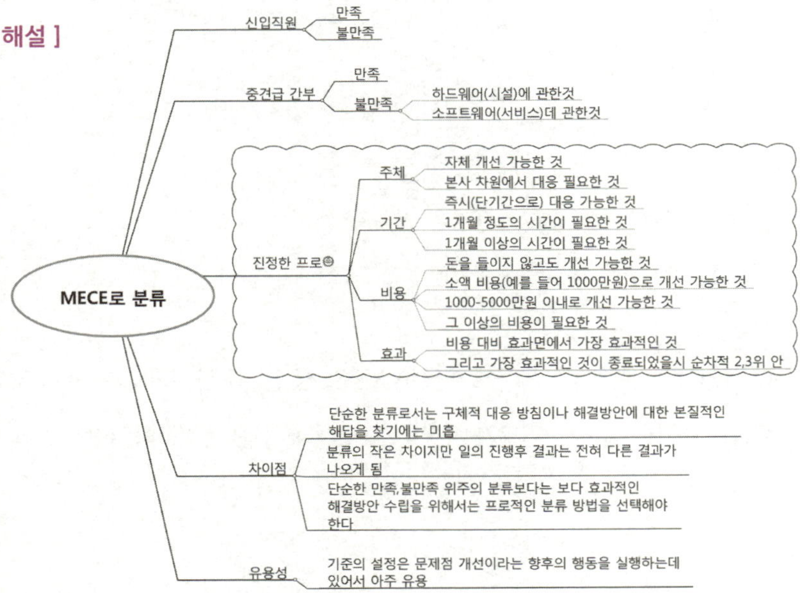

작은 차이인 듯하지만 분류기준을 어떻게 두느냐에 따라 향후 일의 진행 경과가 완전히 달라질 수 있다. 단순히 만족이나 불만족 등의 기준으로 분류하기보다는 실제 해결방안 수립에 도움이 되는 방향으로 기준으로 분류하는 것이 필요하다. 기준을 제대로 설정한다면 향후 행동을 결정하고 실행하는데 많은 도움이 된다.

다. MECE사고법을 통한 파일 폴더의 정리

컴퓨터는 중요한 업무처리 도구임에는 틀림없지만, 그 속을 들여다보면 많은 양의 파일들이 여기저기 흩어진 채 정리되지 않은 경우가 매우 흔하다. 귀중한 시간과 노력을 들인 결과물을 단번에 찾지 못하는 경우가 잦다 보면 일처리에도 장애가 될 수밖에 없다.

따라서 컴퓨터 내의 내문서 폴더는 MECE사고법에 따라 체계적인 분류기준을 두어 정기적으로 정리해두는 것이 업무효율성 제고에도 도움이 된다.

다음은 MECE 사고법에 따라 정리한 파일 폴더의 사례이다. 업무 유형과 자료의 성질에 따라 효율적으로 구분한 것을 확인할 수 있다.

ㄱ. 프레임(Frame) 사고법 사례

여기서 말하는 프레임이란 기존에 만들어진 분류 틀을 말한다.

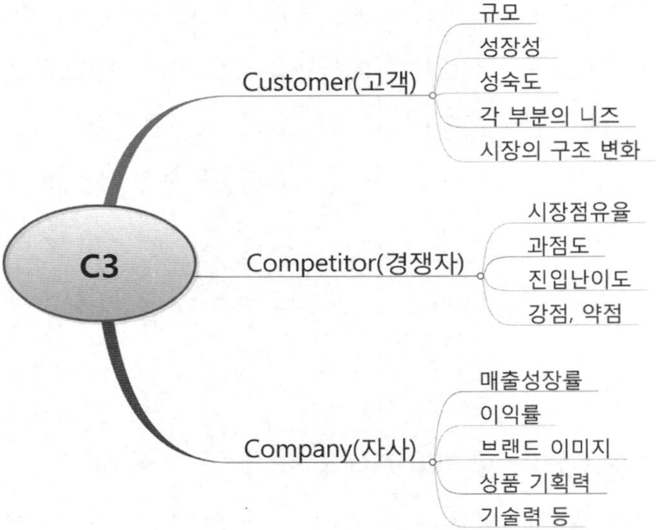

마케팅에서 3C는 경쟁 전략을 세우는 과정에서 가장 많이 활용되는 프레임 전략 중 하나이다 곧 고객, 경쟁자, 자사의 세 가지 요소 전체를 망라한 상태에서 전략을 세우는 것이다.

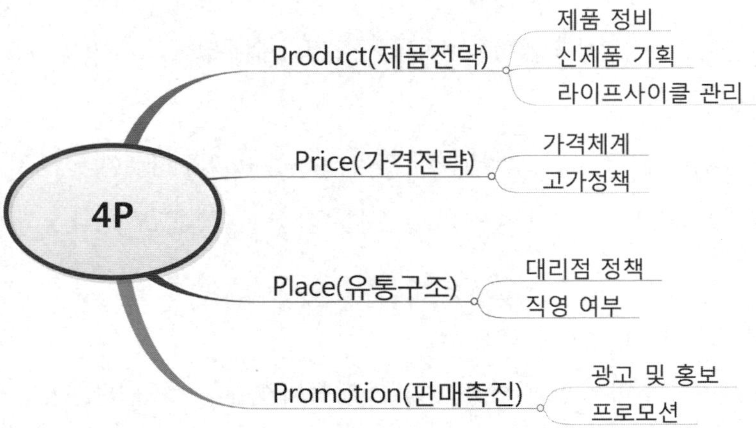

4P는 마케팅믹스 전략을 세울 때 가장 중요한 4가지 요소를 말한다.

ㄴ. 기타 사례

MECE 분류법에 따라 트럼프 카드가 모두 망라된 것을 확인할 수 있다.

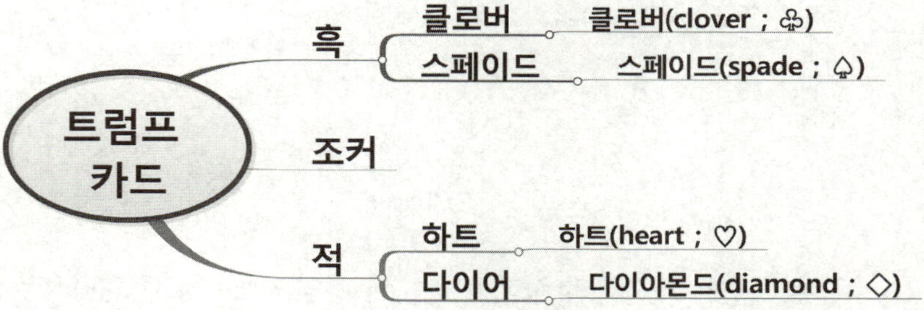

경기 형태에 따라 스포츠 종류가 모두 분류된 것을 확인할 수 있다.

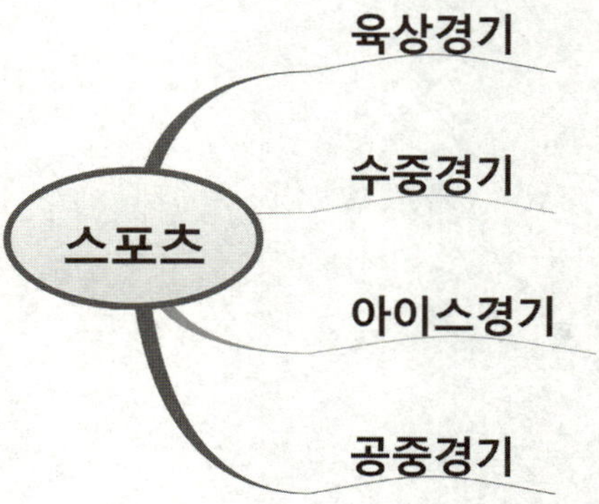

3가지 기준(요리 양식, 조리법, 상태)에 따라 음식점 메뉴가 분류된 것을 확인할 수 있다.

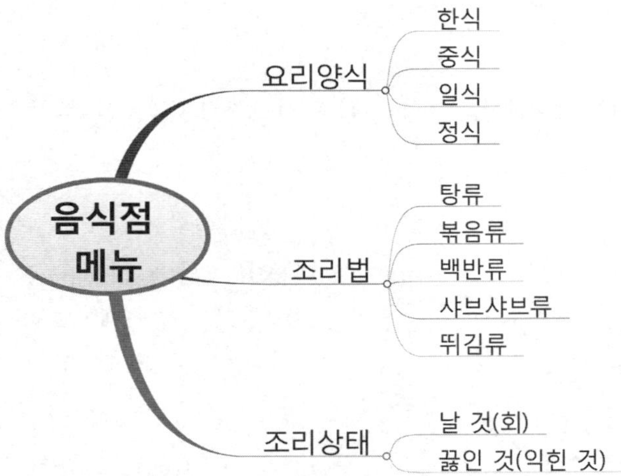

앞에서 전체적 사고의 사례로 제시된 마인드맵에 실제 해당하는 자동차를 기입한 것이다.

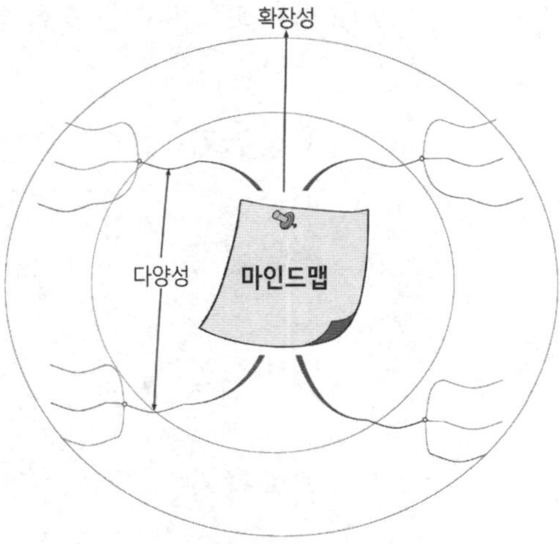

논리사고와 전체사고의 차이를 비교한 그림

논리사고는 수직적 사고로 확장성을 확보하는데 초점을 둔다. 상위 가지에서 하위가지로 뻗어나가면서 사고의 영역이 확장되는 것이다.
전체사고는 수평적 사고로 다양성을 확보하는데 초점을 둔다. 같은 수준의 가지끼리 대등한 관계로 모든 정보를 빠짐없이 망라하는데 의의를 둔다.
마인드맵은 사고의 증폭을 가능하게 하는 훌륭한 도구이다.

4_ 바람직한 사고를 위한 자세

마인드맵을 배우는데 있어 가장 필요한 것은 책을 통해 눈으로 익히는 데만 그치지 말고, 생각이 날 때마다 바로 그려보는 적극적인 자세이다. 머리가 복잡한 경우든, 상황이 아주 어려워진 경우든, 미래가 불확실해진 경우를 불문하고, 일단 마인드맵을 그려보는 것이다.

자신이 처한 문제를 앞에서 언급한 3가지 사고법에 의해 마인드맵으로 그려본 후 결론에 따라 해결방법을 실천해 보는 것이 마인드맵을 익히는 가장 빠른 지름길이라 할 수 있다.

마인드맵 작성은 기술적인 부분보다 태도와 사고방식에 많은 비중을 둔다. 마인드맵은 논리로 시작하여 창의로 열매를 맺는 사고 도구이다. 열린 사고, 창의적 사고를 위해 '3C 사고'에 입각하여 마인드맵을 작성한 후 다음의 정리 원칙에 따라 마무리를 짓도록 한다.

1) 3C 사고

Change(변화), Challenge(도전), Creativity(창의) 이 셋을 통틀어 3C 사고법이라 한다.

- Change(변화) : 기존의 노트 정리식 필기법에서 새로운 필기법으로 변화를 시도하는 것이다. 그 변화를 쉽게 가져오기 위해서 모방하는 습관부터 들이는 것도 좋다. 마인드맵의 실제 사례를 보고 모방을 계속하다보면 어느새 자신의 마인드맵 작성 실력이 향상된 것을 확인하게 될 것이다.
- Challenge(도전) : 과감하게 뛰어드는 용기로써 마인드맵을 대해야 한다. 오랫동안 고착화된 노트 정리식 필기법에서 벗어나야 할 때이다.

• Creativity(창의) : 이렇게 변화하고 도전하는 세계가 곧 나의 창의성으로 이어짐을 인지하는 것이다.

2) 정리 원칙

• 마감 : 마감 시한을 못 박는 것이다.

• 마무리 : 일단 작성한 내용은 반드시 마무리를 짓도록 하는 것이다. 다듬고 또 다듬어 가는 과정을 통해 아이디어 간에 새로운 결합이 이뤄지도록 유도하는 것이다.

• 매듭 : 반드시 활용 가능한 형태로 매듭을 짓는 것이다. 그 형태는 이동 가능한 형태가 될 수도 있고, 플래너 형식이 될 수도 있고, 디지털 문서의 형태가 될 수도 있다. 혹은 낱개의 마인드맵으로 나누어서 활용할 수도 있다.

제10장

창의적 문제해결

1_ 고달픈 직장인

1) 직장인들의 고질적인 문제들

현대 직장인들은 여러 가지 문제들을 안고 있다. 그 중 몇 가지를 들어보면 다음과 같다.

1. 일 미루기 : 해야 할 일은 많은데, 주어진 시간은 부족하다. 이리저리 시간을 소비하다보면 마감까지 일이 미뤄지는 것은 다반사다.

2. 계획의 부재 : 구체적인 일정과 계획 없이 일단 닥치는 대로 일에 추진하는 습성 탓에 일처리에 체계가 없다.

3. 추진력 부족 : 설령 계획을 세워놓고도 실천력 부족으로 계획이 횡보상태에 놓이는 경우가 많다. 결국 프로젝트 관리 능력 부재로 이어진다.

4. 감당할 수 없는 정보 : 너무도 많은 정보의 늪 속에서 무엇을 취사선택해야 할지 갈피를 못 잡는 경우가 많다.

5. 운동 부족 : 불규칙한 시간 활용에다 심적 여유가 부족한 상황이다 보니 자연 운동도 게을리 하게 된다. 나이가 들수록 병에 대한 면역력도 떨어지게 된다.

6. 회의에 대한 불만 : 회의를 위한 회의를 진행하는 경우가 흔하다. 회의 준비를 하는 사람도, 회의에 참가하는 사람도 태도에 느슨함이 많다.

그렇다면 이와 같은 문제들은 왜 발생하게 되는가?

그것은 문제의 올바른 인식과 구체화가 되지 않았다는데서 발생한다. 쉽게 말해 문제의 정체에 대해 똑바로 알고 있지 못하다는 것이다. 문제에 대한 정확한 인식이 동반되지 않으면, 결과적으로 문제로 인해 심리적 압박을 받게 되고, 결국문제의 부정적인 면만 보게 되는 것이다.

문제를 구체화시키지 못한다면 문제의 실체를 막연하게 받아들이게 되므로 문제의 본질을 놓치게 될 수 있다.

이 장에서는 문제의 올바른 인식 방법과 구체화 방법에 대해 다룰 것이다.

2) 어떻게 해결할 것인가?

결국 관건은 올바른 문제 인식에 있다. 문제를 바르게 인식하지 않고 있기에 심리적 압박과 부정적인 심리가 따르게 되는 것이다.

문제를 접하는 초기에 어떻게 인식하고 대처하느냐에 따라 문제 해결 방향은 결정적으로 달라진다. 문제를 대하는 태도와 자세에 따라 심리적 압박감을 뛰어넘어 창의적인 문제해결을 꾀할 수도 있는 것이다.

사실 문제 자체가 나쁜 것이라기보다는 문제에 대한 부정적인 인식과 이에 대한 해결 의지가 소극적인 것이 나쁘다. 진정 변화와 성장을 꿈꾼다면, 문제를 그저 나쁜 것으로 간주하기 보다는 변화를 위한 기회로 생각하는 인식의 변화가 가장 먼저 선행되어야 한다.

따라서 문제를 정리하고 구체화하는 과정을 거친다면 문제에 대한 자신감을 불러올 수 있다. 이런 과정에는 마인드맵 기법이 탁월하다.

일단 문제가 발생한 즉시 마인드맵을 그리는 것이다. 생각나는 대로, 마음 가는 대로 거침없이 그린다. 이렇게 이미지 형태로 표현하면서 생각하는 것은 자신의 문제를 파악하는 방법 중 가장 쉬운 것이다.

마인드맵은 논리적 사고를 통해 합리적 문제 해결을 유도하는 동시에, 우뇌를 자극하여 생각지도 못한 기발한 아이디어를 떠오르게 한다. 이는 문제 해결에 크게 보탬이 된다.

2_ 문제 해결 과정

그렇다면 실생활에서 문제는 어떻게 해결되지는 살펴보자. 이를 표현하면 다음과 같다.

문제 파악　대안(과제)　대안 평가　계획 수립　계획 실행　사후 관리

첫 번째 단계는 우선 주어진 문제로 어떤 것이 있는지 확인하는 것이다. 여기에는 문제 해결을 위해 해야 할 과제에 대해서도 다룬다.

두 번째 단계는 문제를 파악한 후 세울 수 있는 과제에 대해 논의하는 것이다. 가능한 모든 대안을 검토하되, 실현 가능한 것들 위주로 정리를 한다.

세 번째 단계는 각각의 대안에 대해 평가를 하는 것이다. 상황에 맞는 평가 기준을 세운 후 최적의 대안을 선택하게 된다.

네 번째 단계는 선택한 대안에 따라 구체적인 계획을 수립하는 단계이다. 여기서는 대안을 구체화하는데 초점을 두는데, 이 과정에서 실천할 수 있는 아이디어나, 실천 일정, 자원의 분배 등을 다루게 된다.

다섯 번째 단계는 계획의 실행이다. 우선순위와 중요도에 따라 어떤 계획을 순차적으로 진행할 것인지 살핀 후 계획을 실행하게 된다.

여섯 번째 단계는 진행되고 있는 계획이 잘 진행되고 있는지 지속적으로 살피면서, 혹 보완할 사항이 생기면 그때마다 대처하는 과정에 해당한다.

이 일련의 과정을 마인드맵으로 처리한다면 다음과 같다. 각 단계에 대해서는 곧 이어 상세히 다룰 것이다.

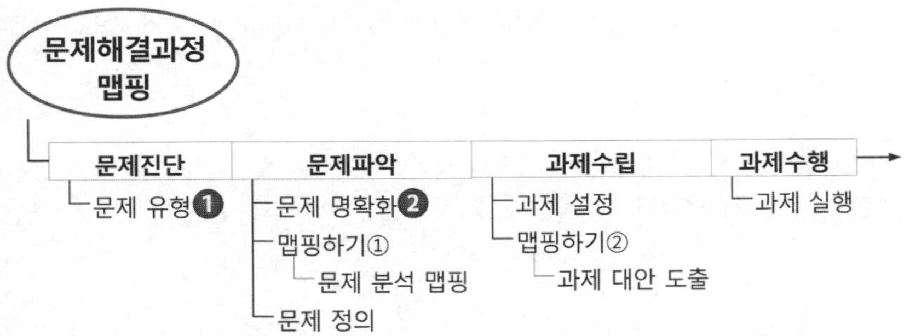

3_ 3단계 맵핑 정리 기술

3단계를 마인드 맵핑 과정을 통해 문제 인식 및 해결을 돕는 정리기술이다. 감잡기, 맵핑하기, 매듭짓기의 3단계로 나뉜다.

- 감잡기(感) : 감잡기는 정확한 사실과 정보에 대해 감을 잡는 단계이다. 곧 문제 인식과정에 해당한다. 정확한 사실과 정보를 수집하고 이해하는 것은 문제 해결과정에서 가장 중요한 활동이다.
- 맵핑하기(想) : 감(感)을 통해서 취합된 정보들을 바탕으로 문제의 원인과 과제의 해결을 위해 자유롭게 맵핑(mapping)해 보는 단계이다.
- 매듭짓기(實) : 결실을 맺는 작업으로 평가기준 설정, 대안의 평가 및 선택, 추진 전략 확정 문제 해결 과정을 세우는 단계이다.

1) 감잡기

우선 문제를 정확히 이해한 다음, 되도록 명확하고 간결하게 정리하도록 한다. 문제에 대한 정확한 이해가 목적이므로, 너무 완벽히 문제를 분석하려 들 필요는 없다. 본격적으로 문제 해결 마인드맵을 그리기 전의 워밍업 단계라 할 수 있다. 이 과정이 잘 이루어진다면 문제해결의 절반이 이루어졌다고 볼 수 있다.

가. 문제 내용 정리

육하원칙, 즉 '누가·언제·어디서·무엇을·어떻게·왜'라는 질문에 대해 답을 달면서 문제의 내용을 정리해 보도록 한다.

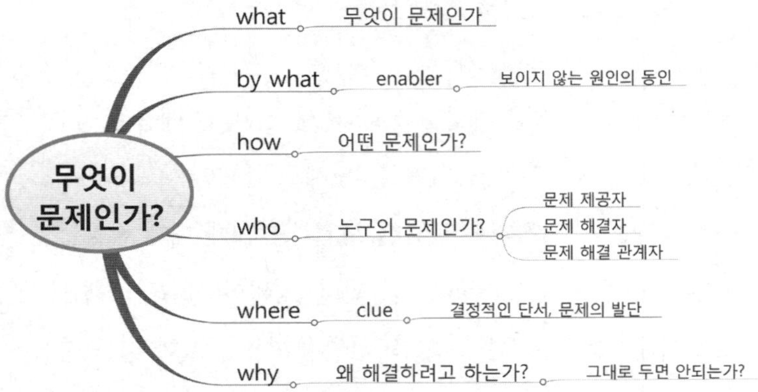

문제의 결과에 대해서 부정보다는 긍정, 수용하는 자세를 가질수록 문제 해결에 도움이 된다.

나. 문제 진단

문제의 진단은 중요한 과정으로, 잘못된 진단을 하게 되면 문제 해결을 지연시키게 된다.

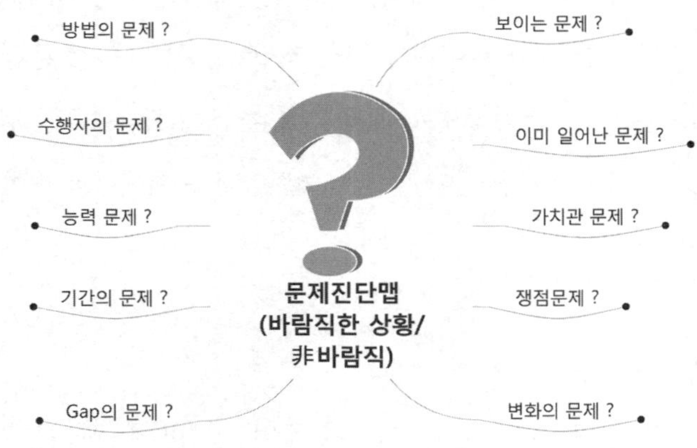

위의 문제 진단 맵은 바람직한 상황과 바람직하지 못한 상황의 비교

를 통해 문제를 진단하는 것이다. 이 마인드맵을 통해 문제의 성격을 보다 객관적으로 볼 수 있게 된다.

문제 내용에 대한 정리가 끝나면 마인드맵을 통해 실제로 문제를 진단해 보도록 한다. 생각나는 대로 자유롭게 쟁점이 될 수 있는 문제들을 마인드맵으로 표시해 본다.

그런 다음 비교가 될 수 있는 부분부터 추가로 마인드맵을 그려나간다. 가급적 간단명료하게 그린다.

아래 마인드맵에서는 수행자의 실수와 고의성, 능력의 범위, 방법상의 비교, 드러난 문제와 그렇지 않은 문제 등이 서로 비교 대상이 되었다.

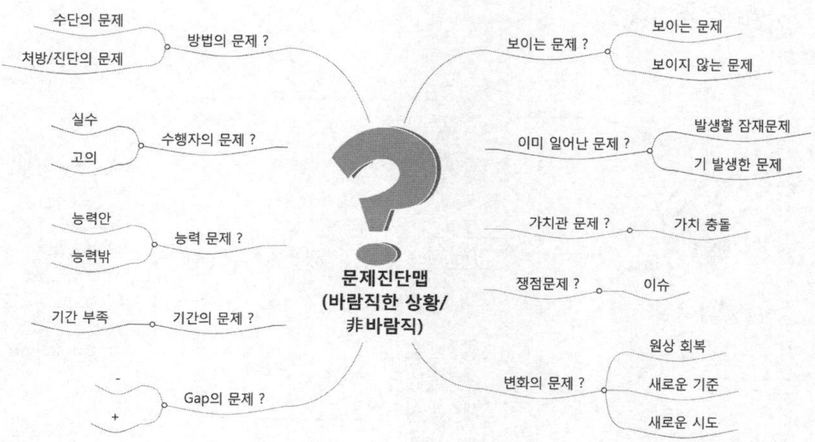

위 유형의 마인드맵 외에도 다음의 마인드맵처럼 문제해결 유형에 따라 문제를 진단할 수도 있다. 문제유형을 알게 되면 보다 쉽게 문제에 대해 접근할 수 있다.

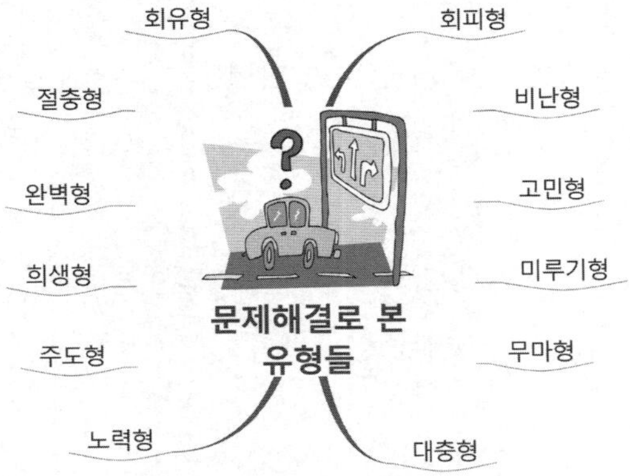

문제 진단 유형에 사례를 추가시켜볼 수도 있다. 아래의 마인드맵은 문제의 본질을 가치, 기준, 변화의 측면에서 살펴본 다음, 사례 유형을 추가시켜 본 것이다.

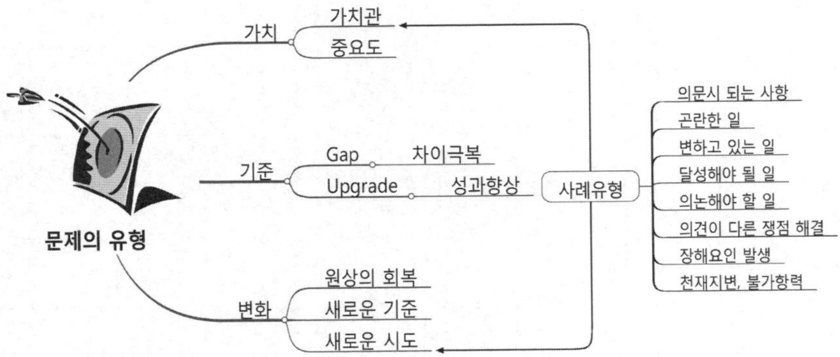

어느 정도 '감잡기'가 이뤄지고 나면 다음 단계인 '맵핑하기' 단계로 넘어간다.

2) 맵핑하기

문제가 생기면 일단 5분만 시간을 투자해보자. 문제를 무거워진 머릿속에 억지로 집어넣지 말고 종이 위에 내려서 펼쳐 보이는 것이다.

핵심은 복잡해진 생각을 마인드맵 그리기를 통해 정리하고 안착시킨다. 즉 마인드맵을 그리는 것과 생각하는 것을 동시에 진행하는 것이다.

이 때 글로 쓰는 것과 떠오른 이미지를 그리는 것을 별도로 구분하기 보다는 그저 펜이 가는 대로 두는 편이 좋다. 즉 무의식에 맡기는 것인데, 그 과정에서 생각지도 못한 창의적인 아이디어가 떠오르기도 한다.

이렇게 종이 위에서 궁리하고 또 궁리하는 것을 반복하는 사이 마인드맵은 그려진다.

가. 문제 원인 파악하기

문제 원인 분석을 위한 마인드맵으로, 끊임없이 이유를 묻는 과정을 통해 원인을 찾게 된다.

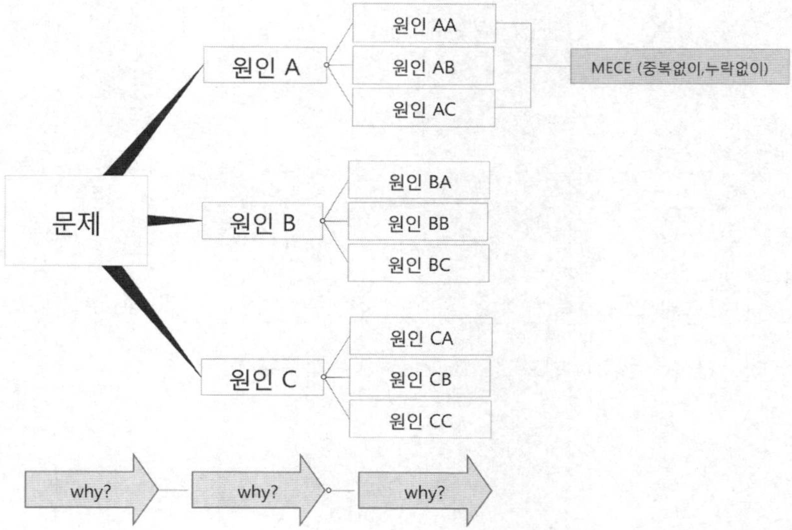

앞의 '감잡기' 단계에서 문제 유형 진단을 마치고 나면 거기에 이어서 생각나는 대로 계속하여 마인드맵을 그려본다. 이 때 가능한 모든 요소들을 빠짐없이(MECE 원칙) 열거하는 것이 중요하다.

이렇게 계속하여 마인드맵을 그려나가다 보면 근본적인 원인이라 생각되는 부분을 발견할 수가 있다. 이때에는 다른 가지와 뚜렷이 구별되도록 색칠 등을 하여 눈에 잘 띄도록 표시한다.

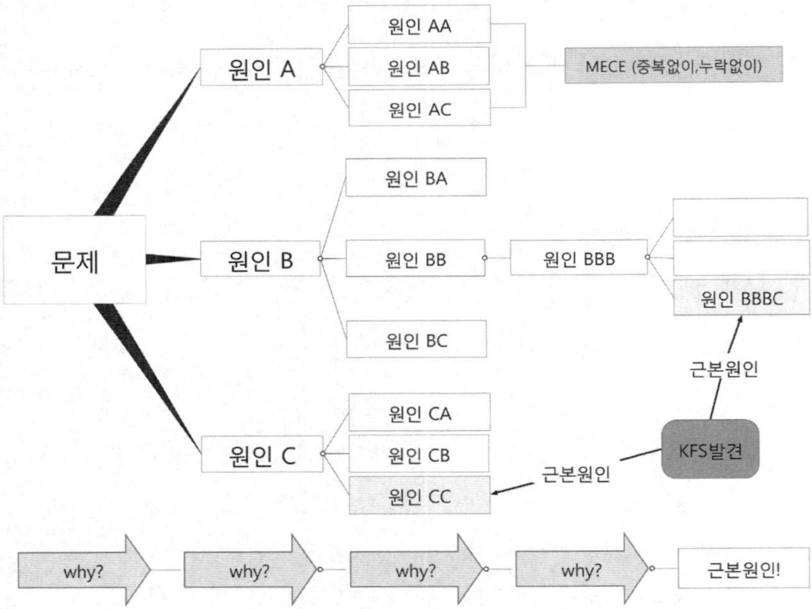

모든 문제에는 반드시 근본 원인이 있다는 생각으로, 근본 원인을 발견할 때까지 쉼 없이 마인드맵 그리기를 계속하도록 한다.

나. 해결 방법 파악하기

대안 찾기를 목적으로 하는 마인드맵으로 주어진 사안에 대해 취할 수 있는 모든 대안을 열거해 나간다. 그 중 궁극적인 처방이 될 수 있는 대안이 나타나면 다른 가지와 구별이 되도록 표시한다.

나머지는 앞의 문제 원인 파악하기의 마인드맵을 그리는 요령과 같다.

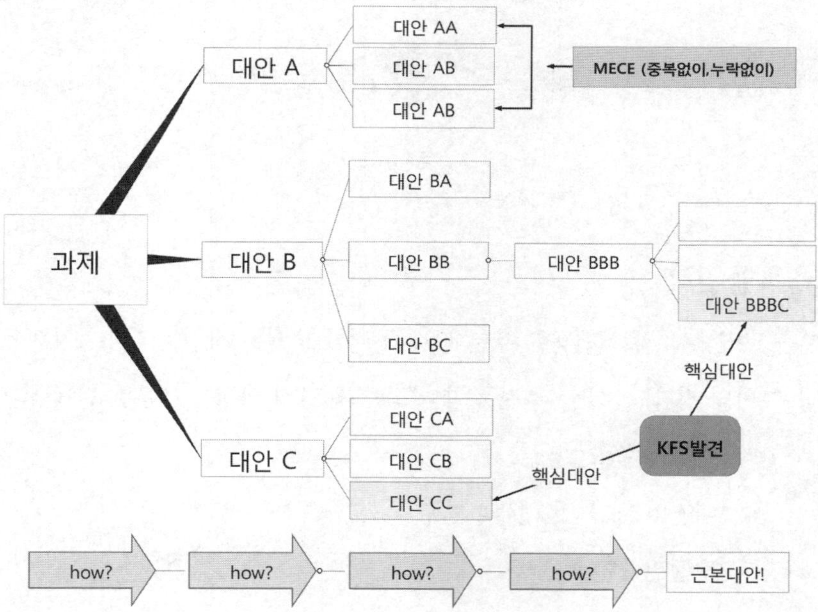

다. 이중 맵핑(Twin Mapping)

종래의 마인드맵이 문제 또는 과제 별로 별개의 맵으로 나누어 정리하는 방식이었다면, 이중 맵핑은 문제와 과제를 동시에 맵핑하면서 한 페이지로 정리하는 마인드맵 방식이다. 즉 마인드맵을 문제와 과제를 한 번에 접근할 수 있는 형태로 구성하는 것이다.

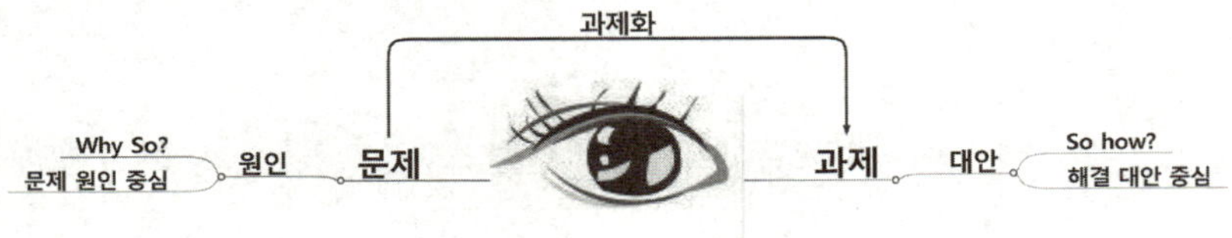

문제/ 과제

3) 매듭짓기

매듭짓기는 감 잡고 맵핑한 부분에 대해 결실을 맺는 작업으로 평가기준 설정, 대안의 평가 및 선택, 추진 전략 확정 문제 해결 과정을 세우는 단계이다.

가. 평가기준의 설정

나. 대안의 평가 및 선택

다. 추진전략의 확정

라. 문제해결 추진 등의 과정을 거친다.

4_마인드맵 Tips

우리의 두뇌는 우리에게 활짝 열려 있는 미개척의 광활한 대지와 같다.

21세기 지식강국의 길은 어쩌면 두뇌강국에서 출발할 것이다. 각자 자신만이 가지고 있는 진정한 창의성과 자발성을 스스로 길러낼 수 있을 때 비로서 그 길은 열릴 것이라 확신한다. 빠르게 지식 정보 사회로 접어들면서 우리는 단순한 기억력 위주의 학습 내용이 아니라 창의적인 생각과 사고, 논리적이고 통합적인 사고 능력을 길러야 한다.

두뇌 이론에 기초한 마인드맵은 이러한 시대적 상황에 적합한 학습 기법으로 훌륭한 교육적 효과를 지니고 있다. 기업 등을 바탕으로 빠르게 그 실증적 효과를 토대로 도입되고 있는 가운데 우리 교육 현실에도 이에 대한 전향적인 도입과 활용이 요구된다고 하겠다.

21세기 선진조국의 건설은 지식강국, 곧 두뇌강국에서 출발됨을 강조하면서 보다 많은 이들의 적극적인 참여와 참신한 아이디어의 도입으로 더욱 발전된 마인드맵을 각자가 다양하게 접하고 활용할 수 있는 교육현장이 되길 기대해 본다.

마인드맵의 활용 방안과 관련하여 제1부에서 학습한 생각의 씨앗 뿌리기 내용에 따라 창의적으로 사고하는 습관을 기르고 주변에 널려 있는 발명품들을 유심히 살펴보자. 개별 발명의 기술 진화 과정 속에서 발명의 원리를 연구해 보고 찾아낸 발명의 원리를 유추하여 미래의 발명품을 고안해 보자. 연구 대상의 발명문제의 해결을 위해 필요한 정보와 지식을 수집해서 스스로 찾아낸 발명의 원리에 대입해 보자.

이러한 과정에서 혼란스럽게 널브러진 생각들을 마인드맵을 통해 체계적으로 정리한 후 뇌의 창조적 사고체계에서 작동되도록 하자.

"같은 일을 반복하면서 다른 결과를
얻기 기대하는 것은 바보스러운 일이다."
"우리가 직면하는 중요한 문제들은
그것이 만들어졌을 때와
똑 같은 사고방식으로는 해결되지 않는다."
"지식보다 중요한 것은 상상력이다."

알버트 아인슈타인

triz

제3부

생각의 매듭 풀기

제11장

TRIZ의 원리와 핵심

90년대 말부터 발명 아이디어의 발굴 및 지원 사업을 하던 필자는 13여년 전 우연히 Genrich Altshuller의 창의적 문제해결 방법론(Theory of Solving Technical Problem) TRIZ에 접하고 그 필요성을 공감하여 회사 주최로 전문가를 초빙해서 트리즈 공개세미나를 지원한 적이 있었다. 그러나 정작 필자 본인은 어설프게 접한 트리즈에 등장하는 구태의연한 몇몇 설명에 대한 좋지 않은 선입관과 자신이 구상 중이던 독자적 발명의 원리 개발에 영향을 미칠까 염려되어 책만 구매해 놓고 읽지 않고 오랫동안 서가에 꽂아 두었었다.

그렇게 시간이 흘러 직접 작성 중이던 발명의 원리 저술은 목차와 일부 내용만을 작성한 상태로 답보 상태에 있었는데 우연히 트리즈 전문가의 주선으로 모 금융회사 연수원에서 나만의 발명원리와 트리즈를 결합한 강의를 할 기회를 갖게 되었다. "대기시간과 마케팅의 모순"이라는 동일 테마로 4인의 강사가 각자가 강의해온 발명원리와 마인드맵, 액션런닝과 트리즈를 결합한 통섭 개념의 강의를 4팀으로 나누어 강의하기로 한 것이다. 강의 자료 준비를 위해 열심히 트리즈 서적을 탐독하면서 필자는 비로소 알트슐러가 올바른 사고와 시도로 세상에 유익한 발명의 원리를 남기기 위해 숭고한 노력을 기울인 사실을 알게 되었다.

본 저술에 트리즈가 포함된 것도 기획 단계에서 필자의 발명원리와 마인드맵, 트리즈라는 3인3색의 통섭된 발명의 문제해결 저술을 하기로 한 까닭이었다. 그러나 진행단계에서 트리즈 전문가가 빠지면서 트리즈 전문가가 아닌 발명가로서의 필자 주관에 따라 바라본 트리즈의 요약 설명과 비평을 하게 되었다. 이러한 시도는 필자가 제안하는 발명 및 창의적 사고원리의 범주 내에서 합리적 사고로 진행되는 것이며 트리즈에 대한 폄하나 일방적인 부정을 하는 것이 아님을 명백히 밝혀두는 바이다. 또한 어설프나마 트리즈의 광범위한 이론을 가능한 짧게 핵심만 요약 정리하여 초심자의 이해를 돕고자 하는 시도를 한 것이기도 하다.

1_ TRIZ의 탄생과 원리

미래는 발명가의 시대이다. 발명가가 되자. 만약에 지금 인류를 위해 할 수 있는 모험을 찾고 있는 이들이 있다면 발명가가 될 것을 권유하고 싶다. 기술적인 독창성의 세계 속에는 여생을 다 보내고도 남을 정도로 많은 매력적인 모험이 기다리고 있다. 발명이라는 분야에 뛰어들기 위해서는 일찍부터 준비를 해야 하며 스포츠와 마찬가지로 빠르면 빠를수록 좋다. 따라서 지금 바로 시작하는 것이 좋다.

발명은 인간의 가장 오래된 활동이며 인류의 역사는 발명의 역사와 함께 시작하였다. 엄격히 말하면 우리 조상들의 인간화는 도구의 발명과 함께 시작했다고 할 수 있다. 그때부터 인류가 얼마나 많은 발명을 했는지는 따지는 것은 불가능하다. 우리 주변에 있는 모든 것들이 발명의 소산이라 할 수 있기 때문이다.

그러나 역사 이래로 수많은 발명이 이루어지고 발명의 문제가 더욱 복잡해졌는데도 그 해결 방법에 있어서 거의 개선이 없이 대부분의 발명가들이 아직껏 시행착오에 의한 방법으로 발명의 문제를 해결해왔다는 사실은 놀라운 일이다. 아직 발명가라는 직업은 존재하지 않는다. 단지 엔지니어가 일을 하다가 우연히 발명하게 될 뿐이다. 이 말에 동의하지 않는 사람들은 "그럼 에디슨은 뭐요? 그는 1천 건이 넘는 특허를 출원했는데!"라고 말할 것이나 에디슨의 발명은 주로 시행착오법으로 이루어졌을 뿐이다.

창의적인 문제를 해결하는 것으로 생계를 꾸려 가려고 했던 발명가들은 대체적으로 평생 가난을 면치 못했다. 이것은 어쩌면 당연한 일인지도 모른다. 시행착오법으로는 짧은 시간 안에 문제를 해결할 수 있다는 보장이 없기 때문이다. 화가는 언제까지 작업을 끝마쳐야 할지를 알고, 작가는 소설 한 권을 쓰기 위한 시간을 안다.

그러나 시행착오법에 의존하고 있는 발명가는 언제쯤 문제를 해결할 수 있는지 도저히 알 수가 없다. 오늘 끝날 수도 있고, 아니면 평생 해결되지 않을 수도 있다. 이제 발명을 위해서 그와는 다른 방법론이 필요하다. 우리가 필요로 하는 방법론은 기술적인 체계의 발전법칙을 활용한 방법론이다.

인류가 발명의 역사와 함께 했지만 많은 사람들이 창의력이란 타고나는 것이라 후천적으로 학습할 수 없다고 믿고 있어서 기술적 창의력을 가르치는데 비판적이고 무관심하다. 하지만 학생들의 재능 여부와는 상관없이 음악과 미술 시간이 없는 학교가 없는 것처럼 기술적 창의력과 예술적 창의력에 대하여 일관성이 필요하다.

즉, 비기술 분야 뿐만 아니라 기술 분야의 문제를 해결하는 방법인 창의력을 가르치는 학교와 학과목이 필요하다. 이것은 실제적인 문제에 대한 심도 있는 연구에 기초를 둔 이론 체계가 정립되어 있을 때 가능한 일인데 그 이론이 바로 "창의적 문제 해결 방법론"(Theory Of Solving Technical Problem)의 러시아어 약자인 트리즈(TRIZ) 이다.

모든 일에는 그것을 더 훌륭하게, 더 빠르게, 더 쉽게 할 수 있는 나름의 원리와 기술, 비법이 있다. 발명도 마찬가지이다.

알트슐러의 발명 원리 연구

13세의 비교적 어린 나이로 과산화수소수에서 산소를 분리해내는 발명을 해냈던 알트슐러는 1946년 해군에 입대하여 특허부서에 근무하게 되었다. 특허와 관련된 기술 문제 해결을 도와주던 중 일련의 발명문제가 그 형태는 다르지만 결국 같은 문제 해결책으로 해결된다는 사실을 우연히 알게 되어 모든 발명에는 어떠한 원리가 있지 않을까 의구심을 갖는다.

그는 '발명하고자 하는 모든 기술자들을 도울 수 있는 이론이 존재한다. 이 이론은 매우 귀중한 결과를 낳을 수 있고 기술세계에 혁명을 일으킬 수 있다."라는 생각아래 "나만 발명하면 그만이 아니라 발명을 원하는 사람들을 돕는 일도 내겐 중요했다. 만일 발명을 위한 방법론이 존재하지 않는다면, 누군가 그 방법론을 개발해야만 한다"라는 의지와 각오를 갖고 발명의 원리 연구에 임했다.

종전의 발명에 대한 생각은 "발명은 우연한 영감을 통해 탄생한다."는 것이었으나 TRIZ에서는 시행착오법에 의존한 에디슨은 진정한 발명가가 아니라고 본다. 알트슐러는 "발명의 원리를 찾자"는 올바른 인식아래 헌신적인 노력을 기울였으며 애써 개발한 기술원리를 공개하고 공유하는 숭고한 정신을 발휘하였다. 그는 "모든 기술시스템의 진화를 지배하는 객관적인 법칙이 존재한다. 기능을 수행하는 것은 모두 기술시스템에 속한다(하위시스템). 기술시스템은 생물시스템과 같다."라고 하였다.

과학기술은 체계의 과학 기술이며 기술적 체계 속에는 엄격한 종속관계가 있다. 모든 기술적 체계의 위에는 상위체계(supersystem)가 있고, 아래에는 하위체계(subsystem)가 있다. 이와 같은 종속의 고리에 어떤 변화가 생기면 양쪽 모두 이 영향을 받는다. 사람들이 이 원칙을 망각하는 데서 기술적 모순 관계가 생긴다.

어떤 개별적 체계의 개선은 상위체계와 하위 체계에 앞서 우선 자기 자신에게 이익이 된다. 그런 이유로 체계의 다른 부분에 대해 신중히 고려하지 않고 무조건 자기 자신의 개선을 도모하는 경우가 많이 있다. 따라서 자기 체계에 이익이 된다고 무분별한 개선에 나서지 말고 상위체계와 하위 체계도 득이 되는가를 잘 따져 보아야 한다.

모든 체계의 역사는 전체를 만들어 내기 위한 부분의 선택, 부분 장치들의 개선, 동적인 체계로의 전환, 자동 발달하는 체계의 4단계로 나눌 수 있다. 그리고 모든 시기마다 나름대로 해결해야 할 과제와 그 과제를 해결한 방법론이 있다.

기계 구조도 생물체 구조와 유사한 측면이 있어서 상호관계를 가지고 있는 장치들로 구성되어 있다. 기계의 한 부분을 전환하면 다른 부분에 부작용이 생길 수 있는데 어떤 한 장치의 개선이 주변 장치의 성능을 떨어뜨리는 현상을 기술적 모순이라고 한다. 이 기술적 모순 현상을 피하는 것은 발명에 있어서 매우 중요하다.

즉 발명에는 항상 두 가지 조건이 있는데 (1)기계 장치의 성능을 개선하되, (2)그로 인해 주변장치의 성능이 떨어지는 일이 없어야 한다는 것이다.

기술적 모순과 타협하지 않고 모순을 극복하기 위해 사용되는 도구로서 최선 최적의 정형화 도표화된 해결 방법인 40가지의 발명원리를 개발하였고 이는 선택개념으로 실행은 엔지니어의 몫이다. 발명의 40가지 원리와 모순 행렬표는 문제를 저절로 푸는 TRIZ기본도구이며 기본 도구를 활용하면 "아침 햇살에 이슬이 마르듯, 저절로 문제가 풀린다."는 것이다.

기술적 모순 문제를 해결하기 위해 기술시스템이 지닌 특성 39가지와 40가지 발명원리를 결합하여 구성한 모순행렬표를 활용한다. 모든 기술 문제는 동일한 원리로 해결할 수 있다. 해결해야 할 창의적 문제에 기술적 모순 외에 물리적 모순이 존재하면 시간, 공간, 부분과 전체, 조건에 의한 분리를 통해 해결하며 유해한 요소는 서로 상쇄되도록 결합할 수 있다. 그러나 TRIZ가 만들어낸 전형적인 원리(모순행렬표)의 틀에 한정된 문제의 해결 방법이 발명의 창의적 특성과 양립할 수 있는가라는 의문이 제기되기도 하며 발명의 원리목록은 발명가가 새로운 기술과 특허가 등장함에 따라 보완해야 하는 기반이라는 사실을 TRIZ에서도 인정하고 있다.

결국 발명가들은 발명의 창의적 문제 해결 방법을 체득 후 나만의 작동원리를 개발하여야만 한다. 전형적인 발명 원리의 목록은 특별히 만든 탁상용 매뉴얼과 같은 것으로서 발명가는 새로운 기술과 특허가 등장함에 따라 보완해야 하는 기반으로 생각해야 한다.

또한 TRIZ에서는 무엇이든 가장 적게 사용하여 우리가 필요로 하는 것을 얻으려고 하는 절제 정신이 필요하며 창의적 문제는 최소 단위까지 분할한 후 해결책을 찾는다. 문제 속에는 종종 '언어의 함정'이 있는 경우가 있는데 그러한 함정 때문에 틀린 생각을 하기 쉽다. 따라서 문제 해결 이론에는 이 함정에서 벗어나는 데 필요한 아주 중요한 규칙이 있다. 특수용어는 평범한 말로 전환한다.

2_ TRIZ의 역사

트리즈(TRIZ/ТРИЗ)는 '창의적으로 문제를 해결하는 이론'이란 의미의 러시아어 ТРИЗ(Теория(이론), Решения(해결), Изобретательских(발명), Задач(문제))의 머리글자이다. 영어로는 'TRIZ'라 발음하며 이를 번역하면 'Theory of Inventive Problem Solving (창의적 문제해결 이론)이다.

트리즈는 지식기반의 발명 문제해결 기법으로 훌륭한 선행발명이 사용했던 문제해결 기법과 개념을 표준화한 것이다. 발명가는 이러한 지식을 자신의 문제해결에 사용함으로써 연구개발 속도와 질을 향상시킬 수 있다. 무려 40여년에 걸쳐 Genrich Saulovich Altshuller (1926~1998)와 그의 동료, 제자들이 이백만 건 이상의 특허를 분석한 후 거기에 존재하는 공통의 문제해결 원리를 정리한 것이다.

트리즈의 역사는 1946년에서 1985년까지 알트슐러의 주도 하에 개발된 Classical TRIZ와 1990년대 이후 미국, 유럽 등에 소개되어 그의 제자들이 서방의 기법들과 컴퓨터와 결합하여 만든 Contemporary TRIZ로 구분된다.

알트슐러가 1956년에 그의 친구 샤피로와 함께 Voprosy psihologii 지에 발표한 최초의 트리즈 논문에는 트리즈의 기본 개념인 진화의 법칙, 기술 모순, 다기능 등이 수록되어 있다. 이 논문에는 또한 단계별로 문제를 해결하는 알고리즘이 있었는데 나중에 ARIZ-56으로 명명되었다. 1961년에 최초의 트리즈 도서인 "How to learn to invent"가 발간되었다. 이전까지 알트슐러는 개인적으로만 트리즈를 가르쳤으나 1968년부터 상황이 바뀌어 트리즈 연구팀이 만들어졌고 최초의 비공식 트리즈 연구소와 학교가 설립되었다.

1964년에 알트슐러는 최초의 기술모순표를 만들었고 1968년에 35개의 발명원리가 공표 되었다. 1969년에 알트슐러는 "Algorithm of Inventing"이라는 새 책을 출간했고 1971년까지 5개의 원리가 추가되어 기술모순표가 완성되었다.

알트슐러는 1970년대 초부터 기술적 모순에 숨어있는 물리적 모순에 대한 분석을 시작했고 트리즈의 핵심인 물리적 효과와 물질-장 분석으로 문제를 기술하는 것이 추가되었다. 1975년에 ARIZ-75가, 2년 뒤에 ARIZ-77이 발표되었다. 알트슐러는 70년대에 또한 발명문제의 표준해를 개발하기 시작하여 1977년 10개의 표준해가 만들어졌고 1985년에는 76개로 증가했다. 1979년에 "Creativity as an Exact Science"가 출간되었고 이 저술은 트리즈 연구자들의 바이블로 여겨지는 것이다. 1985년에 알트슐러는 ARIZ-85 와 표준해 76을 발표하면서 그의 일을 마쳤다.

알트슐러의 주요 문제해결방법 개발에 대해 일목요연하게 정리해 보면 다음과 같다.

① 이노베이션의 수준

② 모순

기술적인 모순

-40가지 발명 원리(1956~1971)

-39가지 기술시스템이 지닌 특성

물리적인 모순

-시간, 공간, 조건 등 분리의 원리(11가지), (1979)

③ 이상성(1956)

④ 76가지 표준 해결책(1974~1985)

⑤ 진화의 패턴(1969~1979)

⑥ ARIZ(Algorithm of Inventive Problem Solving), (1959~1985)

⑦ 물질-장 분석(1977)

위에 정리된 개발의 순서에서 보듯이 발명의 40가지 원리와 모순행렬표가 완성되기 전에 이를 보완할 다른 원리들의 개발을 병행하고 있음을 명확히 알 수 있다. 이러한 사실의 의미는 알트슐러 조차도 완벽한 발명의 원리를 일관된 법칙 하에 완성하지 못하고 계속 보완의 여지를 남기고 있다는 점이다.

3_ TRIZ를 배우는 목적

기술적인 문제해결과정에서 가장 어려운 과정은 창조적이고 효과적인 아이디어를 구상하는 단계이며 그 이유는 다음의 4가지로 요약할 수 있다.

(1) 심리적 타성에 의한 사고영역의 제한

개인은 사회 경험으로부터 습득된 정보나 지식 등에 의해 사고방식이라는 것이 형성되는데 이로 인하여 사고영역이 제약되거나 사고의 경향이 만들어지기도 한다. 문제를 효과적으로 해결하기 위해서는 다양한 관점의 사고과정이 필요한데 심리적 타성에 의해 사고가 경직되고 습관화됨으로써 문제에 대한 올바른 정의가 어려워지고 동시에 효과적인 해결안을 찾기 위한 시야가 좁아지게 된다.

(2) 잘못된 문제해결방향의 설정

문제가 잘 해결되지 않는 이유 중의 하나는 문제해결의 대상과 목표의 설정이 잘못된 경우가 많기 때문이다. 이러한 경우의 대부분은 문제에 대한 근본적인 이해가 안 되어 있거나 문제해결방향의 설정이 잘못되어 발생된다. 문제의 본질과는 무관한 엉뚱한 문제를 해결하고자 시도하는 오류를 범하지 않기 위해서는 문제를 올바르게 정의하는 것이 문제해결에 있어서 매우 중요하다.

(3) 지식의 부족

개인 또는 한 기업의 지식은 유한하며 전문화된 지식을 요구하는 현대사회에서는 당연히 개인적인 관심 및 지식의 범위는 좁아질 수 밖에 없다. 반면에 기술적 문제를 해결하는 과정에서 어려운 문제에 접하는 경우 다방면의 전문지식을 필요로 하는데 이때 개인 또는 기업의 지식부족은 문제해결의 가장 큰 장애로 작용한다.

(4) 기술적 모순에 대한 타협적 접근

발명가는 문제를 해결하는 과정에서 기술적 모순에 접하게 되면 한계 상황을 인식하게 된다. 기술적 모순이란 하나의 특성을 개선하면 다른 특성이 악화되는 상황으로 예를 들면, 자동차 엔진의 소음을 줄이면 보행자와의 충돌위험이 커지는 상황을 들 수 있다. 이러한 경우 발명자는 모순을 포함한 문제에 대해 상호절충이나 타협을 통한 해결책을 추구하게 되는데 이로 인하여 기술의 진전이 지연되고 기술혁신 또한 기대하기 어렵게 된다.

따라서 트리즈를 배우는 가장 중요한 목적은 문제해결을 위한 좋은 답을 찾기 위한 것이며 좋은 답이란 정확한 방향으로 나가는 것을 말한다. 트리즈를 배우지 않아도 연구개발이나 기술문제를 해결할 수는 있지만 그 경우 대부분의 사람은 좋은 답을 얻지는 못한다. 인간은 자신이 배우지 않은 것을 할 수 없도록 만들어져 있기 때문이다.

문제를 해결하려면 지식, 의지, 자원, 행동의 네 요소가 필요하다. 전부 중요하지만 특히 연구개발과 같이 전문적인 문제는 지식이 없는 비전문가는 해결하기 어렵다. 그래서 학교나 사회를 통해 각각의 전문 지식에 관한 교육을 받는다. 그런데 이렇게 해도 실제로는 문제를 원활히 해결하지 못한다. 그것은 '문제해결지식'을 배우지 못했기 때문이다. 문제해결을 위해서는 문제의 성질과 종류, 및 해법에 관한 문제 지식을 알아야 하지만 트리즈가 나오기 전까지 이 문제 지식은 체계적으로 정리된 것이 없었다. 트리즈는 문제해결 지식의 정수로 한 마디로 '문제 해결을 위해 생각하는 방법'으로서 문제를 발견하고 이해하며 해답을 찾는 전 과정을 통합한 단순한 기법이 아니라 과학 수준의 학문이다.

트리즈의 핵심 개념인 모순은 두 가지 특성이 상충될 때 발명원리 40가지를 이용하든가 시간, 공간, 조건의 분리를 하든가 하여 두 가지 특성이 다 만족되는 답을 찾도록 하고 있다. 두 가지 특성이 다 만족되는 것이 좋은 답이다. 트리즈에서 말하는 좋은 답이란 다음의 조건을 만족하는 것이다.

① 정확한 방향을 선정

좋은 답이 되기 위한 첫 번째 조건은 기술개발의 방향이 정확해야 하는 것이다. 시장에서 도태되어가는 기술이라면 아무리 뛰어난 기술자라도 의미가 없다. 예를 들면 CRT 분야에서 20년 일한 엔지니어와 OLED 분야에서 5년간 일한 엔지니어 중에 누구에게 미래가 있겠는가?

② Win-Win을 달성

자동차의 속도를 올리기 위해 출력을 올려야 하고 이를 위해 엔진의 크기를 키웠더니 연료의 소모가 커진다는 것은 결코 좋은 답이 되지 못한다. 성능을 얻었지만 연비를 희생했기 때문이다. 좋은 답이란 이처럼 누군가를 희생하는 것이 아니라 모든 것이 만족하는 것을 말한다.

③ 정확한 문제를 선별

이것은 여러 문제 중에서 가장 정확한 문제를 찾아 해결하는 것을 말한다. 문제가 틀리면 답이 맞아도 의미가 없다. 문제가 틀리는 유형 중에 '인지의 오류'라는 것이 있다.

④ **단순함**

이것은 추구하는 것이란 목적을 달성한다면 가능한 한 단순하게 설계하는 것을 말한다. 해결책에 군더더기가 있는 것은 어느 경우에도 바람직하지 못하다.

⑤ **시간과 자원을 절약**

문제를 해결할 때 최소 비용에 최대 효과를 얻기 위해서는 이미 가지고 있는 것을 먼저 활용하고 새로운 것을 찾아야 한다. 트리즈의 연구에 의하면 기술 문제 중에 완전히 새로운 문제란 거의 존재하지 않는다. 대부분의 기술 문제는 과거 문제가 외형만 바뀌 새 것처럼 나타나는 것이다

4_ Classical TRIZ 기법

TRIZ는 알트슐러 자신이 중심으로 되어 개발한 classical TRIZ와 그의 제자들이 만든 Contemporary TRIZ가 있다. Classical TRIZ는 TRIZ의 근간을 이루는 중요한 부분이다.

1) 발명원리 40가지와 기술모순 매트릭스

기술적 모순 문제(하나의 특성을 개선했을 때 다른 특성이 나빠지는 문제)를 해결하는 기법이다. 모순행렬표를 통해 모든 기술적 모순 문제를 해결하려는 시도는 이상적인 생각이라 할 수 있으나 현실적으로는 그 사용이 매우 제한적이다. 사용이 제한적인 이유는 개발한 당시에도 완벽하지 못한

상태에서 발명가들이 모순행렬표에 계속 얽매이자 알트슐러 본인도 만든 것을 후회했던 상황에서 수십 년이 지난 지금까지 별다른 개선이 되어 있지 않기 때문이다.

트리즈의 발명원리 40가지와 39가지 기술시스템이 지닌 특성을 행렬로 결합한 모순행렬표에는 이해하기 쉽고 해결이 용이한 원리(분리, 결합, 복제 등)와 이해하기 어렵고 해결이 어려운 원리(과부족조치, 서두르기, 전화위복 등)가 포함되어 있으며, 기술시스템이 지닌 특성도 마찬가지다.

따라서 40가지 발명 원리는 구체적 문제 해결의 툴보다는 오히려 창의적 발상능력이 낮은 예비 발명가들의 창의적 사고능력 배양의 툴로서 적극 활용하는 것이 나을 수도 있겠다는 생각이 든다. (부록3 참조)

2) 물질-장 분석(Substance-Field Analysis)과 표준해(Standard Solution) 76

원인탐색, 측정, 행위부재, 모순 등 모든 문제해결이나 문제분석에 이용하는 기법이다. 모든 기술시스템의 문제는 어떤 장(Field) 속의 물질(Substance) 끼리의 상호작용의 발생이라는 관점에서 정리하여 물질(대상, 도구)-장(에너지)의 삼각형 모델로 표현한다.

물질-장(Su-Field) 분석에 의해 표현되는 문제를 동일한 물질-장(Su-Field) 모델을 이용하여 문제를 해결할 수 있는 방향을 나타낸 것이 소위 표준해이며 전부 76가지 유형으로 정리되어 있다. 실제의 해결안을 도출하기 위해서는 최적의 표준해를 선택한 후 그 표준해로부터 현실의 문제해결에 유효한 아이디어를 유추 발상할 필요가 있다.

3) 효과(Effects)

행위부재 문제나 기능 설계 등에서 사용하는 기법이다. 효과는 물리, 화학, 기하학의 지식을 과학자의 관점(원리 위주)이 아니라 기술자의 관점(기능 위주)으로 재정리한 기법이다. 인간은 기술적 문제를 해결하기 위해 아이디어를 발상하더라도, 대부분은 자신의 전문영역(기계) 내에만 머무른다든지 혹은 무의식 중에 그 영역에서 벗어나지 않는 경우가 많다. 이것을 심리적 타성(Psychological Inertia)이라 한다.

이러한 상황을 타파하는 데는 TRIZ의 핵심이라 할 수 있는 타 분야(화학이나 전기분야 등)의 발명 사례를 참고하여 유추발상으로부터 혁신적인 아이디어를 발생하면 좋지만, 여기서 알트슐러는 많은 발명사례의 배경에는 공통하여 물리학을 중심으로 화학이나 기하학의 효과 및 정리가 활용되고 있는 점에 주목한 것이다.

그래서 알트슐러는 물리학, 화학 그리고 기하학에 관한 효과나 정리, 법칙을 일종의 기술적 문제해결의 과학적 효과집으로 정리하여 문제해결 과정에서 심리적 타성에 빠지지 않게 혁신적인 아이디어를 도출하여 Knowledge base tool로서의 효과를 개발하였다.

4) Smart Small Person

아이디어를 생성하는 경우에 이용한다. 의인화 기법의 일종으로 문제의 상황을 수많은 난쟁이에 의해 이뤄진다고 상상을 함으로써 해결책을 찾고자 하는 것이다.

5) STC operator

STC(Size, Time, Cost) 오퍼레이터란 주어진 체계에 대한 크기, 시간, 비용의 축소와 확대에 대해 자유로운 상상의 날개를 펴 보는 방법론이다. 이 방법론으로도 이상적인 최종결과와 마찬가지로 문제 해결의 실마리를 발견하는 것과 고정관념에서 심리적으로 탈출하는 것이 가능하다.

5_ TRIZ의 핵심

좋은 답을 얻기 위해 이해해야만 하는 트리즈의 핵심은 표준문제(Regularity), 이상성(Ideality), 모순(Contradiction), 시스템 사고(System Thinking), 기술진화(Technology Evolution)의 다섯 가지이다. 트리즈에서는 표준문제로 문제를 정의하고, 모순을 통해 최상해를 찾으며, 기술진화를 통해 방향을 한정한다.

1) 표준문제(Regularity)

표준문제란 문제에는 시간과 주제, 공간에 상관없이 공통의 문제 유형이 존재하고 공통의 해답을 적용할 수 있다는 것이다. 알트슐러는 특허를 분석하는 과정에서 화학에서 일어난 문제와 그 해법을 기계나 전기 분야에서도 사용할 수 있다는 사실과 기술혁신은 이처럼 다른 분야의 지식을 전용할 때 일어난다는 것을 알아냈다.

그는 문제를 직접 해결하지 않고 먼저 문제를 일반화하여 표준모델로 전환하고, 그 표준모델에서 적용되는 기존의 해법을 이용해 문제를 해결하는 절차를 만들어 내었다. 이것은 언뜻 더 많은 시간을 소비하는 것처럼 보이지만 트리즈에서는 방향을 정확히 잡기 때문에 실제로는 더 적은 시간을 사용한다.

문제가 주어졌을 때 그것이 이들 중 어떤 범주 안에 들어가는가를 판단하고, 그 범주에서 제시한 사전의 해법을 이용해 문제를 해결하는 것이 트리즈의 핵심이다.

2) 모순(Contradiction)

이상적인 기계는 탐색방향을 결정하는데 도움을 주고, 기술적 모순은 제거해야 할 장애물을 확인하는데 도움을 준다.

가. 발명 원리 기술적 모순

기술적 문제에 대한 해결책이 발견된다. 안타깝게도 다음을 알게 된다.

"내가 찾은 해결책은 원래의 문제를 해결하지만, 또 다른 문제를 야기한다. 그 결과 시스템의 한 특성은 개선되고, 다른 한 특성은 악화된다."

이처럼 기술적 모순이란 하나의 특성이 향상되면, 다른 특성이 악화되는 문제를 말한다. 이 경우 발명원리 40이란 기법이 문제해결에 사용될 수 있다.

문제의 해결을 위한 3가지 단계

단계1. 기술시스템의 분석 : 개선하려는 시스템의 특성을 정한다.

단계2. 기술적 모순의 진술 : 하나의 개선에 대한 대가로 악화되는 기술시스템 특성을 정한다.

단계3. 기술적 모순의 해결 : 40가지 원리와 모순 행렬표가 기술적 모순을 제거하기 위해 이용된다.

나. 발명 원리 물리적 모순

하나의 시스템이 상호 대립되는 요구사항을 가질 때 물리적 모순이 존재한다. 시스템의 한 특성이 존재해야 하고 이 시스템 특성은 존재해서는 안 된다. "샤프펜슬의 심은 가는 선을 긋기 위해서는 단단해야 하지만 종이를 찢지 않기 위해서는 연해야 한다."는 특성이 물리적 모순의 좋은 예이다.

물리적 모순이란 하나의 변수가 상반되는 값을 동시에 가져야 하는 것을 말한다. 이렇게 상반되는 조건을 분리라는 방법에 의해 동시에 만족시키는 것을 물리적 모순을 해결한다고 한다. 그리고 이것이 좋은 답을 얻는 데 가장 중요한 조건 중의 하나이다. 이 물리적 모순을 제거하는 원리는 11가지가 있지만 이것을 전부 다 익히는 것은 전문가 수준의 학습이다. 실제로 많이 사용되는 원리는 시간에 의한 분리, 공간에 의한 분리, 조건에 의한 분리의 세 가지이다.

이 물리적 모순은 엔지니어가 설계를 하는데 있어 이상성, 시스템 사고와 함께 가장 중요하게 이해하고 활용해야 할 개념이다.

물리적 모순을 시간, 공간, 조건에 의한 분리는 어떻게 하는가?

1단계: 문제 정의

2단계: 문제 요소 분석

3단계: 문제 원인 분석

4단계: 모순의 분리 및 해결

5단계: 모순 해결 방법 탐색

3) 기술진화(Technology Evolution)

기능을 수행하는 것은 모두 상·하위 기술시스템에 속한다. (ex: 자동차, 펜) 상위기술시스템은 한 개 이상의 하위시스템을 포함할 수 있고 하위시스템 또한 하나의 기술시스템으로서 계속된 자신의 하위시스템을 가진다. 기술시스템이 적절하지 못하거나 해로운 작용을 하여 개선을 필요로 할 때 상상력을 동원하여 시스템을 가장 단순한 상태로 줄일 것을 요구한다.

기술진화란 '기술이 우연이나 운이 아니라 정해진 일정한 방향과 법칙을 가지고 진화한다'는 이론이다. 알트슐러는 수많은 특허를 분석하는 과정에서 기술시스템도 자연이나 사회시스템과 마찬가지로 변증법적으로 진화한다는 원리를 찾아냈다. 그 결과를 기술진화의 12개의 법칙 즉, 알트슐러가 찾은 8가지 법칙과 그의 제자들이 추가로 찾은 4가지 법칙을 정리해 기술진화의 미래를 예측하는데 활용하도록 했다. 그리고 이를 좀 더 다양하게 확대 발전시킨 DE(Directed Evolution)과 진화의 선(Line)이 있다.

가. 기술진화의 법칙 12가지

이상성 증가의 법칙, 시스템 경로 완전성의 법칙, 시스템 에너지 전도성의 법칙, 리듬조화성의 법칙, 부품의 불규칙성에 의한 발전의 법칙, Super system 이행의 법칙, Macro에서 Micro로의 이행법칙, '물질-장' 포함 증가의 법칙, S곡선과 기술시스템 진화, 다이나미즘과 제어성이 높아지는 방향, 복잡화에서 단순화로 진화, 인간 개재 감소방향으로의 진화

나. 기술진화의 9가지 주요패턴

한 번 보면 불규칙하게 볼 수 있는 기술의 진화도 실제로는 규칙성을

갖고 있고 개개인의 발명 여하에 따라 변하는 것이 아니라 보편적이라는 것이다. 주된 진화의 패턴에는 다음과 같은 9가지 항목이 있다.

① 이상성 증가의 법칙(Law of Increasing Ideality)

기술시스템은 이상성(Ideality)의 정도를 높이는 방향으로 진화한다.

$$I(\text{이상성, Ideality}) = \frac{\text{시스템의 유익기능(Useful function) } U_f\text{의 합계}}{\text{시스템의 유해작용(Harmful effects) } H_e\text{의 합계}}$$

② 시스템 경로 완전성의 법칙(Law of Completeness of Parts of a System)

기술시스템은 개개로 분리하고 있는 부품을 일체화하는 것에 의해 이루어진다.

③ 시스템 에너지 전도성의 법칙(Law of Energy Conductivity in a System)

기술시스템은 엔진에서 작동기관에 에너지를 전달하는 효율을 높이는 방향으로 진화하지만, 이 전달은 샤프트나 기어라는 물질, 자계와 같은 장 혹은 대전입자의 흐름이라는 물질-장을 통해 행해진다.

④ 리듬 조화성의 법칙(Law of Harmonization of Rhythms)

시스템은 그 요소(부품)가 가지고 있는 리듬이나 자연주파수의 조화를 높이는 방향으로 진화한다. 이 일례로서 알트슐러는 지질의 박층에 굴삭기로 구멍을 뚫고 거기에 물을 채우고 거기에 압력에 의한 진동을 전달함으로써 석탄을 분쇄하는 석탄굴삭방법의 개선방법을 설명하고 있다.

⑤ **부품이 불규칙하게 발전하는 법칙(Law of Uneven Development of Parts)**

이 법칙에서는 시스템 전체로서 보면 단조롭게 개선이 진행되고 있지만, 시스템을 구성하는 개개의 요소(부품)가 동시에 개선이 진행될 리는 없고 개개의 요소가 돌연적으로 개선되고 있다는 점을 시사하고 있다.

⑥ **Super-system 이행의 법칙(Law of Transition to a Supersystem)**

시스템이 그 자신의 발전 한계에 도달하면, 보다 일반적(상위)인 시스템의 서브시스템이 되는 것에 의해 더욱더 진화할 수 있다. 이와 같이 하여 본래 시스템은 본질적으로도 새로운 수준으로 높아지는 것이다.

⑦ **Macro에서 Micro에의 이행의 법칙(Law of Transition from Macro to Micro Level)**

이 법칙은 작동기관(시스템 기능의 실행)의 발전이 우선 마크로 수준으로 진행하고, 그 후에 마이크로 수준으로 이행한다고 하는 현상을 설명하고 있다.

⑧ **물질-장 포함 증가의 법칙(Law of increasing Substance - Field Involvement)**

알트슐러는 기술시스템은 장을 통하여 상호작용하는 2개의 물질로 구성되어 있다고 하는 관점에서 시스템을 모델화하는 방법을 개발하였다. 그는 이 모델을 물질-장Triangle Model이라 불렀다. 이 법칙은 '물질-장 Triangle이 완전하지 않은 시스템은 그 완전성을 향하여 진화한다'는 것을 의미하고 있다.

⑨ S곡선과 기술시스템 진화

기술시스템은 S-커브를 따라서 진화하는 것을 나타내고 있다. 이 S-커브의 X축은 시간을 나타내고 Y축은 기술시스템의 가장 중요한 시스템 특성치(성능 등)가 대응한다.

S-커브에서는 크게 4가지 Stage(도입기, 성장기, 성숙기, 쇠퇴기)로 나눠져 있고, 기술시스템은 이 Stage를 차례로 밟는 것으로 된다. 또한 이 4 Stage를 상세하게 분류하면 임신기, 탄생기, 유년기, 청년기, 성숙기, 쇠퇴기의 6가지의 Stage로 되지만 통상은 4 Stage로 대응시키는 경우가 많다.

제12장

TRIZ의 기본적 개념과 문제해결

1_ TRIZ의 기본적 사고

TRIZ의 토대인 '기술문제에 관한 혁신적인 해결안의 대부분은 과거의 발명사례에서 도출한 일정한 패턴이나 원리의 유추적 발상으로 도출할 수 있다' 는 어떤 의미에서는 이론의 근간을 이루는 가설이라 할 수 있다. 이 가설을 확고히 하기 위해 특허사례의 조사를 계속하여 방대한 양의 특허사례의 분석을 했다고 할 수 있다.

알트슐러가 이러한 특허 사례를 분석한 결과로부터 이끌어 내어 상술한 Concept(혹은 가설)에 관련한 항목을 정리하면 다음과 같다.

(1) 혁신적 문제의 정의

ㄱ) 혁신적 문제에는 1개 이상의 모순이 반드시 포함되어 있다.

ㄴ) 해결에는 현재 미지인 방법이나 수단이 필요하게 된다.

(2) 문제해결 혁신의 의미와 혁신도 수준

ㄱ) 혁신적인 문제해결이라 함은 포함하고 있는 모순을 타협하지 않고 해결하는 것이다.

ㄴ) 문제해결의 혁신도는 독창수준에 따라 5가지로 분류할 수 있다.

(3) 혁신적 문제의 발생 패턴

ㄱ) 이종분야의 혁신적 문제에서도 본질적으로 같은 모순을 포함하고 있는 경우가 많다.

ㄴ) 본질적으로 동일한 해결안이 개별로 반복 활용되는 일이 많다

(4) 기술시스템 진화 패턴

ㄱ) 기술적 시스템은 S-커브이론에 따라 진화한다

ㄴ) 기술시스템진화 패턴은 복수의 관점에서 정리할 수 있다.

알트슐러에 의해 이처럼 발견, 정리된 항목은 그 후 그와 그의 동료들에 의해 개발된 TRIZ 기법의 원점이 되어 있고 'TRIZ의 기본적 사고'이다. 알트슐러는 보다 혁신적인 특허에서 자주 사용되는 패턴을 식별해내었고 이 표준을 근거로 발명을 5가지 수준으로 정의하였다.

문제해결의 창조성의 수준에 관하여 살펴보면 문제해결은 혁신성이라는 원점에서 볼 경우 다섯 가지의 수준으로 정리할 수 있다는 것이며, 개인적인 지식으로 해결할 수 있는 제1수준에서부터 과학적인 법칙이나 발견에 대응한 제 5수준까지이며 다음과 같이 정의할 수 있다.

제1수준(32%) 기술시스템의 단순한 개선

다른 사물을 고려하지 않고 기존의 자료 및 사물을 이용한다. 〈표준해〉

제2수준(45%) 기술적 모순을 해결해야 하는 발명

여러 개의 자료 및 사물 중에서 하나를 선택한다. 〈마이너한 개선〉

제3수준(19%) 물리적 모순을 해결해야 하는 발명(다른 분야의 지식을 요구)

원래 선택된 사물에 대해 부분적인 변경을 가한다. 〈메이저한 개선〉

제4수준(4%이하)

새로운 사물을 개발하거나 선택된 사물을 완전히 개조한다.

다른 과학 분야로의 지식을 사용한 획기적인 해결책에 의해 개발된 새로운 기술

제5수준(0.3%이하)

완전히 새로운 복합 시스템을 개발한다. 〈새로운 과학의 법칙, 원리의 발견〉

TRIZ 기법은 일반적으로 제4 수준 이하에서 대응 가능하다고 알려져 있고 특히 제3 및 제4 수준의 기술 문제해결에 유효하다. 제5 수준은 기술문제해결의 영역을 넘어 과학의 영역에 해당하는 것으로 통상은 TRIZ에서 대응할 수준이라고는 할 수 없다.

2_ 개념

창조형 문제에서는 하나의 문제에 대해 수많은 해답이 나온다. 따라

서 해답을 찾은 다음에 이를 선별해야 하는데 이것을 위한 것이 개념이다. 개념은 기법과 달리 구체적인 해결방법은 가지고 있지 않지만 찾은 답에 대해 정당성을 평가하는 기준이라고 할 수 있다.

예를 들면 날씬한 여자가 미인이라는 명제가 있을 때 '날씬한'이 개념에 해당되며, '다이어트'나 '운동', '요가' 등이 기법이라고 할 수 있다.

개념은 이상성(Ideality), 시스템 사고(System Thinking), 심리적 타성(Psychologic alinertia), 자원(Resource), 모순(Contradiction), 기능(Function), 문제일반화(Regularity), 공상과학(Science Fiction)으로 구성된다.

이상성은 발명의 최종 목표이며 이를 달성하기 위해서는 모순을 극복해야 하고, 기능을 최적화해야 하며, 시스템 사고에 의해 유해작용과 유익기능을 최적화해야 한다. 또한 공상과학에 의해 상상력을 극대화함으로써 이상성을 증대하고 자원을 활용해 비용을 최소화할 필요가 있다. 심리적 타성을 극복하기 위해서는 주어진 문제를 일반화해야 하며, 공상과학에 의해 상상력을 증대해야 하고, 또한 시스템 사고에 의해 관점을 다양화할 필요가 있다.

1) 이상성

이상성 개념은 발명의 문제해결에 있어서 가장 중요한 역할을 한다. 알트슐러가 발견한 중요한 패턴에서는 기술시스템들이 발전함에 따라 점점 더 이상성에 가까워진다. 즉, 기술시스템들은 더 능률적이고 효율적으로 진화한다. 하지만, 좀처럼 완전에 도달하지 않기 때문에 여전히 어느 정도 "이상보다 낮은" 기능들이 존재한다. 따라서 이상성은 시스템의 유의한 기능들의 합을 시스템의 유해한 기능들의 합으로 나눈 것으로 정의되며 그 수치는 정량적인 수치가 아니라 질적인 판단이다.

이것은 시스템의 비용, 차지하는 공간, 방출하는 잡음, 소비하는 에너지, 유지하는데 필요한 자원 등등과 같은 시스템의 기능성과 관련한 모든 성분들을 포함한다. 이러한 접근법은 시도하려고 정한 그 시스템 내부나 주변에 이미 존재하는 어떤 것을 사용한다. 그 어떤 것이 이미 존재하면 그것들을 추가의 비용을 들여 구입할 필요 없이 문제를 해결한다(비용은 유해한 성분이므로 이상적인 시스템에 좀 더 가까워진다).

트리즈에서 말하는 그 "어떤 것"의 의미는 자원들을 말하며, 이상성이라 함은 더 이상 개선할 것이 없는 상태가 아니라 뺄 것이 없는 궁극의 상태를 말한다. 이상성은 시스템의 유익기능(Useful function) Uf의 합계를 그 시스템의 유해작용(Harmful effects) He과 비용 Cg의 합계로 나눈 비율로서 정의된다.

$$\text{이상성(Ideality)} = \frac{\Sigma \text{ Uf (이득)}}{\Sigma \text{ He(손해)} + \Sigma \text{ Cg(비용)}}$$

모든 기술시스템은 비용을 요구하고 있으며 유익기능에는 기술시스템의 기능에 의한 모든 가치 있는 결과가 포함된다. 유해작용에는 시스템이 점유하는 공간, 시스템이 소비하는 연료, 시스템이 만들어 내는 소음, 폐기물 등이 포함된다. 진화의 두 번째 법칙은 "모든 시스템이 유해함이 전혀 없는 상태 (이상성)로 진화되어간다"는 것을 나타낸다. (터닌코)

2) 자원(Resource)

카우프만(Kaufmann)의 정의에 의하면 '문제란 현실과 원하는 것과의 차이(gap)'이다. 즉, 무엇인가가 부족한 것이 문제이다. 이처럼 문제는 시간, 물자, 기능 등 무엇인가가 부족할 때 성립한다. 따라서 문제를 해결하려면 이 차이를 없애는 무엇이 필요한데 원하는 것을 낮추거나, 현실을 높이거나, 두 개의 차이를 메울 자원이 필요한 것이다. 자원은 항상 문제 주위에 존재하며 문제해결에 사용할 수 있다. 그리고 문제해결이란 이 자원을 찾고 활용하는 행위이다.

트리즈는 차이를 메우는 재료로서 자원(Resource)이란 개념을 사용하고 있는데 자원은 문제해결에 이용 가능한 모든 것으로 그 종류는 다음과 같다.

(1) 물질– 시스템 내의 모든 물질이나 환경조건

(2) 에너지– 시스템 내에 존재하는 에너지

(3) 공간– 시스템 내의 가용 공간 및 환경

(4) 시간– 시스템의 작동 시간간격

(5) 기능– 시스템이나 주변 환경이 수행할 수 있는 부수적 기능

(6) 자체– 사용하지 않는 물리, 화학, 기하학적 특성

(7) 시스템– 시스템의 새로운 順기능이나 서브시스템의 수정

(8) 조직– 존재하나 완벽하게 사용되지 못하는 구조

(9) 차이– Parameter들의 규모차이로 생성하는 순기능

(10) 변화– 변화가 이루어진 후에 나타나는 시스템의 새로운 성질

(11) 낭비– 시스템에 의해 발생되는 낭비

이 중에서 하나 혹은 여러 개를 문제해결에 사용하면 된다. 자원의 가장 큰 특징은 문제 주위에 이미 존재한다는 것이다.

3) 시스템 사고(System Thinking)

시스템 사고란 인지의 오류를 막고 사고의 다양성을 확보하기 위해서 문제를 한 가지 관점에서 아니라, 여러 가지 관점(시간, 구조, 반대 등)에서 보는 것을 말한다. 기술은 정적(static)이 아니라 동적(dynamic)이며, 고립적(isolate)이 아니라 상호연관적(related)이다. 따라서 기술을 볼 때는 보다 다양한 시각이 요구된다.

문제는 수용자가 처한 상태(예를 들면 목적(Purpose), 위치(Position), 공간(Perspective), 시간(Period), 지식수준, 관심주제, 입장 등)에 따라 다르게 인식된다. 그래서 부분에서는 이익인 것이 전체로는 손해가 나며, 나에게는 이익인 것이 타인에게는 손해가 나는 일이 생긴다. 그래서 우리가 옳다고 생각하는 해답이 다른 사람에게는 틀린 답이 되어 기각되거나 인지의 오류가 생긴다. 이것을 시스템 사고를 통해 다양하게 봄으로서 문제해결의 효과를 향상하는 것이다.

4) 심리적 타성(Psychological inertia)

심리적 타성이라 함은 자신의 지식과 경험을 진리라고 믿는 상태를 말한다. 다시 말하면 과학기술을 종교로 착각하는 것이다. 과학기술 지식이란 특정한 조건에서의 한정된 지식이다. 즉 조건이 바뀌면 지식도 바뀌어야 하지만 많은 사람들은 자신의 지식을 바꾸지 않고 그것을 옳다고 고집한다. 그래서 틀린 문제에 답을 내는 오류를 저지른다. 기술혁신에 심리적 타성에 의한 장애는 매우 크므로 문제를 일반화함으로써 심리적 타성을 줄이는 시도가 필요하다.

5) 공상과학(Science Fiction)

공상과학은 기술의 방향성 설정과 상상력의 향상을 위해 필요하다. 인류의 역사를 돌이켜 보면 인류의 발전은 인간이 꿈꿔왔으나 그 당시는 불가능하다고 생각되는 것을 현실화하는 것이었다. 따라서 인간 발전의 한계는 생각의 한계라고 할 수 있다. 공상과학은 사고의 폭을 넓히는데 있어서 매우 중요한 개념이라고 할 수 있다. 그러나 여기에는 놀라운 모순이 있다. 즉, 공상의 중요성을 인식함에도 불구하고 그것의 개발에 초점을 맞춘 체계적인 노력이 없었다는 사실이다.

6) 기능(Function)

기능이란 시스템의 목적 달성을 위해 일어나는 두 개 이상의 요소 간에 상호작용을 말한다. 또한 행위의 명칭과 행위의 목적도 여기에 포함된다. 기능은 구조와 대립관계를 이루며 일체가 되어 작용한다. 기능은 구조에 의미를 부여하고 구조는 기능을 가능하게 한다.

기능은 여러 가지로 분류될 수 있는데, 이익과 손해의 관점으로 보면 이상성 향상을 위해 필요한 "유익기능"과 존재하지 않았으면 좋은 데 현실에는 존재하여 문제를 야기하는 "유해기능", 두 개의 기능이 상충되거나 측정이 되지 않아 숨어버린 "Null기능"의 3 종류가 있다. 또한 주, 부의 개념으로 보면 목적 달성을 위해 꼭 필요한 주요 기능과 주 기능의 효율 향상을 위해 필요한 보조기능으로 분류될 수 있다.

3_ ARIZ와 문제해결

ARIZ라 함은 러시아어로 문제해결의 알고리즘이라는 의미이며, 해결해야 할 문제의 본질(물리적 모순이나 대립점)을 적절하게 분석, 파악하여 혁신적인 해결안을 도출하기 위한 일종의 사고(Thinking) 프로세스이다. 표준해결의 테크닉(40가지 발명 원리와 76가지 표준해)을 단독 활용하는 것으로는 해결될 것 같지 않은 복잡한 기술시스템의 문제해결에 활용한다. ARIZ는 기술시스템의 이상성 향상(유익한 기능을 달성하고, 저해요인을 줄인다)을 목표로 하고 있고, 구체적으로는 복잡한 기술시스템의 물리모순의 해결을 목표로 하고 있다. 그 과정에서 기존의 시스템이 보유하고 있는 자원의 유효활용을 시도하므로 Cost Up을 피하는 사고도 밑바탕에는 존재한다. 알트슐러가 개발한 ARIZ의 최후 버전은 1985년에 완성되었고, ARIZ 85라 불려지고 있다.

이상적 기계와 기술적 모순이란 개념을 활용하면 발명 문제 해결의 프로세스를 크게 제어 할 수 있다. 이상적인 기계는 탐색 방향을 결정하는데 도움을 주고 기술적 모순은 제거해야 할 장애물을 확인하는데 도움을 준다. 그러나 때때로 모순은 교묘하게도 문제의 진실 속에 숨어 버리곤 한다. 더욱이 도출한 모순이 모두 저절로 사라지는 것이 아니다. 그것을 제거하는 방법을 찾아야 한다. 문제 진술과 그 해결책 사이의 거리를 단번에 뛰어 넘는 것이 항상 가능한 것은 아니다. 문제의 해결책을 향하여 한걸음 한 걸음씩 나아갈 수 있도록 해주는 합리적인 전술이 필요하다. 이러한 전술을 실행하기 위한 방법으로 발명 문제 해결을 위한 알고리듬(Algorithm for Solving Inventive Problems) , ARIZ를 제시한다.

발명가는 발명 원리의 목록에서 해결책과 유사한 "실마리"를 찾을 수 있지만 이러한 방법은 매우 느리고 그다지 효과적이지 못하다. 하지만 ARIZ를 이용하여 문제를 해결하면 상황이 달라진다. 즉, 모순행렬은 주어진 문제에 대한 가장 효과적인 해결책을 보여준다. ARIZ를 배우기 시작하면 원리들을 순차적으로 분석하게 되고 나중에 모순행렬을 이용하게 된다. 그러나 모든 경우에 있어서 문제해결 원리와 그 원리를 적용할 수 있는 방법을 이해하는 것이 바람직하다.

1) ARIZ 프로세스(Process)

프로세스(Process)란 문제를 해결하는 단계적인 절차를 말한다. 문제를 해결하려면 앞에서 말한 기법과 개념들을 몸에 익히기 위한 절차, 즉 프로세스가 필요하다. TRIZ에서는 ARIZ가 가장 일반적인 프로세스로 사용되며 현재 85C 버전까지 개발되어 있다. ARIZ 85C의 경우 다음과 같은 9단계를 거쳐 문제를 해결한다.

PART 1. 문제분석

기술모순을 정의하고, 모순 집합을 제품(product)와 도구(tool)로 분리하고 적는다.

PART 2. 문제 모형 분석

작용영역(OZ)과 작용시간(OT)을 정의하고, 제품(product)의 환경과 관련된 물질-장, 자원을 정의하여 목록을 완성한다.

PART 3. 물리적 모순과 이상적 최종해(IFR) 정의

x-요소를 도입해 IFR-1의 공식을 적어간다. 물리적 모순을 거시적

수준과 미시적 수준에서 기술한다.

PART 4. 물질-자원의 활용

Part 2에서 찾은 자원을 이용해 문제를 해결할 수 없는가 생각해 본다.

PART 5. 지식 기반의 활용

표준해, 물리적 효과를 이용해 문제를 해결할 수 없는가 생각해 본다.

PART 6. 문제 변경 혹은 교체

여러 문제들이 결합된 문제인지 확인하고 문제를 다시 정의한다.

PART 7. 물리적 모순 제거원리의 검토

얻어진 해의 품질을 검증한다.

PART 8. 해결안의 적용

도출된 해결안이 다른 곳에 이용할 수 있는 가능성을 검토한다.

PART 9. 문제 해결 경로 분석

이론적 문제해결 과정과 실제 문제해결 과정을 비교한다.

2) 문제해결 목적

문제해결을 시도 하는 데는 반드시 목적이 있다. 하지만 문제해결 과정에서 자주 발생하는 실수로 목적을 잊거나, 잘못된 목적으로 대체하거나, 지나치거나, 부족하거나, 필요 없는 목적을 달성하는 사례가 자주 발생한다. 이것은 동시에 두 가지 판단을 하기 어려운 인간사고의 본성으로 인한 것이다. 문제 해결의 목적은 여러 가지가 있겠지만 트리즈에서는 다음 12가지를 들고 있다.

⑴ 경량화

⑵ 에너지 사용량 절감

⑶ 물자나 시간 등 자원 낭비 감소

⑷ 기능의 효율이나 제품의 성능을 향상

⑸ 복잡성이나 비용을 감소

⑹ 작업의 정밀도를 향상

⑺ 기계적 강도 증대

⑻ 편리성 증대

⑼ 생산성을 향상

⑽ 이상성 향상

⑾ 수명을 늘리거나 신뢰성을 향상

⑿ 유해성 감소

따라서 문제를 해결하기 위해 제시된 답은 이상의 기준과 비교해 적합한가를 검토하는 것이 필요하다.

3) 문제 해결의 의지 부족

아직까지는 컴퓨터가 생각하는 능력을 가지고 있지 못하기 때문에 문제해결의 주체는 인간이다. 인간을 움직이는 것은 의지이고 그 의지에 가장 큰 영향을 주는 것은 환경이다. 그리고 대부분의 사람은 환경의 지배를 받는다. 환경이 문제를 해결하려는 인간의 의지를 방해할 때 문제가 해결되지 않는다. 따라서 개인의 의지에만 의존할 것이 아니라 시스템을 만들어 환경이 문제해결이 되도록 만드는 편이 과학적이고 합리적이다.

인간이 움직이려면 반드시 동기요인(호기심, 대가, 필요성, 준거성)이 하나라도 있어야 한다. 그런데 환경이 이것을 보장하지 않는다면 사람들은 문제해결을 위해 움직이지 않는다.

예를 들어 노력하여 문제를 해결한 결과를 전부 다른 사람이 가져간다면 누가 적극적으로 문제를 해결하려고 하겠는가? 실패를 했을 때 페널티는 크고, 성공했을 때 인센티브가 없거나 적다면 역시 누가 적극적으로 문제를 해결하려고 하겠는가?

문제를 해결하려는 의지는 당연히 인간의 정신에서 나오지만 그것은 정신력 훈련이나 사탕발림으로 나오는 것이 아니다. 과학적, 시스템적 방법론에 기반한 당근과 채찍에 의해 나오는 것이다.

제13장

트리즈의 비판적 고찰

유목민족의 후예인 서양 학문은 깊이가 얕고 다양해서 이해 위주로 구성되어 있는데 반하여 농경민족의 후예인 동양의 학문 특히 한자문화권의 학문의 경우 깊이가 깊고 폭이 좁아 비교적 적은 수의 문자(한자)를 통달해서 모든 사물의 이치에 적용하여 해석이 가능한 형태라는 것이 일반론이다. 그러나 트리즈의 발명의 문제해결 원리를 살펴 볼 경우 광범위한 기술의 원리를 매우 제한된 몇 가지 원리에 의해 정리하고 이를 통달한 후 문제를 쉽게 해결하려는 시도를 하고 있다.

위와 같은 현상은 결국 알트슐러가 심혈을 기울여 만들어 놓은 원리들을 러시아의 몇몇 전문가들 이외에는 통달한 이가 없어서 복잡한 문제의 경우 트리즈의 원리를 원활하게 적용하여 기술 문제를 해결할 수 없다는 문제점을 야기하고 있기도 하다.

1_ 트리즈의 문제점 비판

1) 40년 전의 기술 분석 Classical TRIZ의 한계

발명의 종점은 없고 기술의 진화는 끊임없이 지속된다. 그런데 알트슐러가 주도한 Classical TRIZ는 40여년 전에 분석을 끝낸 문제 해결의 원리들로 당연히 그 분석 대상 기술들은 50~60년 전의 것들이다.

트리즈의 분석이 끝난 이후의 시기인 20세기 후반은 엄청난 기술 혁신과 진보가 이루어진 시기로 그 이전의 기술 내용과는 내용과 질적인 면에서 차원이 완전히 다르다고 할 수 있다. 하루가 다르게 진보되는 기술혁명의 시기에 어제의 기술도 아니고 수십 년 전의 기술을 토대로 분석한 문제해결의 툴로 미래의 기술을 진단하고 해결방법을 찾으려는 시도는 누구라도 상식적으로 이해하기 어렵다.

미래의 기술문제는 복잡화되고 시스템화 되어져 있으며 IT, 바이오, 유전공학 등 과거에 생각조차 못한 신기술에 하이브리드 융합까지 진화되어 왔다. 물론 알트슐러도 타분야의 기술이 복합문제를 해결하는 주요 수단이 된다는 사실을 인지하고 기술적 타성을 깰 것을 주장하였으나 21세기의 기술은 단순한 타 분야 기술의 차용을 넘어서 전혀 예상하지 못한 기술분야끼리도 융합해서 새로운 기술을 창출하는 단계에 이르는 상황이다.

알트슐러의 생존시기에도 현장에서의 모순 행렬표 해법의 문제점 지적과 모순행렬표의 적용을 통한 문제해결 요구에 한계를 느꼈다는 점은 최근의 국내 저술(생각의 창의성 TRIZ, 김효준)이 시사하는 바가 있다고 할 것이다.

2) 시도는 했으나 해결하지 못한 통합원리

발명의 문제해결 원리를 기술문제에 국한하지 않고 경영, 예술, 스포츠, 연예 등 모든 분야로 확장하기 위한 발명 위의 창의적 사고의 통합 개념과 시도들이 트리즈에서도 있었다.

TRTL-TRIZ(창조적 인간개발이론)과 OTSM-TRIZ(창조적 상상력 개발이론)이 그것이나 알트슐러의 사후 그의 동료와 제자들에 의해서 부분적으로 시도되고 있지만 아직 명확하게 완성된 것은 없다. 기술문제에 국한된 발명의 창의적 문제해결 방법에 국한된 것이 아닌 모든 분야의 창의적 문제에 적용 가능한 문제 해결의 원리를 찾아내려면 모든 경우의 수를 분석하여 복잡하게 만들어낸 원리들이 필요한 것이 아니라 역설적으로 단순화된 통합의 원리가 필요하다고 생각된다.

3) 자유로운 사고의 틀을 한정시키는 모순

발명의 원리를 찾자는 주장에는 동의하지만 모순행렬표나 아리즈 등 일정한 방법론에 국한된 트리즈가 만능은 아니다. 실제 사용에 있어서도 알트슐러나 그의 동료 및 제자들이 그 한계를 인정하고 있기도 하다. 발명은 종점이 없이 끊임없이 진화하며 기술은 급속도로 발전하고 있으므로 과거 기술에 대한 분석을 기반으로 정해진 몇 가지 툴과 도표로 한정 짓는 것은 불합리하다. 따라서 보다 유연한 사고를 할 수 있는 새로운 원리가 필요한 것이다.

발명의 구체적 사례분석을 통해 발명의 보편적 원리를 찾는다는 시도는 달리 생각해 보면 사후적인 억지 끼워맞추기가 될 수도 있다. 또한 발명가나 신기술 연구자의 자유로운 발상의 자유를 제한하게 된다. 트리즈가 창의성이 부족한 과학자나 전문기술자들이 신기술 개발이나 발명 특허 개발을 시도할 때 어느 정도 도움이 될 수도 있겠으나 트리즈를 완전히 이해하고 이를 일부나마 연구개발에 적용할 수 있기 위해서는 많은 시간의 공부와 실습을 필요로 한다는 단점이 있기도 하다.

4) 학술 논문들이 행하는 사후적 연구분석

트리즈 없이 만들어진 과거의 수많은 발명을 사후적으로 분석한 것은 "발명에는 일정한 법칙이 있다."는 것을 증명하기 위한 학위 논문으로서의 가치 밖에 없는 것은 아닐까? 현재까지 계속 트리즈 없이 발명은 진행되고 있는데 반하여 알트슐러 사후 트리즈는 매우 더디게 업데이트 되고 있다. 그렇다면 트리즈는 실질적인 효용이 있는 툴이 되기는 어렵지 않을까?

현업에서 발생되는 발명과 기술의 진화에 적절히 대응하지 못한다면 트리즈는 발명의 개발을 돕는 툴이기 보다 과거의 발명을 분석하여 일정한 흐름을 찾아내보려는 학문적 연구의 성과에 불과하다는 평을 들을 수 밖에 없다.

5) TRIZ는 만능인가?

트리즈 연구자나 책에서 주장하는 2~3백만 건 이상의 특허 분석 시도는 무모하다고 생각되며 그들이 주장하는 에디슨의 시행착오적 발명연구 방법과 동일한 발상이라고 볼 수 있다. 과학적 규칙을 만들어 내기 위해 반드시 많은 실험 개체수를 요구하지는 않는다.

1975년에 제정된 국제특허분류(IPC)에 규정된 것처럼 세부 분류 별로 일정수의 특허만을 선별하여 분석을 한다 해도 굳이 수백만 건을 어렵게 분석해서 만들어낸 결과와 별반 다르지 않을 것이다. 오히려 사전에 잘 분류된 특허들의 분석은 보다 체계적인 분석 결과를 얻는데 효과적일 수 있다.

또한 트리즈에서 시도한 완벽한 원리의 지향과 서술은 그 특성상 계속 모순을 낳을 수밖에 없다. 모든 경우의 수를 다 분석해서 빠져 나갈 수 없을 정도의 완벽한 원리를 만들기 위해서 계속된 보완을 하는 것은 무모하고 어리석은 일이다. 애초에 설계가 잘못되어 건설 중에 누수가 발생한 거대한 댐이나 보에 대해 부분적인 보수를 계속하는 것보다는 새롭게 재건축하는 것이 기술적으로 더 나을 수 있는 이치와 같다고 할 것이다.

또한, 트리즈는 잘 구성된 한 권의 완성된 책으로 기술되어 있는 것이 아니라 수십 년에 걸쳐 저술된 여러 권의 관련 저술로 구성되어 있다. 알트슐러의 생전에 자신의 저술을 일목요연하게 정리하여 하나의 체계 하에 저술을 정리 완성하였다면 이해하기가 훨씬 용이할 수 있었을 것이다. 그러나 애석하게도 그의 생전이나 사후에 제자들에 의해서조차도 일목요연하게 정리된 저술을 찾아보기 어렵다.

국내 시중에 나와 있는 트리즈의 책들은 가뜩이나 내용이 방대하고 설명이 산만한데다가 요즘의 저술들과 달리 불필요한 해설이 너무 많아서 이해에 혼돈을 준다. 오래된 책에서 원리 설명을 위해 동원된 사례들은 처음 접하는 이들에게는 저술의 신뢰성 저하의 원인이 될 우려가 있기도 하다. 최근에 나온 저술인 'TRIZ를 활용한 창의적 문제해결방법(전영록)'은 트리즈를 한 권의 책으로 잘 정돈해보려고 시도한 책으로 보여진다.

그리고 대부분의 번역서에 나와 있는 바와 같이 알트슐러가 러시아어의 뛰어난 문장력으로 설명한 것을 영어번역 후 한글로 재번역하는 과정에서 번역이 매끄럽지 않아서 원저자의 의도를 명확하게 전달하기 어렵다는 해명(?)은 참으로 받아들이기가 난감한 부분이다. 이러한 한계로 러시아의 전문가만이 해결할 수 있는 문제들이 있다거나 하는 이야기들도 이해하기 어렵다. 그러한 주장들은 솔직한 상황 설명을 해줄 수는 있겠으나 독자들이나 트리즈에 관심 있는 이들에 대한 예의가 아니며 트리즈에 대한 신뢰도만 떨어뜨릴 뿐이다. 러시아 대문호들의 인문학 역작들이 수십 년 전부터 번역되어 국내 대중들의 오랜 사랑을 받고 있는 데에 비하면 기술 분야의 인적자원 부족에 대한 안타까움만 느끼게 한다.

2_ 트리즈에 대한 발전적 개선안의 필요성

1) 에디슨은 발명의 원리를 남기지 않았다.

우리나라의 과거의 역사를 살펴보면 기술 천시풍조로 인하여 당대 기술 장인들이 기술비법을 전수하지 않고 죽은 사례가 많다. 근대에 이르러 일반 기술 원리는 학문적 저술로 매우 잘 정리되어 전수되고 있고 신기술은 특허 출원서에 잘 기재되어 있다. 그러나 과학기술의 발달에 따라 복잡하고 과도하게 분산된 기술현장에서 즉시 활용될 발명 특허들을 누구나 쉽게 창안해낼 수 있는 원리에 대한 저술은 거의 전무하여 그나마 체계적인 틀을 갖춘 것은 트리즈가 유일한 실정이기도 하다.

에디슨은 천 건이 넘는 발명특허의 출원과 560여건의 특허등록 업적이 있지만 그 또한 어떠한 발명의 원리를 남기지 않았다. 트리즈 연구자들이 지적하듯 그는 그가 해낸 대부분의 발명을 많은 연구 인력을 동원해 시행착오법으로 해결해 냈기에 어떠한 발명의 원리를 만들어 내기는 용이하지 않았을 것으로 보인다.

그러나 에디슨이 발명한 것들 중 상당수는 인류 문명의 발전에 지대한 공로를 한 완전히 새로운 발명품들로 그 업적은 높이 평가하여야 한다. 비록 그 새로운 발명품의 착상을 그가 독창적으로 해낸 것이 아니라 최초의 발상은 무명의 발명가들이 한 것이라 해도 그러한 발명을 완성하여 출시한 업적은 그 자체로 위대한 것이다. 다만 그의 명성이나 업적에 비해 후손들을 위한 발명 문제의 해결원리를 남기지 않은 점이 아쉬울 따름이다.

따라서 알트슐러가 남기려 한 창의적 문제해결 방법으로서의 트리즈는 매우 고귀한 발상이며 더욱이 그토록 애써 연구한 결과물을 모두에게 공개하고 공유하려 한 정신은 높이 존경할 만하다. 자신이 아니더라도 누군가는 반드시 발명의 문제해결 원리를 찾아내어 세상에 널리 알려야 한다는 정신은 지속되어야 하고 본받아야만 하는 숭고한 것이다. 다만 뛰어난 발명가가 정리한 자기만의 비법 정리가 과연 두뇌의 구조나 사고체계가 다른 사람들에게 얼마나 효과가 있을까? 하는 의문이 있을 수 있다. 알트슐러의 트리즈만 해도 매우 체계적이고 나름 합리적인 문제해결의 원리를 갖추고 있지만 그 원리를 활용하기 위해서는 많은 공부 시간 투입과 체득을 위한 실습을 필요로 한다.

또한 트리즈의 오랜 학습과 실습을 통한 체득 후에도 비교적 간단한 발명의 문제는 해결할 수 있으나 기술이 진화되고 복잡해진 문제는 해결하기가 용이하지 않다. 이러한 경우 알트슐러가 살아서 돌아와 직접 문제를 해결한다면 그가 반드시 새롭게 접한 문제의 해결 방법을 찾아낼 것임을 믿어 의심치 않는다.

하지만 현실의 문제에 접한 나는 알트슐러가 아니며 그의 조언조차 받을 수 없다. 따라서 트리즈를 잘 활용하기 위해서는 알트슐러가 만들어낸 트리즈의 문제해결의 원리를 완벽하게 이해한 후 그 문제점을 보완한 나만의 트리즈를 만들 필요가 있다. 트리즈의 가치를 인정하고 널리 쓰이게 하려면 현장에서 복잡하고 어려운 발명의 문제에 접한 발명가나 기술자가 매번 상황에 맞게 트리즈를 보완 개선하여 문제를 해결하고 이를 기록으로 남겨야 한다.

2) 간단한 분석의 원칙을 습득하고 체득화하자.

창의적 사고를 할 수 있는 이와 할 수 없는 이의 차이는 사고 습관의 차이이다. 공부를 열심히 하는 좋은 습관이 쌓여 성적이 우수해 지듯이 사물의 이치를 대하는 습관의 차이가 창의력의 차이를 만든다. 그 동안 우리사회에서는 공부를 열심히 해 성적이 우수해지면 부모와 사회의 평가가 달라지기에 더욱 열심히 하게 되지만 창의적 사고 능력은 사회에서 오히려 엉뚱하다는 우려의 시선을 받게 되는 현실이 잠재적 창의력마저 죽이는 요소로 작용해왔다.

그러나 21세기는 창의력을 절대적으로 요구하고 있고 창의력을 가진 이가 세상을 주도하는 시대가 된다는 데에 이의를 다는 사람이 없다. 따라서 그 동안 무시해온 창의력 개발이 시급한 과제가 되었으나 딱히 창의력 교육을 할 만한 툴이나 창의적 문제해결 방법이 없다는 한계에 직면하게 되었다.

이러한 시점에서 그나마 체계적인 틀을 갖춘 트리즈는 전문적인 문제해결방법론으로는 시대에 맞게끔 보완을 해야 하는 실정이지만, 창의성 배양 교육훈련과 간단한 문제의 해결의 툴로서는 아직껏 손색이 없어 보인다.

그러나 창의적 사고 능력을 배양하기 위해 뛰어난 발명가나 연구자가 남긴 몇 가지 창의적 문제해결의 방법론을 학습하는 것으로는 분명한 한계가 있다고 보여진다. 창의적 사고 능력을 배양하는 근본적인 방법은 어려서부터 지속적으로 창의적 사고를 하는 습관을 들여서 각자 다른 두뇌 사고체계에 알맞게 자신만의 창의적 사고방식을 체득하게 하여 스스로 문제를 풀 수 있도록 해야 한다.

남이 오래 전에 만들어 놓은 좋은 옷에 맞추어 내 몸을 성장시키기보다는 내가 스스로 체득하여 만든 내 몸에 알맞은 창의적 사고의 툴을 가동한 상태에서 지속적으로 변하는 무한한 기술발전의 흐름을 습득하여 창의적 문제를 해결하는 것이 보다 합리적일 것이다.

트리즈가 시도한 완벽한 발명의 문제해결원리처럼 발명의 원리는 복잡하지 않으며 불변의 몇 가지 원칙과 창의적 사고 습관에 의해 체득화 될 수 있다. "발명이란 각 개인이 체득한 자신만의 창의적 사고의 체계와 몇 가지 원칙에 (기술)정보를 입력하고 선행기술을 검색하여 방향성을 잡아가는 일련의 행위다."라고 감히 말할 수 있다.

3) 문제를 정의하고 단순화하라.

얼마 전에 사망한 애플의 창업자 스티브 잡스는 극단적 미니멀리즘으로 시대의 혁신적인 기술 흐름을 만들어 내어 성공하였다. 위대한 발명은 복잡한 구조의 만능기계가 아니라 꼭 필요한 기능들을 단순하고 미려하게 구현해낸 것이다.

그러면 어떠한 것이 가장 간단하고 단순한 발명 문제해결의 핵심 원리일까?

인간이 동물과 다른 점은 언어와 문자를 사용한다는 점이다. 인간은 어떤 상황이든 언어로 표현할 수 있다. 따라서 어떤 문제든 언어로 정의할 수 있고, 그 정의된 문제에 대한 어떤 해결책도 언어로 정의할 수 있다.

창의적 문제를 해결하려면 제일 먼저 문제의 핵심을 잘 정리된 문장으로 정리할 필요가 있다. 잘 정리된 문제는 그 문제를 해결하려는 기술의 존재유무와 상관없이 그 문제가 해결된 상황을 가정하여 문장으로 정리할 수 있다. 이렇게 정리된 문장을 토대로 그 문제가 속한 기술 분야에 국한하지 않고 그 언어가 규정한 상황 해결에 알맞은 선행기술 자료를 검색하자.

앞선 문장에서 그 문제가 속한 기술 분야에 국한하지 말라는 의미는 해결하고자 하는 문제를 명료한 서술어(형용사, 부사, 동사)로 일반화한 후에 상 하위 기술체계 분야를 가리지 말고 동일한 의미와 기능을 하는 기술을 찾아서 해결하라는 뜻이다. 통상의 창의적 발명문제에서 해결하고자 하는 문제의 주체는 발명의 핵심인 주어나 목적어가 아니라 핵심을 묘사하는 서술어이다. (예를 들면 자동차 엔진에 관련된 문제에서 해결하고자 하는 것은 엔진 자체가 아니라 엔진을 구성하는 주변요소의 성능에 관한 것으로 그 성능은 서술어로 표현할 수 있다. "엔진의 정확한 점화 타이밍을 위한…"이란 문제에서 해결하고자 하는 것은 "정확한"이라는 형용사로 서술된 문제이다.)

발명의 모든 문제를 통합하는 원리가 있다면 최고 최상의 것이 될 것이나 지속적으로 변화하고 발전하는 발명 기술의 세계에서는 그러한 원리를 만드는 것은 거의 불가능에 가깝다. 발명의 원리조차 진화하는 기술에 부응하여 스스로 진화하지 않는 한 매번 수동적이고 사후적인 원리 수정과 보완은 그나마 쓸모 있던 원리를 누더기로 만들 뿐이다. 더욱이 창의적 원리를 만든 이가 사망한 뒤에 그 후학들이 적절히 이를 보완해내지 못한 체 과거의 원리만을 답습하고 있다면 문제가 아닐 수 없다.

아인슈타인의 위대한 상대성 원리의 공식은 매우 간단하다.

$E=mc^2$ (상대성원리, 질량-에너지 등가의 법칙)

기계공학에서 사용되는 힘을 구하는 공식은 매우 간단하다.

$F=ma$ (가속도 $a=0$은 정역학, $a\neq0$면 동역학)

"이론은 가정이 단순할수록, 더 이질적인 요소들을 연결할수록, 그리고 적용 가능한 영역이 더 넓을수록 더 인상적이다."라는 아인슈타인의 말에 유념할 필요가 있다.

따라서 발명의 원리와 그 적용 대상을 극도로 단순화 할 필요가 있다. 잘 정돈된 문장으로 정리하고 그리고 해결책을 찾아보자. 창의적 사고 습관을 몸에 익히고 간단한 발명의 문제 해결 원리에 대한 나만의 방식으로 통달해야 한다.

4) 관련 정보와 기술을 검색하여 활용하라.

현재의 잘 정돈된 특허 DB는 누구나 쉽게 사용할 수 있으며 이는 알트슐러보다 훨씬 나은 좋은 조건에 누구나 접할 수 있음을 의미한다. 아무리 뛰어난 창의적 문제해결 방법이 있어도 그 방법론은 사용하는 사람에게 관련 분야의 지식과 정보가 없으면 무용지물이지만 누구나 쉽게 접할 수 있는 특허DB와 인터넷 검색사이트의 존재는 사용법만 알면 무한하게 지식과 정보의 깊이를 넓힐 수 있게 해주고 있다

끊임없이 창의적 사고를 하는 습관을 들이고 단순화된 발명의 문제해결 원리에 쉽게 검색된 특허정보와 기술지식을 접목시켜보자. 우리나라의 특허 검색DB는 매우 잘되어 있고 접근성도 매우 편리하여 아무나 쉽게 활용할 수 있으므로 자주 이용하는 습관이 필요하다.

5) 뇌 컴퓨터의 논리 회로에 정보를 분해해서 입력하라.

인간의 뇌 컴퓨터는 위대하다. 단순한 도표(모순행렬표)에만 의지할 것이 아니라 드러난 원리들을 통달 및 체득하고 뇌의 회로를 활용하자. 뇌의 회로에 선행기술, 유사기술, 타분야 응용가능 기술들을 집어 넣어 무의식으로 돌리자. 두뇌 회로의 유연성과 우수성은 현존하거나 앞으로 출현할 어떠한 문제해결 원리 도표와 비교도 할 수 없을 만큼 위대한 것이다.

오랜 창의적 사고 습관으로 자생적으로 보유한 발명의 원리에 따라 스스로 발명을 할 줄 아는 발명가는 단순한 발명원리를 추가하여 나만의 발명원리를 체계적이고 고도로 심화하는 과정을 거쳐라.

타고난 창의력이 부족한 연구원이나 발명가 지망생은 발명의 원리와 생각정리의 기술(마인드맵)과 트리즈를 통해 발명의 원리와 창의적 사고의 틀을 지속적으로 학습하고 훈련하여 통달하자. 타고난 창의적 사고 능력을 가진 이는 이론을 재무장한 후 자신의 사고체계를 정리 강화하여 적극 활용하고 후배들을 위해 그 원리를 남기자.

3_ 알트슐러는 죽었다.

알트슐러는 죽고 그의 정신만이 살아남아 있다. 알트슐러의 생각과 판단은 옳았고 그는 그가 할 수 있는 일을 해냈다. 일생 동안 심혈을 기울여 만든 창의적 문제해결 방법에 대한 정보의 공개와 공유 정신은 위대한 것이다. 하지만 후학들이 이를 제대로 계승 발전시키지 못하고 아직껏 알트슐러가 개발해 놓은 틀에 갇혀 있는 점은 매우 안타까운 실정이다.

가장 훌륭한 제자는 스승을 뛰어 넘을 수 있는 제자이다. 그의 높은 정신을 받아들여 후학들이 현실에 알맞게 수정 보완하고 체계화해야 한다. 알트슐러 업적의 핵심은 창조적 상상력을 구체화 하는 훈련 툴의 개발이다. 알트슐러의 정신을 진정으로 계승하는 행동은 드러난 문제해결의 툴을 부분적으로 보완하는 것이 아니라 그의 참뜻을 파악하여 그의 숭고한 뜻에 알맞게 전면적으로 툴을 정리하는 것이라 생각된다.

Ex 1) 상상 문제해결

트리즈의 발명의 원리 40가지를 아라비안나이트(천일야화)에 나오는 알리바바와 40인의 도적들로 의인화 해보자.

도적질의 성공을 위해 40인의 도적들은 어떠한 기술적 문제를 해결해야 했을까?

〈주요인물〉

카심, 마르자나, 후사인, 무스타파의 창의적 행동

〈40인의 도적들의 보유 기술〉

정보통, 망보기, 칼, 표창, 창, 화살, 말타기, 독극물, 변장, 운반, 포장, 장물처리, 달리기, 담넘기, 줄타기, 불지르기, 신호음, 열쇠, 도살, 조달, 유혹, 힘, 손재주(만들기), 조리, 나무오르기, 글재주, 지리, 침투(닌자), 숙소, 화약, 모사, 관리, 연기, 줄던지기, 말몰이, 감사, 대장, 그물, 수화, 통역,

누대에 걸쳐 성공적인 도적질을 해온 40인은 마르자나에게 왜 힘없이 당했을까?

그들은 갖고 있던 모든 재산을 잃고 결국 부하 도적 39인은 여자 종이 부은 뜨거운 올리브기름에 의해 어이없이 떼죽음을 당했는데 요즘의 도둑이라면 어떠한 기술과 전략을 보유해야 할까?

도둑들의 처지에서 살펴보면 '도둑들이 재산과 목숨을 지키지 못한 가장 큰 이유'는 무엇일까?

40인의 도적이 지닌 문제 해결의 기술과 두목을 제외한 39인이 해결해야 할 기술 과제는 새롭게 주어진 도전 과제에서 어떻게 작용할 것인가?

트리즈의 발명원리 40가지와 39가지 기술시스템이 지닌 특성과 비교해보자.

〈도둑들의 문제점〉

1. 한 동굴에 모든 귀중품을 보관하는 것은 돈 관리의 기본인 분산투자 및 보관의 원리를 몰라서 이다.
2. 비밀번호의 중요성을 간과하고 '열려라, 참깨'라는 누구든 한 번만 들으면 쉽게 기억할 수 있는 비밀구호를 사용했다.
3. 비밀스런 잠입을 위해 쉽게 도망칠 수 없는 항아리에 아둔하게도 스스로 갇혀 버렸다.

도둑들이 지닌 막강한 40가지 기술과 39인의 맨 파워는 뜨거운 올리브기름이라는 단순한 기술을 지닌 나약한 여자 종에게 속절없이 당했다. 발명의 문제 해결은 복잡한 것이 아니라 주어진 상황에 알맞은 올리브기름처럼 간단한 것은 아닐까?

TIP "회사 또는 개인의 성공을 위해 창의적 사고능력의 배양은 숙명이다."

"Change"의 g를 c로 바꿔보십시오.
"Chance"가 되지 않습니까?
변화 속에 반드시 기회가 숨어 있습니다.

빌게이츠(MS회장)

biz, IP R&D

제4부
생각의 열매 맺기

제14장

생각 키우는 방법 완성하기

1_ 창의적 사고 습관들이기

인간의 뇌는 어떠한 슈퍼컴퓨터조차도 따라 올 수 없는 창조적 사고 능력과 자율적 제어 능력을 갖고 있으며 천재와 범재 등으로 구분되는 뇌의 능력에 대한 개인차는 기본적으로 없다는 것이 정설이다. 인간이라는 생명체는 자체가 아직까지 누구도 흉내 낼 수 없는 완벽한 발명체라고 볼 수 있다. 개별 인간은 각자 뇌의 자율적인 명령에 의해 움직이고 생명을 유지해 간다.

그런데 누구나 동등한 능력의 창조적 뇌를 가지고 자율적으로 움직이는 인간이라는 존재가 실상의 삶에 있어서는 천태만상의 차이를 보이고 있는 원인은 무엇일까?

누구는 게으르고 누구는 부지런하고, 누구는 수동적이고 누구는 능동적이고, 누구는 소극적이고 누구는 적극적이고 이렇듯 확연히 차이가 나는 이들이 함께 공존하며 살아가고 있는 것이 현실의 인간사회이다. 태어날 때 똑 같이 귀엽고 초롱초롱한 눈빛을 지닌 아이들은 커가면서 외양이 달라져서 어느 정도 성인이 되면 외모만으로도 그 사람의 성격이나 살아가는 환경을 알아 볼 수 있을 정도로 구분이 된다.

왜 그럴까? 태어날 때는 뇌의 구성이 동등한 조건으로 태어났고 단지 각기 다른 약간의 특질만이 있었을 뿐인데 성장해서는 왜 그렇게 다른 모습으로 살아갈까?

그것은 생각하는 습관의 차이가 아닐까? 처음에는 아주 작은 차이가 있었지만 시간이 흐르면서 차이가 쌓이고 몸에 배어 완연히 다른 생각의 회로를 지닌 인간으로 변모된 것은 아닐까?

주변의 사물을 대하는 능동적이고 적극적인 사고의 습관을 들인 이가 보게 되는 사물의 이치의 크기는 수동적이고 소극적인 태도로 귀찮아하거나 무시하는 습관을 들인 이가 보게 되는 사물의 이치의 크기보다 월등히 클 것이며 이러한 결과들이 세월이 흘러 누적되면서 실로 돌이킬 수 없는 차이가 발생하게 되는 것이다.

생각이 바뀌면 행동이 바뀌고 행동이 바뀌면 인생이 달라진다는 말처럼 창의적으로 사고하는 생각의 습관을 바꾸면 그것이 쌓여 전혀 다른 인생을 살게 된다. 따라서 하루라도 더 빨리 삶의 차이의 근본원인을 깨닫고 지금이라도 능동적이고 적극적인 태도와 열린 마음으로 주변의 사물을 대해야만 그토록 원망하던 세상의 차별을 내가 다룰 수 있는 영역으로 끌어 들여 스스로 해소할 수 있다.

네가 보는 세상과 내가 보는 세상은 다르지 않다. 다만 그것은 보는 이의 뇌가 지닌 사고의 습관에 따라 달리 보일 뿐이며 그렇게 달리 받아들인 뒤의 생각의 결과물들이 각자의 삶의 질을 좌우할 따름이다.

2_ 발명의 원리 찾기

우리 주변에 널려 있는 모든 사물들은 지구 역사상에 생존했던 누군가의 위대한 발명품들이다. 그러한 모든 발명품들은 각기 태생의 비밀과 원리를 간직하고 있으나 무심한 사람들이 아무 생각 없이 일상적으로 대하고 있을 뿐이다. 그들 중 일부는 개별 사물에 대한 발명의 이치를 깨우쳐 그 사물을 개량한 새로운 발명품을 만들어 내기도 하며 또한 새로운 발명품을 만들어내는 이들 중 아주 소수는 발명의 원리를 찾아보고자 노력을 기울인다.

세상의 모든 이들이 쉽게 깨우칠 수 있는 발명의 원리가 있다면 세상은 더욱 풍요로워 지지만 현실은 그렇지 못하고 발명품의 기술 난이도는 기술의 진화에 따라 점점 어려워져 가는 실정이다. 발명의 원리를 찾기 이전에 창의적 사고의 습관을 갖는 것이 중요하지만 일의 순서를 구분하기에는 그 선후관계가 명확한 것이 아니므로 병행하여 노력을 기울여야 한다.

세상을 이롭게 할 발명의 원리를 찾는 것은 이미 창의적 사고능력이 뛰어난 이들에게 맡기더라도 간단한 발명의 원리에 대한 학습과 통달은 누구나 해야만 할 과정이다.

1) 역사 속의 발명 원리 찾기

앞서 제1부 생각의 씨앗 키우기에서 살펴본 것처럼 대부분 현존하는 발명품들은 어느 날 갑자기 하늘에서 뚝 떨어진 것이 아니라 오랜 세월의 진화의 과정을 거쳐 온 것들이다. 과거 발명의 역사를 살펴보면 어떻게 해당 발명품이 진화해 왔는가를 비교적 쉽게 알 수 있으므로 조금만 더 깊이 생각하면 미래의 진화 과정도 상상해 볼 수 있다.

또한 자주 주변의 발명품들에 대해 발명의 원리를 깨우치다 보면 트리즈를 개발한 알트슐러가 시도했듯이 자신만의 창의적인 발명 문제해결 방법을 찾아내게 될 수도 있을 것이다. 발명의 미래를 보기는 쉽지 않겠지만 현존하는 발명품의 과거 추이를 분석하는 일은 그다지 어려운 일은 아니므로 지금부터라도 유심히 살펴보는 습관을 들여 보자.

2) 트리즈의 발명원리 체득화

더하기 빼기 발명 발상법이나 수평적 사고발상법 등 발명을 잘 할 수 있는 많은 발명원리들이 산재해 있으나 알트슐러가 개발한 창의적 문제 해결 방법으로서의 트리즈만큼 체계적이고 합리적으로 다루어진 방법론은 아직까지 없다.

트리즈도 그 실제 적용에 있어서 현재 여러 가지 논란이 있기는 하다. 하지만 완벽한 문제해결 방법으로서가 아니라 문제해결에 있어서는 제한적이지만 효율적이고, 더욱이 창의적 사고능력을 배양해주는 데에는 아직 이만한 방법이 없다고 생각되므로 열심히 배워서 몸에 밸 정도로 통달하면 그들이 말하는 제3,4수준의 창의적 발명가는 될 수 있으리라 생각된다.

3) 단순화된 발명 원리 체득하기

인류가 만들어낸 수많은 발명을 모두 통괄할 수 있는 발명의 원리를 만들 수 있을까? 제빵사나 요리사 자격증을 따기 위해 공부하는 학생들에게 제시하는 레시피 처럼 규격화된 발명의 원리를 주어 조금만 훈련하면 균등한 품질과 수준의 발명품을 누구나 만들 수 있도록 할 수 있을까?

참으로 이상론에 가까운 생각이지만 절대적으로 부정하기에는 무언가 아쉬움이 있고 언젠가는 뛰어난 발명가에 의해 "발명을 하는 방법 발명하기"라는 테마로 완성되어 발표될지도 모른다는 기대감을 가져본다. 하지만 위의 막연한 기대감도 모든 상황을 완벽하게 커버하는 만능기계 설계도처럼 복잡한 것을 생각한다면 영원히 불가능한 것이라 생각한다. 그토록 숭고한 소명의식으로 창의적 문제해결 방법을 개발한 알트슐러가 생전에 자신만의 완벽한 발명 원리를 만들어 내지 못한 것도 결국은 완벽을 기하기 위해 시도한 복잡한 문제 해결 체계로 보완을 거듭한 데에도 이유가 있지 않을까 하는 생각이기도 하다.

영원토록 물 한 방울 새지 않는 만능의 댐을 만들기 위해서는 계속 댐을 높이고 낡은 곳을 수선해야 하고 결국에는 감당하지 못해 무너져 내려 무용지물이 될 수도 있음이다. 따라서 모든 것을 담기 위한 발명의 원리는 단순해야만 한다. 단순한 틀에 사안에 따라 필요한 원리를 떼었다 붙였다 할 수 있는 창의적 사고 능력을 갖춘다면 어떠한 발명의 문제도 창의적으로 해결해 낼 수 있다.

'창의적 사고의 습관을 가진 이들이 우선 해결하고자 하는 발명 문제를 간결하고 명료한 문장으로 정리한다. 잘 정돈된 간결한 문장은 주어 또는 목적어(발명의 핵심)와 서술어(형용사, 부사, 동사)로 구분된다. 잘 정리된 문장에서 해결해야 될 문제인 서술어에 대해 기술 분야의 구분이 없이 기술문제가 지닌 본질적인 특성 측면에서 접근하여 원하는 기술 특성을 구현하면 발명의 문제를 해결할 수 있다.

3_ 창조적 발명 완성하기

1) 창의적인 생각 정리하기

창의적인 사고 습관을 들이고 간결한 발명의 원리를 습득하였더라도 현대의 복잡하고 첨단화된 기술 분야에서는 문제해결에 대한 방법론들을 단순한 메모 형태로만 기술해서는 한계가 있다. 따라서 복잡하고 산만한 생각을 정리하는 기술이 필요한데 제2부에서 상세 설명한 마인드맵은 그 중 유용한 툴이다. 마인드맵은 시각적인 정리 효과를 통해 기억력을 향상시켜 주기도 하지만 잘 정돈된 마인드맵의 구조는 논리적인 사고 능력향상과 더불어 창의적 사고능력의 향상의 효과까지 기대할 수 있다.

창의적 문제의 해결 시도에 앞서 문제와 해결방법에 대한 복잡한 생각을 잘 정리하는 것은 필수적이며 어떠한 형태로든 정리한 후에야 비로소 제대로 된 문제해결에 착수할 수 있을 것이다. 복잡하게 산재된 생각을 체계적으로 정리하지 않고 문제의 해결에 임하면 잘못된 문제 인식으로 인하여 전혀 엉뚱한 해결 방안이 나올 수도 있다.

복잡한 생각 정리의 필요성은 이 책에서 가장 강조하는 단순화된 발명 문제의 해결원리의 구현을 위해서도 문제의 단순화가 절대적으로 필요하기 때문이다. 지금부터라도 창의적 사고의 습관을 들이고 복잡한 생각을 잘 정리 할 수 있는 마인드맵과 같은 기술을 통달한다면 머지않은 시일 내에 막연하기만 했던 문제들이 내 머릿속에 명료하게 떠오르는 경험을 할 수 있을 것이라 확언한다.

2) 기술 정보와 지식 습득하기

창의적 사고 습관을 들이고 간단한 발명의 원리를 통달하고 있더라도 발명에 필요한 분야의 정보와 지식이 없으면 아무 것도 할 수 없다. 하얀 백지를 아무리 잘 복사해도 하얗게 복사할 수 있을 뿐이고 잘못된 정보인 쓰레기를 넣으면 결과는 쓰레기만 나올 뿐이다.

선사시대에 사는 인간이었다면 눈에 보이는 것만 제대로 판별할 줄 알면 되었지만 첨단 기술로 무장된 현대의 발명품들은 해당 분야의 정보와 기술을 모르고서는 아무 일도 할 수 없다. 다행스럽게도 인터넷의 발달과 정보의 공개로 인터넷만 사용할 줄 알면 누구라도 쉽게 정보와 지식을 습득할 수 있으며, 특허 기술 DB 또한 국제 분류기준에 따라 잘 분류된 수천만 건의 자료를 누구라도 쉽게 검색해 볼 수 있다. 따라서 인터넷을 통한 정보의 검색과 아울러 각자 관심이 있는 분야의 기술에 대한 지식의 습득을 위해 평소에 안테나를 세우고 부지런히 움직여야만 한다.

이 책에서 발명의 원리를 최대한 간단하게 구성하자고 감히 주장한 이유도 따지고 보면 그 간단한 원리를 뒷받침 해줄 뛰어난 정보와 지식의 DB를 누구라도 쉽게 이용할 수 있는 접근의 용이성이 있기 때문이기도 하다. 뛰어난 창의적 문제해결 원리를 개발해낸 알트슐러는 접할 수 없었던 정보와 지식을 현대에는 비전문가라 할지라도 용이하게 접근할 수 있는 행운을 누리고 있는 까닭이기도 하다.

3) 뇌 회로에서의 생각 숙성시키기

인간의 뇌 회로는 현존하는 어떠한 슈퍼컴퓨터보다도 뛰어난 논리적 사고 능력을 갖고 있다. 단순한 알고리듬의 연산으로 행하는 수치 계산과 정보의 기억은 컴퓨터가 훨씬 뛰어나겠지만 어떠한 상황에서도 능동적으로 상황 판단을 하여 창조적 사고를 해내는 능력은 컴퓨터에는 전혀 없는 것이다. 다만 무한한 상상력과 창조능력으로 어떠한 과제라도 능히 해결 할 수 있는 뇌이지만 그러한 능력을 효율적으로 발휘할 수 있도록 하기 위해서는 반드시 창의적 사고 습관이 필요하다.

이 책에서 발명의 원리를 최대한 간단하게 구성하자고 감히 주장한 중요한 이유는 바로 어떠한 발명원리로도 해결할 수 없는 문제에 대한 창조적 해결능력을 각자가 지닌 뇌가 가지고 있기 때문이다. 실현 불가능한 완벽한 발명의 문제해결 원리에 얽매여서 대세를 그르치기 보다는 창조적 사고 능력을 지닌 뇌가 능력을 잘 발휘할 수 있도록 문제를 간단하게 정리하여 뇌에 입력시켜 주면 뇌는 놀랍게도 이미 입력된 첨단 정보와 지식을 해결할 문제와 함께 잘 버무려서 맛있는 결과물로 만들어 출력해 줄 것이기 때문이다.

인간이 지닌 뇌의 창조적 능력은 누구나 대동소이하다. 특정한 분야의 재능과 운동능력 등은 다소 다를 수 있겠지만 가장 크고 중요한 뇌의 창조적 능력이라는 점에서는 별다른 차이가 없다. 능력은 같은데 사고의 습관과 행동의 차이로 인생이 달라지고 그리고 그 달라진 차이로 큰 차별을 받고 있다면, 이 사실을 알게 된 지금부터라도 분발할 수 있어야 참된 인간이라 할 수 있지 않을까?

제15장

성공적인 발명 개발 전략

구슬이 서 말이라도 꿰어야 보배다. 발명의 원리를 깨닫고 나만의 창의력을 발휘해서 새로운 발명 특허를 창안해 냈다면 이제는 이를 구체적으로 구현해야 한다. 잘 창안해낸 발명 아이디어는 좋은 씨앗에 불과할 뿐 이제부터 훌륭한 농부가 모든 주변 환경요소를 고려하여 농사를 짓듯 혼신의 노력을 기울여 발명의 씨앗을 잘 가꾸어야 가을에 비로소 훌륭하고 풍족한 결실을 거둘 수 있게 된다. 타인의 성공사례를 분석하여 벤치마킹하는 것도 한 가지 좋은 방법일 수 있다.

바야흐로 21C는 창의적 사고를 하는 이들이 지배하는 시대이다. 타인의 특허를 매집하여 특허를 직접 사용하기 보다는 소송을 대행하여 막대한 로열티를 받아내는 특허괴물(Patent Troll)인 IV(인텔렉추얼벤처스)사의 출현으로 특허 등 지적재산권에 대한 관심이 고조되고 있기도 하다.

국내에서는 이에 대응하여 창의자본주식회사 개념으로 추진된 인텔렉추얼 디스커버리(주)가 정부 지원으로 설립되었다. 이렇듯 국내외적으로 치열한 특허 전쟁이 시작된 상황에서 각 기업들은 자사의 기술 및 시장 보호를 위해 과거보다 훨씬 치열한 특허권리 획득 및 관리전략이 필요하게 되었다.

개인발명가라면 미국의 현대판 발명왕 제롬 레멀슨의 특허 전략을 유념하여 고려해 볼만하다. 기업 내의 직무발명가나 연구소 또는 특허관리 부서의 경우에는 아이디어 창안 및 특허출원 이전부터 IP R&D를 필수적으로 진행해야 한다. 신제품 개발을 위해 미국 등 선진국에서 시행중인 신제품개발 전문가 NPDP(New Product Development Professional) 제도의 도입도 시급히 고려해 보아야 할 상황이다.

회사의 CEO가 특허사령관이 되어 사내 외 전반의 관련분야 특허 동향을 정확히 인지하여 전략을 수립하고 지시하여야 하며 R&D 기획 단계부터 특허 DB를 분석하여 선행기술 유무를 조사하고 강력한 특허권의 창출을 위해 노력을 경주해야만 한다.

1_ 발명 특허 전략

1) 발명 특허에도 전략이 필요하다.

위대한 발명가 에디슨은 누구나 잘 알고 있고 그가 발명한 제품들은 세상의 발전에 크게 기여했지만 정작 에디슨은 계속된 발명에의 연구비 지출과 특허소송 등으로 큰돈은 벌지 못한 것으로 알려져 있다. 발명가의 이상이 세상의 발전에도 있지만 큰돈을 벌겠다는 뜻도 있다고 보면 돈을 번다는 측면에서는 에디슨의 인생은 그리 성공적인 것이 아니라 볼 수도 있다.

또한 녹음기의 발명이 프랑스의 무명 발명가가 먼저 발명한 것이라는 최근의 연구보도나 현재 발명의 발상 기법으로 널리 사용되고 있는 알츠슐러의 Triz에서는 에디슨의 시행착오를 통한 발명 방식을 낮게 평가하여 발명가로서 인정하지 않고 있기도 하다. 그러나 누가 뭐라고 해도 에디슨이 세계의 기술 및 경제 발전에 기여한 공로는 과소평가 할 수 없으며 유에서 무를 창조한 탁월한 능력은 어느 누구도 따라 잡기 어려운 것이다.

다만 우리가 여기서 논하고자 하는 것은 시대의 변화와 기술 환경의 혁명적 변화에 맞추어 새로운 시도로서 커다란 성공과 업적을 남긴 위대한 발명 전략가들의 예를 살펴보며 "왜? 발명에도 전략이 필요한가?"에 대해 논하고자 함이다.

스티브 잡스

얼마 전 타계한 스티브 잡스는 매킨토시 컴퓨터부터 아이포드, 아이폰에 이르기까지 시대를 선도하는 탁월한 제품들을 지난 30여 년간 만들어 왔는데 그는 또한 300여건의 발명특허를 출원한 뛰어난 발명가이기도 하다.

그러나 그의 발명이나 그가 선도적으로 내놓은 제품들은 애초에 없던 원천기술을 개발한 것이라기보다는 공지의 기술들을 적절히 조합하고 최고의 디자인을 부가함으로써 시대를 이끌어 가는 새로운 시장 수요들을 창조해낸 것들이다.

그는 진정한 핵심 기술자이기보다는 동료인 스티브 워즈니악의 뛰어난 기술에 더해 탁월한 마케팅 능력과 뛰어난 협상력을 바탕으로 성공적 제품과 시장을 창출해 낸 것이며, 조너선 아이브의 뛰어난 디자인 능력을 활용하여 소비자들을 절대 만족시키는 제품을 창출해 낸 것이다.

그런 점에서 워렌 버핏의 말대로 돈을 버는 데는 아인슈타인의 지성 보다는 잡스의 감성이 낫다고 할 수 있겠다.

빌 게이츠

스티브 잡스와 연배가 같고 동시대에 뛰어난 역량을 발휘한 빌게이츠 역시 스스로 뛰어나 기술자라기보다는 공동 창업자인 폴 앨런의 기술능력을 적절히 활용하고 탁월한 마케팅 능력과 뛰어난 협상력을 바탕으로 절호의 비즈니스 기회를 잡아 성공한 것이다.

그의 중요한 협상 기술 중 하나는 당장 아무 것도 없으면서 상대가 원하면 무엇이든지 만들어주겠다고 대답하는 것이다. 시애틀 컴퓨터사는 인텔 CPU에서 작동하는 운영 체제인 QDOS를 개발하고 있었는데, QDOS의 개발자 팀 패터슨은 마이크로소프트사의 빌게이츠에 전화해 QDOS에 맞게 베이직을 수정할 생각이 없느냐고 전화로 문의했다. 마이크로소프트는 QDOS를 수정하면 IBM이 원하는 운영 체제를 만들 수 있다고 생각했다. 마이크로소프트사는 시애틀 컴퓨터사와 협상을 해서 단돈 2만5천 달러에 QDOS의 비독점 사용권을 구입하게 된다.

빌 게이츠는 시애틀 컴퓨터사에 IBM과 계약했다는 이야기를 하지 않음으로써 매우 싼값에 유리한 계약을 이끌어낸다. 이와 관련해 빌 게이츠를 비도덕적이라고 비난하는 사람도 있지만, 비즈니스 측면에서 보면 이는 칭찬할 일이지 비난할 일이 아니다.

빌 게이츠의 협상력은 IBM과 맺은 운영체제 공급계약에서 크게 활약했다. 결과적으로 빌 게이츠와 IBM의 계약은 마이크로소프트에 1천억 달러 이상의 가치를 가져다 준 계약이다. 빌 게이츠는 IBM에 비독점적인 사용권을 넘기려고 했다. IBM이 마이크로소프트의 운영체제를 마음대로 쓰는 대신 마이크로소프트가 판매권을 갖는다는 계약은 당시 관행으로 보면 파격적인 요구였다.
빌 게이츠가 과거 다른 업체에 베이직을 공급할 때만 해도 판매에 대한 독점권까지 넘겨주어야 했다. 하지만 빌 게이츠는 IBM에 사용권만을 허락하는 계약을 이루어냈다. 8만 달러라는 헐값에 운영체제 사용권을 넘기고 대신 독점 판매권을 획득한 것이다. 그 후 PC OS의 독점과 끼워팔기 전략 등은 더 말할 나위 없이 큰 성공을 가져다 준 것이다.

제롬 레멀슨(1923~97)

바코드 발명으로 유명한 레멀슨은 죽어서도 특허소송으로 세계 굴지의 대기업들을 괴롭혔으며 그의 특허 전략은 개인 발명가들에게 매우 큰 시사점을 주고 있다고 할 수 있다. 그는 국내에서도 90년대 후반부에 전자제품 대기업들을 대상으로 특허소송을 벌여 큰 타격을 주었다.
레멀슨은 558개의 등록 특허를 보유하여 에디슨은 562개에 버금가며 생전에 번 돈을 기부하여 "레멀슨-MIT 발명상" 만들고 매년 우수 발명가를 선정하여 50만 달러의 포상금을 주고 있기도 하다. 그의 특허 전략은 신기술의 추세를 분석하고, 하나의 산업이 어느 방향으로 움직이는지 알아내고 그런 후에 바로 그 방향으로 특허를 출원하는 것이었다.
레멀슨은 기술잡지와 산업잡지를 뒤적이면서 신기술 추세의 초기 징후를 찾아보았다. 일단 특정한 기술의 가능한 궤적을 알아낸 후에 레멀슨은 자신이 볼 때 언젠가 발명될 것으로 여겨지는 아이디어들에 포괄적인 특허 출원을 했다. 그런 후에 레멀슨은 신기술 발전에 발맞추어 계속해서 특허를 갱신했고 그와 같은 신기술이 마침내 상업적으로 사용되기 시작하면 레멀슨은 자신의 특허권을 활용해 소송을 제기 했다.

그의 성공에는 다음의 세 가지 과정이 핵심으로 작용했고 이런 과정을 사용해 신기술 추세들을 분석했다.

첫째, 일반인들이 잘 보지 않는 특정 분야의 기술 잡지들과 간행물들을 애써 찾았다. 어떤 추세가 대중 일간지에 실리게 되면 그때는 이미 많은 사람들이 알기 때문에 너무 늦을 수가 있다.

둘째, 언론의 전반적인 흐름을 파악하면서 40개 이상의 기술 잡지들을 구독하며, 각 기사의 정보에 집중한 것이 아니라 잠재적인 시너지와 교차 연결성을 찾으려 했다.

셋째, 기사를 읽다가 중요하다고 판단되는 내용이 있으면 세심하게 기사를 정리했고 남들이 보지 못하는 발명들을 종이에 메모하곤 했다. 그런 후에 그 발명에 대한 추세의 발전을 추적하고 언제 신기술의 발전과 더불어 시장성을 갖게 될 것인지 계속 기록을 갱신하였다.

위와 같이 현시대에 걸출한 업적을 남기고 막대한 부를 축적한 3인의 위대한 발명가이자 혁신가들의 사례와 에디슨의 사례를 비교해 볼 때 개인 발명가들이 명심해야 할 교훈은 발명에도 전략이 필요하고 세밀한 연구와 집중력을 요한다는 점이다.

레멜슨의 특허 전략은 어떤 측면에서 보면 최근 제조 기업들의 특허 신기술 개발에 있어서 널리 시행하고 있는 IP R&D의 원조 격이라 할 수 있겠다.

TIP NPDP(New Product Development Professional)의 활용
Patent map, IP R&D - www.e-note.or.kr

2) 돈부터 법시다.

우리는 주변에 어려운 환경 속에서 발명으로 인생의 재기를 꿈꾸는 이들을 많이 볼 수 있다. 그들 중 상당수는 남다른 창의력을 갖고 있어서 생각해내는 아이디어의 수준이 상당히 높기도 하지만 많은 아이디어 중 성공사례는 거의 없어서 그들은 늘 빈궁하고 누군가의 도움이 없으면 샘플조차 만들 여력이 없다.

점점 잃어가는 자신감, 경제적 여력이 없어서 샘플제작은 고사하고 좋은 아이디어가 있어도 특허 출원할 경비도 없는 경우도 많고 오랜 세월 발명에 매달려 있다 보니 그나마 갖은 돈도 다 날리고 이제 취직도 여의치 않은 상태가 되어 있다. 옆에서 보기에도 안타까운 모습들이지만 어찌 도울 방법이 마땅치 않다. 그나마 섣불리 창업하지 않고 직장에 재직하면서 꾸준히 방향을 모색하고 있는 이들은 다행인 것이다.

10여 년 전에 82세의 노인 발명가에게 후배들에게 귀감이 될 자서전을 써줄 것을 부탁하며, 마지막이라는 소원을 들어 드리기 위해 몇 천만을 빌려 드린 적이 있는데 몇 년이 지난 후에도 60년 발명 인생을 정리 하지 못하고 추가로 돈을 빌려 줄 것을 요청하였다. 애석하게도 갖은 재산을 다 날리고 빚을 잔뜩 진 상태에서 아직껏 제대로 된 발명이나 사업의 원리를 깨우치지 못한 까닭이 아닐까 안타까울 뿐이다.

사업의 성공에 있어서 아이디어의 가치는 얼마나 될까? 대부분의 개인 발명가들은 좋은 아이디어만 있으면 거의 성공을 확신하고 일확천금을 기대 하지만 시간이 흐르면서 점차 체념을 하고 좌절을 느끼곤 한다. 아무리 좋은 아이디어나 사업 아이템도 성장 단계마다 필요한 자금이 없으면 그대로 실패로 끝나게 마련이다. 이렇게 사업에 있어서 꼭 필요한 자금을 매번 제3자로부터 지원을 받을 수는 없다.

좋은 아이디어는 좋은 씨앗이나 천재적 재능을 지닌 아이와 같다. 농부가 씨앗을 심기 전에 미리 준비하고 산모가 출산 전에 미리 준비를 하듯 내 자식처럼 아이디어를 키워낼 준비가 되어 있어야 한다. 아이디어는 자식과 같은 것으로 내 자식을 남의 힘으로 키우려는 부모는 없을 것이다. 기본적인 것은 스스로 해결한 후에 좀 더 확장해 나아갈 때 제3자나 기관의 도움을 받아야 할 것이다. 아무리 뛰어난 아이라도 부모의 건사가 없으면 굶어 죽거나 잘못될 확률이 높은 것과 같은 이치다.

돈이 있어야 자신감이 생기고 기본적인 것을 해결할 수 있다. 열심히 노력해서 충분히 성공한 뒤에 자신의 사업 분야에 관련된 아이디어부터 개발한다면 훨씬 성공 확률이 높아질 것은 자명한 이치가 아니겠는가? 가난은 정부도 어쩔 수 없다는데 어찌 큰 돈 벌겠다는 사업을 정부나 제3자의 지원만으로 할 수 있을까?

현재 나이가 몇 살이던 이제부터 시작해도 결코 늦지 않았다. 열심히 노력해서 돈을 번 다음에 하고 싶은 일을 시작하자. 지나온 5년 10년이 그리 긴 시간은 아니지만 지금부터 다시 그 세월을 똑같이 보낸다면 5년 10년 뒤에는 돌이킬 수 없는 어려운 상황에 빠져 있을 것이다. 경제력, 자신감, 창의력이 있으면 나이와 상관없이 언제든지 성공할 수 있다.

반면에 일에는 때가 있어서 한번 기회를 놓치면 계속 겉도는 수밖에 없다. 좋은 아이디어가 떠오르면 유혹을 떨치고 먼저 돈을 벌자. 자신감을 잃지 않고 경제력이 있으면 훨씬 좋은 아이디어를 언젠가 반드시 떠올릴 수 있다. 스스로의 학습을 통해 선행기술 조사나 특허 등록 가능성을 조사한 후 자신이 있으면 특허 출원만 해놓은 후 그 일을 시작할 수 있는 돈을 먼저 벌자.

지금은 현재의 아이디어가 전부인 것 같지만 시간이 지나면 별 것 아닌 것이 될 가능성이 많다. 그렇게 시간이 지나면 그나마 가진 돈 다 날리고 후회를 하지만 그때는 이미 늦었다. 창의력은 어디로 사라지는 것이 아니며 자신감만 있으면 언제든지 되살아난다. 어려운 환경에서 기죽어 지내며, 움츠러든 몸으로 새로운 기술을 제대로 접하지 못하는 상황보다 뒤늦게라도 돈이 있고 자신감이 있으면 발명이 아니라도 얼마든지 다양한 창의적 아이디어로 내 사업을 훨씬 잘 키울 수 있다.

기본적인 자금이 없으면 아무도 쳐다보지 않는다. 돈을 벌며 돈 있는 사람들과 네트워크를 쌓아야 한다. 그들과 신용이 쌓이면 내가 훗날 큰 사업을 할 때 함께 동참할 수 있게 될 것이다. 스스로 돈을 벌어 보지 못한 사람은 아무리 아이디어가 좋아도 성공하기 어렵다. 일확천금을 노리는 한 방의 아이디어 보다 차근차근 기초를 다질 수 있는 일관되고 체계적이며 현실적인 아이디어를 개발하고 무엇보다 열심히 노력해서 돈을 먼저 벌자.

3) 사람이 중요하다.

사업에 있어서 가장 중요한 것은 무엇일까? 아이디어, 특허, 기술, 자본, 마케팅 어느 것 하나 중요하지 않은 것이 없지만 가장 중요한 것은 사업을 수행 할 주체인 사람이다. 개인발명가나 예비창업자들은 대부분 나름대로의 우수한 창의력을 바탕으로 새로운 아이디어를 창안하여 사업화 하거나 매매하여 큰 성공을 거두겠다는 뜻을 갖고 있을 것이다. 그러나 우리나라의 현실은 발명 아이디어의 사업화를 성공적으로 지원할 인프라가 아직 제대로 구축되어 있지 않다.

더욱이 발명가나 창업을 희망하는 이들조차 대부분 단순한 아이디어의 착상과 그 결과에 대한 조급한 환상만이 있을 뿐 아이디어의 실현 과정에 따르는 무수히 필요한 노력과 어려움을 간과하고 있다. 아이디어를 구체화 한다는 실현의 과정은 하나의 새로운 사업을 의미하며, 기존의 업체나 제품에 추가되는 개량 아이디어어가 아닌 전혀 새로운 아이디어 발명품을 구체화하는 것은 신규 사업을 시작하는 것과 동일하다.

하나의 사업을 성공시키기 위해 아이디어는 파종기에 농부가 갖고 있는 좋은 씨앗에 불과할 뿐 그 이상도 그 이하도 아니다. 동일한 조건에서 좋은 씨앗으로 농사를 짓는다면 더 많은 열매를 거둘 수 있겠지만 씨앗이 모든 것을 결정짓는 요인은 아니다. 농부가 농사를 잘 짓기 위해서는 좋은 땅과 강수량, 일조량, 비료, 농약, 건실한 인력 등을 동원해 일년 내내 노력을 기울여야 하고, 마지막으로 수확한 열매를 좋은 가격에 잘 팔 수 있어야 한다.

하물며 1차 산업인 농업이 이러할진데 보다 복잡하고 전문적인 노력과 막대한 자본이 투입되어야 할 사업에서 아이디어의 가치는 그리 크지 않으며, 오히려 일반적인 서비스업의 아이템이나 부동산, 주식 및 채권 시장에서 얼마든지 더 큰 성공을 거둘 수 있다. 나라의 기초가 튼튼해지려면 기간산업인 제조업이 제대로 자리를 잡아야 하고 그렇게 되려면 당연히 뛰어난 아이디어와 기술특허로 무장한 업체들이 많아야 할 것이다. 하지만 문제는 우수 아이디어와 기술의 필요성에 대한 공감과 이를 지원할 인프라가 시급히 구축되어야 한다는 것 외에 개인 발명가와 예비 창업자의 인식과 마음자세의 개선이 필요하다는 것이다.

좋은 아이디어의 착상은 시작에 불과하다는 인식과 아이디어를 성공적으로 구체화하려면 많은 이들의 지원이 필요하므로 당연히 이들과 함께 기여 정도에 따라 과실을 나누겠다는 합리적인 사고가 없으면 아무도 나를 도우려 하지 않는다는 사실을 알아야 한다. 마음의 공유와 나눔의 자세가 있으면 함께 관심을 기울여 주는 이들이 증가할 것이고 자연스럽게 그들이 지닌 능력이 합쳐질 때 비로소 하나의 구르는 눈덩이가 될 수 있다는 사실을 깊이 명심해야 한다.

또한 섣부른 창업에의 환상에 먼저 빠져들기 보다는 창업에 필요한 기초 자본을 자신 스스로 준비하여야 하며, 사람이 있어야 한다. 뜻을 같이 하는 동업자와 물적, 인적 자원이 필요하다. 평소에 관계를 돈독히 해두어야 협력 네트워크가 형성되어 필요할 때 도움을 받을 수 있다.

"내 아이디어가 소중하면 남의 자산도 소중하다"는 사실을 명심하자. 나를 도와 준 남과 과실을 나눌 마음의 준비가 되어 있고 스스로 무언가 추진해 나갈 수 있는 사람이라는 믿음을 줄 수 있으면 전혀 예상하지 못한 곳에서 뜻을 함께하고 지원해줄 세력이 나타나는 경우가 많이 있다.

아이디어의 창안과 이를 구체화하는 것은 모두 사람이 하는 것이며, 아무리 좋은 아이디어나 기술이 있더라도 무능력하고 신뢰할 수 없는 사람이 추진한다면 100% 실패로 끝날 것이나 일반적인 아이템을 갖고 사업을 하더라도 능력 있고 신뢰할 수 있는 사람이 한다면 반드시 성공할 수 있을 것이다. 아무런 준비 없이 아이디어 하나만 가지고 무모한 창업을 시도할 것이 아니라 스스로 노력해서 모은 자산(기술, 자본, 인적 자산)을 투입하여 하나씩 구체화 하는 가운데 열린 마음으로 과실을 함께 나눌 이들을 찾아 힘을 합해 추진해 나아가다 보면 처음에는 답답하고 더디게 느껴질지 모르지만 어느새 큰 성공을 이루어 큰 몫을 나눌 수 있게 된다.

혼자 노력하여 모든 것을 다 갖겠다는 노력은 실패로 끝나거나 성공하더라도 적은 수확 밖에 얻을 수 없는 반면 능력 있는 이들과 뜻을 같이 하여 사업을 수행할 경우 성공의 확률을 높이고 큰 몫을 나누어 가질 수 있으며, 성공의 기록은 내 자신의 신뢰수준을 상승시켜서 또 다른 더 큰 사업을 도모할 수 있을 것이다. 사람이 없으면 제대로 일을 추진할 수 없고 성공은 더더욱 먼 남의 이야기로 남을 것이다.

함께 일할 직원도 중요하지만 직원은 직원으로서의 사고와 행동을 하는 이들이 거의 대부분이므로 능력 이상을 끌어내기 위해서는 동기부여와 적절한 교감이 필요하다. 사업은 사람이 하는 것이고 동업자이든 직원이든 좋은 사람이 많이 모이면 모일수록 성공은 가까워진다. 스스로 준비가 되어 있고 마음의 문이 열려 있는 사람이 하는 사업이라면 투자자본이나 사람(동업자, 직원)들이 언제든지 함께 하려 할 것이다. 성공하려면 신뢰 받을 수 있는 마음자세와 기술을 바탕으로 주변에 능력 있고 좋은 사람들이 많이 모이게 해야 한다.

4) 생산 기술이 있어야 한다.

21C는 지식자본주의 사회라고 한다. 그 어느 때보다 기술의 진보가 빠르며 지적재산권의 중요성이 강조되고 있고 무한한 지식영토 경쟁에서 승리하는 자에게는 앞으로 현재보다 훨씬 큰 정보와 부의 집중이 이루어지게 될 것이다. 19C말의 산업혁명이래로 불과 100년 사이에 엄청난 기술의 진

보가 있었으나 그 기술의 진보의 속도는 20C말에 이르러 극에 달해 과거의 고전적인 3대자본의 의미는 퇴색되고 지식자본의 중요성이 부각되고 있다.

이러한 급변의 시기에 발명가들은 어떠한 자세를 갖추어야 하는 것일까? 시기적으로는 종래보다 지적재산권 특히 기술특허의 중요성이 크게 인정되고 있지만 안타깝게도 그 동안의 기술의 진보는 개인발명가들이 지닌 기술능력으로는 쉽게 따라가기가 어려운 상황이 되었다. 이에 더하여 통상적으로 발명가들은 발명의 고안 및 구체화 단계에서 몇 가지 오류를 범하게 되는데 먼저 이들 오류에서 벗어나야만 바람직한 발명의 길을 걸을 수 있을 것이다.

첫째는, 문제 인식의 오류로서 모든 이들이 공통적으로 느끼는 보편적인 문제에 대한 해결방안으로서의 발명을 하는 것이 아닌 자신의 주관적 판단에 의한 문제의 제기 및 해결책을 도출하는 경우이다.

둘째는, 기술부족에 따른 오류로서 당면한 문제점은 제대로 발견하였으나 이를 해결해내는 방안의 도출에 있어서 본인이 아는 기술 지식의 한계로 최상의 해결방안을 도출해낼 수 없는 경우이다.

셋째는, 마케팅에 대한 인식 부족의 오류로서 발명의 목적이 부분적으로는 해당 문제의 해결에도 있지만 실질적으로 제품화 및 사업화에 성공하여 사회에 부가가치를 창출하고 자신은 부를 획득하는 데에 있으나 마케팅의 중요성에 대한 인식 부족으로 아이디어만 좋으면 무조건 성공할 수 있다는 환상에 젖어 있는 것이다.

위와 같은 오류를 해결하여 발명의 상용화를 성공시키려면 부족한 기술과 정보의 습득을 위해 끊임없이 노력하는 발명, 공부하는 발명의 자세가 필요하다. 개인 발명가들이 고안해내고 출원하고 있는 발명의 상당수는 이미 특허 출원이 되어 있거나 상품화되어 출시되어 있지만 본인의 눈에 발견되지 않은 경우가 많은데 선행기술이 존재하는 것은 아무리 뛰어난 착상이라 할지라도 아무런 가치가 없다.

발명은 창조적 모방이다. 부족한 기술 습득을 위해 첨단기술 정보를 지속적으로 습득하고 첨단 기술 전시회에 출시된 제품들의 동향을 살피며 특허검색 사이트에서 선행기술들을 조사하다 보면 공지의 기술을 조합하여 새로운 기능을 창출해내는 우수한 아이디어를 발견해낼 수 있다. 우수한 발명가로서 지닌 뛰어난 창의력에 다양한 기술 요소를 접목시켜야 비로소 가치 있는 아이디어가 창출될 수 있는 것이다. 또한 이렇듯 다양한 정보를 접하다 보면 문제 인식의 오류나 기술의 부족에서 발생하는 문제들은 점차 해결될 것이다.

급변하는 지식혁명 시대에 아날로그적 사고로는 살아남을 수 없다. 모든 제품은 디지털화 첨단화하고 있는데 문제의 해결을 위해 제시하는 방안이 문제를 복잡화한 아날로그적 해결책이어서야 어디에고 설 자리가 없는 것이다. 첨단기술시대에 개인 발명가가 설 수 있는 자리를 찾아야 한다. 전문적인 기술을 보유하고 기업체 또는 연구소에서 근무하고 있는 이들은 자신의 분야에 연관된 직무 발명을 계속해서 해낼 수 있지만 개인 발명가들은 보유기술과 정보에 있어서 한계가 있으므로 어렵고 복잡한 제품보다는 간단하고 널리 쓰이는 생활 편의용품 등에서 시작하여 점차 복잡한 구조물로 단계를 높여가는 것이 적절한 방책이라 할 수 있을 것이다.

3D(Digital, DNA, Design)가 핵심기술로 강조되고 7T(IT, BT, NT, CT, ET, ST, MT)로 불리는 첨단 기술이 21C의 첨단기술혁명의 주류를 이루게 될 현 상황에서 이러한 기술 흐름을 직시하면서 창의력 개발과 아울러 기술 개발을 게을리 하지 말아야 뜻한바 발명가로서의 성공을 이룰 수 있을 것이다.

TIP 기술 표준이 중요하다. 너무 앞서가지 마라. 다양한 기술 정보를 알고 있어야 한다. 신기술의 흐름에 정통하고, 해당기술에 대한 깊이 있는 지식이 필요하다.

TIP 생산기술은 쉽게 조달할 수 있는가? (장비, 기술, 숙련공) 생산기술도 발명이다. → 핵심 기술의 가치 보강, 표준화 기술은 필수이다. 구체화 요소(금형, 디자인, 시제품, 위탁생산), 시제품 제작기술(샘플, 1차 금형)

5) 마케팅 전략이 있어야 한다.

대부분의 발명가는 발명 아이디어를 발견하게 되면 거의 성공을 한 듯이 기뻐하고, 새로운 발명은 즉 시장에서의 성공으로 이어지는 것으로 착각을 하게 된다.

그러나 아이디어는 하나의 소스에 불과할 뿐 아이디어를 구체화시키기 위한 기술을 필요로 하고 더욱이 생산에 이르기까지 엄청난 노력과 자원이 투입되어야 함을 간과하고 있는 것이다. 또한 개발 생산된 제품을 팔기 위한 단계에 이르러서 대부분의 제조업체들이 커다란 실패를 경험하게 된다는 현실을 모르고 있기 때문이기도 하다. 개인발명가들이 특허 출원에 대한 절차의 탐색과 아주 기본적인 샘플 제작에 매달려 있다면 일반 중소기업체에서는 막대한 자본과 노력을 기울여 생산한 완제품의 판로를 찾지 못해 공장에 생산된 제품을 쌓아 놓고 한숨만 쉬고 있는 모습을 쉽게 볼 수 있다.

가끔 볼 수 있는 성공 사례에서는 발명자가 초기에 얼마 안 되는 자금과 낮은 기술력으로 조악하게 개발한 제품을 시장에 내놓았다가 처참하게 실패한 뒤에, 자본력과 마케팅 능력이 있는 이들이 인수하여 디자인 및 제품 개발을 다시 해서 시장에 출시하고 적절한 마케팅 전략을 펼쳐서 성공한 다수의 사례들이 있다. 지인텍의 속눈썹 고대기나 스펙트럼 레더의 칼라 가죽 등은 디자인과 마케팅의 중요성을 잘 설명해주고 있는 예이다.

혹자는 마케팅이 시장에서의 제품의 성공에 90%를 좌우한다고 하고 혹자는 제품 생산에 기술개발 노력의 2배가 들고 마케팅에는 기술개발의 4배에 달하는 노력이 필요하다고 한다. 따라서 신기술의 사업화에는 처음부터 끝까지 마케팅 전략에 따라 진행되어야 한다. 특별한 기술 없이도 자본력과 우수한 마케팅 전략에 의하여 엄청난 성공을 거둔 제품이 있는가 하면 뛰어난 기술력과 아이디어를 갖고도 힘없이 사라져버리는 특허상품들도 많다.

몇 년 전에 큰 성공을 거둔 S사의 탑블레이드 팽이의 성공 사례는 우리에게 중요한 시사점을 전해주고 있다. 제품의 출시 이전에 치밀한 마케팅 전략을 수립하여 장난감 팽이제품을 소재로 한 어린이용 TV 애니메이션을 제작하여 미리 제품의 인지도를 높이고 제품 속에 소개된 제품을 시장에 내놓음으로써 폭발적인 판매 실적을 올린 것이다.

아이디어의 구상과 이를 구체화 할 기술력은 당연히 수반되어야 하지만 제품의 외관을 결정하는 디자인과 이를 판매할 마케팅 전략을 효율적으로 실행할 수 있는 능력은 더 이상 한 개인의 힘이나 적은 자본력으로 감당해낼 수 없는 것이다. 기술의 진보가 빠르고 첨단화 할수록 개인이나 중소기업이 일군의 제품을 성공적으로 출시한다는 것은 불가능하며 심지어 굴지의 대기업도 쉽지 않은 일이다. 따라서 21C의 첨단 산업시대에서는 다양한 기술과 인력 및 자본이 결집되어야 비로소 한 분야의 성공을 이루어 낼 수 있는 시대가 되었다.

그렇다면 소중한 자산인 뛰어난 창의력은 지니고 있으나 그 외 기술, 자금, 디자인, 마케팅에 대한 능력이 부족한 개인발명가나 예비 창업 희망자들은 더 이상의 희망없이 주저 앉아야만 하는 상황인가? 그렇지 않다. 21C는 지식산업사회이며 이는 곧 모든 기업이 다른 기업으로부터 자신의 사업을 보호할 적절한 기술력과 권리화 된 지적재산권이 없으면 살아남기 어려운 상황을 말해주고 있다.

이러한 산업 전반의 분위기는 창의력이 뛰어난 이들이 우대받을 수 있는 분위기가 자연스럽게 형성될 것이며, 이러한 상황 하에서 발명가들이 기술력을 키우고 혼자가 아닌 함께 키워서 크게 나누어 갖겠다는 열린 마음을 갖고 대응한다면 능력 있는 이들의 도움을 받아서 충분히 더 큰 성공을 이루어 낼 수 있다.

TIP 마케팅 전략은 수립되어 있는가? (유통 채널, 홍보, 자원조달)
판로 확보를 위한 마케팅 전략 · 만들기보다 팔기에 신경을 써라

6) 성공적인 Exit전략이 있어야 한다.

직접 사업화 할 것인가? 팔 것인가? 창의적 아이디어의 발명을 하기에 앞서 결정해야 할 과제이다. 시작부터 내가 개발한 특허 기술에 대한 명확한 진로를 설정하고 그에 알맞은 적절한 전략을 구사해야 한다. 처음부터 끝까지 나 혼자서 모든 것을 다하고 혼자서 과실의 전부를 차지하겠다는 돈키호테적인 발상은 한시바삐 버려야 하며 자신의 능력이 닿는 선까지 최선을 다하고 남에게 넘기거나 함께 키워 나누어 갖겠다는 마음을 갖는 것만이 개인 발명가들이 성공할 수 있는 현명한 선택이다.

특허로 등록 받아 팔 것이라면 복잡한 고난도 기술(실험 및 공동 작업 요구) 보다는 수익은 적지만 단순 생필품(개인발명가에게 용이함-특허출원 잘해야)이 판매에 유리할 수 있다. 직접 사업화 할 것이라면 투자자의 요구를 충족시킬 수 있는 성공적인 사업계획서를 준비해야 할 것이다. 기술거래, 평가, 개발 및 사업계획의 최종 평가 가치는 사업 성공의 가능성 정도에 있다.

발명 아이디어를 직접 사업화 한 경우 사업의 성공이 곧 최종적인 목표이겠지만 성공의 방법은 다양하다. 투자자가 성공적으로 자금 회수를 할 있도록 사업의 진행 중에 M&A 또는 기술 매각을 하거나 최종적으로 주식시장에 상장을 시킬 수도 있다. 투자자의 Exit에 대한 유연하고 명확한 전략으로 성공적인 성과를 돌려주어 향후 더 큰 아이디어 사업계획의 적극적 동반자로 삼을 수 있도록 해야 할 것이다.

2_ 발명 특화 전략

1) 발명은 시스템 사업이다.

창의적 사고를 통해 창안된 새로운 아이디어는 그 태생의 의미대로 모든 것을 새롭게 창출하여 만들어 내야 한다. 거대한 기업 내의 직무 발명으로서 시작되는 아이디어의 경우는 이미 잘 갖추어진 사내 시스템의 지원으로 원활하게 싹을 틔워 나갈 수 있지만 개인발명가가 창안해낸 아이디어는 말 그대로 새로운 인프라를 만들어 내야 한다.

다행히 미국처럼 신기술 벤처사업 지원인프라가 잘 되어 있는 경우에는 적절히 주어진 인프라에 탑승하면 되지만 국내처럼 지원 인프라가 제대로 구축되어 있지 않은 현실에서는 대다수의 발명 아이디어는 아쉽게도 사장되는 경우가 많을 수밖에 없다.

국내에 발명아이디어 사업화의 지원 인프라가 결여되어 있으므로 새로운 발명 아이디어는 창안자의 부모와 같은 역할로 인큐베이터 안의 새싹 아이디어를 키워내야 하며 결국 힘과 자원이 부족한 상황에서는 함께 모여서 시장을 형성해야만 한다. 우수한 새싹 아이디어들이 모여 있는 곳이 시장과 같은 인프라가 되어 투자자와 협력자가 찾아올 공간이 생기게 되는 것이다. 기존 또는 사이버 인맥과 언론을 적절히 활용하여 가능한 우수한 새싹 아이디어의 존재를 널리 알려야 한다.

우는 아이에게 젖을 주는 것처럼 적극적으로 도움을 줄 사람을 찾자. 끊임없이 관련 정보를 수집하고 만들기보다 팔기에 신경을 써라. 팔릴 만한 물건이 있으면 인적, 물적 투자자들이 몰려오게 되고 그들에게 작은 성공의 결실을 맺어주면 그 다음 사업부터는 그들이 내 사업의 훌륭한 지원인프라로서 적극 가동될 것이다. 복잡하고 고도화 되어가는 미래 지식 산업사회에서 혼자 다하겠다는 자는 살아남을 수 없다. 다수의 능력 있는 이해 관계자들을 내편으로 끌어 모아 내가 만든 창의적 아이디어를 계속적으로 성장시킬 수 있는 나만의 인프라 구축전략을 수립해야만 한다.

2) 발명을 집중화 체계화 하라.

대형 할인마트나 백화점에 가면 생활에 필요한 양질의 상품들이 집적되어 있어서 구매자들은 스스로 시간을 내고 비용을 들여서 기꺼이 찾아 간다. 만일 그러한 상품들이 한 두 개씩 분산되어 있다면 누구도 쉽게 찾아 가려 하지 않을 것이며 결국 생산자가 직접 방문하여 판매를 해야 되는데 방문을 해도 쉽게 구매자를 만나기 어려울 것이다. 현대의 고도화된 지식 산업사회에서 무수히 많은 상품과 그와 연관된 특허기술들이 산재되어 있는 가운데 한두 가지 우수한 발명 아이디어를 창안해냈다고 해서 이들 권리를 쉽게 매매하거나 사업화 할 수 있을까? 거의 불가능에 가까우며 성공하기 위해서는 엄청난 노력을 기울이지 않으면 안될 것이다.

따라서 창의적 발명 아이디어를 개발하려는 자는 특정상품 군에 집중하여 개발할 필요가 있으며 집중화된 발명 특허와 상품으로 세분화된 시장을 집중 공략할 필요가 있다. 시장에서 한 두 개의 지엽적인 발명 아이디어에는 관심이 적을지 모르지만 특정상품 군에 집중화된 다수의 발명 특허 아이디어는 전혀 가치가 달라서 관심을 갖게 되는 것이다. 이렇듯 힘이 미약한 개인발명가나 중소기업의 발명 특허는 특정상품군에 집중되어야 효과를 더욱 크게 발휘할 수 있으며 그러한 집중 개발된 발명 특허들의 개별 권리에서도 가능한 수의 모든 사례를 집적하여 다수의 청구항을 구성해야 보다 더 강력한 힘을 발휘할 수 있게 된다.

강자들이 넘치는 대형 시장에서 소규모 참여자가 살아남기 위해서는 힘을 한데 모아야 하고 세분화된 영역에 집중해야 한다. 이렇게 하여 작은 성공을 거둬 힘을 키운 후 더 큰 본 게임을 대비하는 것이 합리적인 전략일 것이라 생각한다. 현대의 모든 문명기기는 발명을 몸에 달고 있으며 발명은 모여 있다. 발명의 주변에는 또 다른 발명이 널려 있으며 발명은 모여 있어야 비로소 빛을 발한다.

TIP 값비싼 청구서에는 청구 항목이 많다.
청구항이 많아야 발명의 가치가 있다. (일부 무효 극복 가능)

3) 분쟁에 대비하라.

발명왕 에디슨은 많은 인원을 고용한 발명연구소에서의 시행착오법에 의한 비효율적인 연구 발명과 잦은 특허소송으로 인해 실질적으로 큰돈을 벌지 못했다. 이러 반면에 20C의 제롬 레멀슨은 철저한 특허 전략을 사전에 수립하여 대기업들과의 특허 소송에 승소하여 죽어서 까지 막대한 로열티를 거두어 들였다.

최근 선진국의 대기업들은 강한 특허를 만들어 후발국가의 기업들이 특허기술을 침해할 경우에 적극적으로 대응하고 있으며 특허괴물의 출현으로 국내 대기업 상당수가 특허 소송에 휘말려 있는 상황이다. 따라서 기업 및 개인 발명가들은 발명 아이디어의 창안 단계에서부터 강한 특허를 만드는 전략을 수립해서 실행하여야 하며 특허심판절차(특허 심판원, 특허법원)를 숙지하여 불측의 소송에 대비하여야 한다.

사전에 강한 특허 전략으로 충분히 대응해 놓았다면 선진 대기업 및 특허괴물들의 특허발목잡기에서 자유로워지는 반면에 오히려 적극적 공세를 취할 수도 있다. 특허 분쟁에 있어서도 준비만 잘되어 있다면 정의는 반드시 이긴다는 신념으로 이기는 자의 논리를 전개해서 끝까지 최선을 다 한다면 소기의 성과를 거둘 수 있을 것이다.

TIP 철저히 돈을 버는 상술가(Jerome Lemelson, 잠수함 특허,www.si.edu/lemelson)
–사회 발전에 기여한 선구자(Edison)

4) 플랫폼 사업을 해라.

현대는 과거의 생산자 시장에서 벗어나 거대한 유통망이 시장을 좌우하는 시대이다. 애플, 나이키 등 굴지의 글로벌 기업들은 신기술 및 디자인만을 본사에서 개발하여 외주 제작한 후 마케팅 전략을 통해 고수익을 올리는 플랫폼 사업전략을 구사하고 있다. 사업의 핵심인 신기술 및 디자인만 본사에서 관리하여 적은 인력으로 고부가 가치 사업을 가능하게 하며 막대한 자금력으로 거대한 마케팅 채널을 구축해서 시장을 장악하는 것이다. 중소기업이나 개인발명가들이 위와 같은 전략을 구사하기는 쉽지 않겠지만 그러한 플랫폼에 편승할 수 있는 특허화 된 제품이나 독창적이고 새로운 플랫폼 비즈니스 모델을 창출해 낼 수는 있다.

따라서 발명 특허의 성공적인 사업화를 위해 시대의 대세인 플랫폼 사업에 어떻게 효율적으로 접근할 수 있을지 사전에 창의적 사고를 통해

해결을 해보자. 또한 플랫폼 사업과 연관된 BM(Business Method)특허 등을 연구 개발하여 특화된 영역에서 독점적으로 사업을 하는 것도 좋은 전략일 수 있다. 이미 국내에서도 온라인 환경에서의 독특한 비즈니스 모델을 남보다 먼저 시작하여 수백 수천억에 외국계 기업에 M&A 하여 큰 돈을 번 사례가 많다.

5)아이디어 국책 연구소가 필요하다.

국내에는 많은 국책 연구소와 정부산하 각 부처마다 oo진흥원, xx개발원 같은 산하 연구기관들이 있다. 일제 식민지 시대와 가장 잔혹한 동족상잔의 전쟁을 겪은 후 국가경제개발을 추진하는 과정에서 자원이 부족한 우리나라 입장에서 꼭 필요한 것은 창의적 두뇌들을 모아 조직적이고 체계적인 연구 성과물을 단기간 내 산출하는 것이 중요한 과제였고 그러한 욕구의 부산물로서 많은 산하 연구 기관들이 설립된 것으로 보여진다.

그 동안 우리나라의 경제발전과 국내외 기술 환경 변화에 따라 연구기관의 신설이나 통폐합 등 변화가 있어왔으나 국가 차원에서 향후 21C의 급변하는 기술 환경에 대한 대응 방안 마련도 반드시 필요하다. 그런데 이러한 다양한 국책연구소 및 정책진흥기관의 존재에 있어서 아쉬운 점은 창의적 아이디어 개발 및 진흥을 담당할 국가 정책진흥 기관이 없다는 것이다.

우리는 흔히 연구원 하면 석박사 학위 소지자들이 모인 브레인 집단을 연상하게 되고 실제로 현존하는 대부분의 연구소 및 국책기관의 핵심 인력들은 국내외 유수 대학 출신의 석박사들로 채워져 있는 것도 사실이다. 하지만 발명의 고안이나 아이디어 창안 같은 행위는 전문분야의 석박사 학위를 지닌 이들과는 다른 사고체계를 지닌 창의력을 지닌 이들을 통해 이루어지는 경우가 많으며 이들이 창출해낸 발명이나 아이디어가 결코 석박사 연구원들이 내놓은 연구의 결과물만 못하다고 할 수 없다. 오히려 세상의 변화는 이들의 돌출 행동 및 창안에 의해 시작되고 이를 구체화하고 발전시키는 일을 석박사급 전문요원들이 하는 경우도 많다는 점에 유의할 필요가 있다.

현대 사회의 필수 불가결의 요소인 자동차에 있어서 수십만의 전문 연구원들의 업적도 무시할 수 없지만 가장 중요한 기여는 처음 자동차를 발명한 벤츠와 디젤의 업적일 것이다. 또한 21C는 창의적 발상을 지닌 극소수 5%가 세상의 95%를 지배하게 된다는 수정된 파레토의 법칙이 적용될 것이라는 것이 대다수 미래 석학들의 의견이다. 결국 어느 나라가 먼저 자국민의 창의적 능력을 고양하여 새로운 세상에 대비할 것인가가 미래 국가의 명운을 좌우할 수도 있다고 본다면 우리나라가 먼저 가칭 창의아이디어진흥원 또는 아이디어연구소 같은 국책기관을 만들어 일정수준 이상의 발명 능력을 지녔거나 창의적 아이디어 발상체계를 지닌 이들을 모아서 아이디어 개발 및 사업화를 일목요연하게 지원해 줄 수 있는 인프라를 구축하는 일이 시급하다고 하겠다.

각자의 전문분야의 기술을 체계적으로 공부한 석·박사들의 이론과 창의적 발상 능력을 지닌 아이디어맨들의 사고방식과 산출의 가치는 확연히 다른 것이며 두 영역의 인재들의 융합되어 창조적으로 운용될 때 예측 불가능한 막대한 새로운 가치 창조를 해낼 수 있을 것이라 확신해 마지않는다. 이렇게 창출된 아이디어들을 패자부활전(사업에 실패했으나 윤리적으로 문제가 없는 이들을 대상으로 함)과 생애 최초 창업전(경험 많은 실직 및 퇴직자와 첫 직장을 구하는 자들을 대상으로 함) 참여자들에게 공급하여 일자리를 창출하고 새로운 21C 산업을 창출해 낸다면 우리나라는 21C 세계 경제의 주역이 될 수 있을 것이다.

다만 기존의 연구소처럼 형식화되고 관주도형 인사들의 자리 만들기로는 절대 성공할 수 없을 것이며 자유분방하고 창의적 발상을 하는 이들의 생리를 잘 알며 그들이 필요로 하는 진정한 지원과 인프라를 구축할 수 있는 적임자가 이러한 조직을 맡아야 성공할 수 있을 것이라 생각한다. 국책연구소가 국가적 과제라고 한다면 중소기업 입장에서는 성공적인 특허전략을 세우기 위해서는 창의적 아이디어를 지닌 이들을 선발하여 소규모로 아이디어연구소를 설립하거나, 개인발명가들의 입장에서는 주변의 아이디어맨들이 모여 아이디어 패널을 구성해 함께 기술과 정보를 공유하는 방법도 좋을 것이다.

TIP 체계적인 발명 연구 및 교육의 필요성

3_ 발명가의 특화 전략

창의적 아이디어를 기반으로 하는 발명가의 유형으로는 직무발명가, 직업발명가, 학생발명가, 아웃소싱회사 등이 있겠다. 그러나 창의적 사고의 산물을 발명특허에 한정 짓지 않으면 자유창작을 하는 디자이너(의상, 헤어, 인테리어, 캐릭터, 건축), 카피라이터, 예술가(음악, 미술), 코미디언, 스포츠맨, 영화인 등 모든 분야로 확대 적용 가능하다.

창의적 사고를 통해 지속적으로 새로운 아이디어를 창출해내고 이를 활용하여 성공할 수 있기 위해서는 나름의 목적과 특화전략이 반드시 있어야 한다.

1) 발명의 목적이 있어야 한다.

사업을 하려는 목적이 단순히 돈을 벌기 위해서 또는 남 밑에서 일하기 싫어서라면 사업을 시작해서는 안 된다. 그러한 생각은 결국 자신과 주변에게 모두 해가 되기 때문이다. 아무리 작은 사업이라도 명확하고 정당한 목적이 있어야 힘든 과정에서 자신을 계율하고 어려움을 슬기롭게 극복해 나갈 수 있으며 사업을 통해 자신이 소속된 사회에 적게나마 기여를 할 수 있을 것이다.

사회가 필요로 하는 발명을 창안해내고 나의 작은 역량이나마 사회의 가치 실현을 위해 써라. 돈을 보고 사업을 하지 마라. 돈을 보고 사업하면 인생을 망친다. 돈은 따라오는 것이다. 돈을 밝히는 순간 사업의 성공에 필요한 다른 필수 요소들은 수단으로 전락하여 서서히 내 주변에서 사라지게 된다. 개인에게 즉시 혜택을 주는 돈보다 사회 공익을 우선하는 행동들이 우선은 손해인 것처럼 느껴질 수 있지만 좋은 심상은 성공을 이끌어 주는 보배임을 깨달아야 한다.

2) 직업 발명가는 안 된다.

나와 내 주변의 의식주를 원할하게 해결할 수 있는 수단이나 자산이 확보되기 전 까지는 발명이 직업이 되어서는 안 된다. 본업을 갖고 있어라. 최고의 재테크는 좋은 직장에서 오래 근무하는 것이며 직장에서 내가 했던 일과 연관된 것에서부터 시작하는 것이 바람직하다.

내 주변의 의식주가 해결되어 마음이 편해야 마음이 열리고 마음이 열려야 좋은 아이디어가 떠오른다. 발명을 위한 발명을 하지 마라. 발명에는 명확한 목표의식과 최종 도달점이 정해져 있어야 하며 취미나 호기심으로 하는 발명은 학생시절에 끝내거나 본업 이외의 여가를 활용해 부담 없이 해야 한다.

초기에 간단하지만 시장 파급효과가 큰 아이디어를 창안하여 비교적 용이하게 성공사례를 만든 후에 확보된 자금으로 안정된 생활과 연구공간을 확보한 후 전문적인 직업발명가로 나아가는 것이 효율적인 성공전략이 될 것이다.

TIP 직무발명, 사업가 발명이 성공 가능성이 높다.

3) 사업가적인 접근을 하라.

발명가는 주로 새로운 아이디어를 만들어내는 것에 집중하기 쉬우나 아이디어를 만들어 내기보다 팔기에 더욱 신경을 써야 한다. 시장에서 팔리지 않을 아이디어는 백날 만들어도 아무도 사가지 않지만 쉽게 팔릴 아이디어에는 많은 이들이 몰려들 것이다. 사업가가 물건을 만드는 이유는 오로지 팔려고 하는 목적인 것과 같은 이치이다.

창의적 아이디어의 발상의 단계부터 사업가적인 사고를 해야 한다. 발명왕 에디슨은 실제로 돈을 벌지 못했으니 20C말 발명왕 제롬 레멀슨처럼 철저한 사전 전략을 수립한 후 발명을 시작해야 한다. 발명의 사업화든 특허소송이든 이기는 자의 논리를 전개하라.

4) 원칙중심의 경영

새롭게 시작하는 창의적 아이디어 사업의 성공에 있어서 창업자의 자질 및 마음 자세가 중요하다. 창업자의 확고한 목표와 사회기여에의 합목적성이 있어야 창업 후 사업 성장기에 도덕적인 타락을 방지할 수 있다.

창의적 아이디어의 발명자는 일반적인 아이템을 사업화하는 이들보다 성공 가능성이 크고 성공할 경우 그 과실이 월등히 클 수 있지만 함께 하는 이들에게 열린 경영과 투명성이 보장되지 않으면 오히려 독이 되어 돌아 올 수 있다.

창의적 아이디어 발명과 사업화의 초기부터 성공의 과정까지 원칙을 지키는 경영을 해야만 최종 성공을 거둘 수 있고 더 큰 과실을 얻기 위한 본 게임을 시작할 기회가 주어지는 것임을 명심할 필요가 있다.

TIP 도덕성 없이는 사업을 하지 마라. (거지 근성-버림받은 정서들)
사업 성공을 위해 좋은 인연을 만들어라. -악연은 악연을 낳는다.
심상에 도덕적인 근본이 있어야 한다.-근본이 없으면 사람은 변한다.

4_ 발명 아이디어 사업화 유의사항

1) 발명을 위한 발명을 하지 마라.

미래가 창의력이 뛰어난 이들의 시대가 된다고 하고 대학입학에 발명대회 입상실적이 반영이 되는 대학이 많아지자 일부 몰지각한 학부모의 경우 아이디어 개발을 대신해주거나 전문적인 개발자에게서 사서 주는 경우도 더러 있지만 이러한 행위는 자녀의 앞날을 망치게 할 뿐이다. 진정으로 자녀를 사랑한다면 아이디어를 만들어 줄 것이 아니라 스스로 해낼 수 있는 창의력을 일깨워 주어야 할 것이다.

일부 기업이나 개인발명가의 경우도 마치 특허등록건수를 목적으로 하는 듯한 발명을 하는 경우가 있는데 이는 시간과 노력을 헛되이 낭비하는 어리석은 일이라 생각된다. 모든 발명아이디어는 사업아이템이 될 수 있으며, 우수 창업아이디어로서 발명을 하여 사업을 해야 한다. 그러기 위해서는 발명에 있어서도 사업가적인 접근을 해야 하고 철저한 경영감각이 필요하게 된다. 투자자는 돈을 벌기를 원하므로 발명가는 아이디어가 속한 시장의 성격을 빨리 파악해서 시장에서 요구 하는 발명을 해야 한다. 발명으로 사업을 하든 통째로 팔든 구매자가 있어야 하므로 시장의 구매자 입장에서 발명을 해야 할 것이다.

2) 좋은 아이디어는 좋은 씨앗에 불과하다.

발명가는 대부분 새로운 아이디어 착상을 떠올리고 흥분과 기대에 차게 된다. 하지만 좋은 아이디어는 좋은 씨앗에 불과하며 훌륭한 농부는 좋은 씨앗에 흥분하기 보다는 어떻게 일 년 농사를 잘 할 것인가에 골몰한다. 좋은 씨앗은 나쁜 씨앗보다는 좋은 결실이 예상되지만 농부가 일 년 동안 적절한 노력을 기울이지 않으면 형편없는 결과가 나오게 되는 것이다.

과일 씨앗보고 탐스럽다 먹음직스럽다고 하지 않듯이 완성되지 않은 발명에는 아무도 관심을 기울여 주지 않는다. 같은 씨앗이라도 경작자에 따라 결실은 달라지듯이 모든 발명은 그 창안자가 주인이 되어 열과 성을 다해 키우지 않으면 팔 수 없거나 헐값에 거래될 수 있을 뿐임을 명심하고 발명자는 자신이 고안해낸 아이디어를 자식 키우듯 성심을 다해 키워야 한다. 수확기를 놓쳐 제철이 지난 과일이 제값을 못 받거나 썩어 버리듯 철 지난 아이디어 또한 아무런 가치가 없는 것이다.

3) 보여줄 수 있는 자료를 잘 준비하라.

개인발명가들 중 상당수는 간단한 설명서나 출원 명세서의 일부를 복사해서 들고 다니며 투자자나 구매자를 찾아다닌다. 투자자나 구매자를 만나는 기회는 많지 않은데 소중한 기회에 설명조차 제대로 하지 못하고 끝나는 경우가 많으니 참으로 안타까운 일이 아닐 수 없다.

특허 출원서에 첨부된 도면 몇 장과 간단한 사업소개서 보다는 샘플이 있으면 설명과 이해에 큰 도움이 되므로 간단한 샘플 정도가 있으면 좋다. 하지만 실제 상품에 가까운 완성도 높은 샘플 제작은 섣불리 하지 않는 것이 좋다. 미완성 발명에의 투자는 가뜩이나 자금이 부족한 초기 단계에 큰 비용과 기회의 손실을 가져올 수 있기 때문이다.

문서만으론 기술을 팔기 어렵지만 잘 작성된 사업계획서는 시장에서의 성공 가능성 판단 및 사업성 평가 기관에서 활용될 수 있다. 사업계획서나 설명서 초안 등을 작성하는 데에 필요한 체계적인 자료수집과 교육 참가를 통한 학습이 필요하다.

4) 돈은 돈 냄새가 나는 곳에만 모인다.

텅 빈 그릇에는 아무런 벌레도 꼬이지 않지만 맛있는 음식이 담긴 그릇에는 파리가 꼬이게 마련이다. 투자자는 아무 이유 없이 찾아오지 않지만 좋은 물건이 많은 시장에는 스스로 찾아간다. 사막에서 물을 마시기 위해서 오아시스를 찾아가듯이 나를 알리기 위한 시험용 버전의 아이디어를 노출하여 세상의 이목을 집중시키는 전략이 필요할 수도 있다. 작은 성공 사례를 만들어서 세상에 알리고 그러한 실적을 통해 나의 가치를 올려서 진짜 필요한 때에 도움을 받을 수 있도록 하는 것도 좋은 전략일 수 있다.

또한 혼자서 외로운 싸움을 하기 보다는 좀 더 나은 거래를 위해서는 발명가들이 모여서 거래의 장을 만들어야 투자자들이 시장을 찾아오듯 찾아오게 할 수 있다. 발명가들끼리 서로 협력해서 좋은 발명이 모인 우수 장터를 만들어 놓으면 손님들이 스스로 찾아오는 날이 있을 것이다.

5) 발로 뛰는 발명을 하라.

아무리 뛰어난 기술을 갖고 있어도 소극적으로 앉아서 누군가가 찾아 오기를 기다리면 나를 돕기 위한 사람보다는 나를 이용해 먹기 위해 필요로 하는 사람들이 찾아올 가능성이 크다. 밀폐되거나 협소한 환경 내에서 제한된 정보와 기술아래 도출해내는 발명은 현실과 동떨어지고 사업성이 없을 가능성이 크다. 적극적으로 달려드는 자만이 문을 열 수 있다. 적극적 시도는 0.1%의 가능성이라도 있지만, 아무런 시도 없이는 가능성은 "0" 이다. 할 수 있다는 자신감은 해결책을 찾아 준다.

아무도 찾지 않는 오래된 벌판에는 잡초만이 자랄 뿐이다. 열심히 발로 뛰어 다니다 보면 나를 알아주는 이들이 생긴다. 주인이 열심히 가꾼 과실나무에는 좋은 열매가 많이 열리듯이 열심히 움직이며 만들어낸 발명에는 자신도 모르는 사이에 생명력이 생긴다.

6) 전략적 계약을 체결하라.

발명사업의 성공사례를 보면 발명 기술을 개발한 사람보다 그 발명의 가치를 깨닫고 전략적 협상 및 계약을 맺은 이들이 사업적 성공을 거두는 경우가 매우 많다. 어찌 보면 빌 게이츠나 스티브 잡스 조차 그들 스스로 뛰어난 발명가라기보다는 탁월한 협상능력을 통한 기술의 독점 능력으로 성공한 것이라 볼 수 있다.

발명가는 새로운 발명기술의 창안에 더해 자신의 최후의 권리 보호를 위한 방어막과 함께 돈을 벌 수 있는 사업 구도로 계약을 해야 한다. 내 자신을 보호할 대책을 준비하고 최적의 안을 도출해 낼 수 있는 협상의 기술이 필요한 것이다. 어떤 단계에서 타인의 도움과 투자를 요청할 것인가? 어떠한 비율로 성공의 과실을 나누어 가질 것인가? 에 대한 합리적인 계획과 자신감이 있으면 성공할 수 있다.

7) 주변을 관찰하라.

오랫동안 무인도나 깊은 산속에서 살아온 이들이 새로운 창의적 발명 아이디어를 낼 수 있을까? 무인도에 떠내려온 쓰레기들로는 아무것도 할 수 없다. 세상에 널리 쓰이는 유익한 문명의 이기를 새로이 창조해 내려면 치열하게 시장 속에서 흐름을 파악하고 기술을 습득해야 할 것이다. 발명은 창조적 모방이므로 기술의 흐름을 잘 파악해야 기존 기술의 문제점을 파악하고 그 문제점을 해결할 새로운 발명을 남보다 먼저 해낼 수 있다.

우수 기업에서 발명된 신기술에 대한 보도 자료의 분석과 성공한 유명 발명가의 사례와 전략 분석을 통한 모방 학습, 철저한 선행기술 검색 등을 통해 나만의 성공전력을 수립해야 할 것이다.

부록

부록1 **발명이야기**

부록 2 **Best Mindmap Gallery**

부록 3 **트리즈 발명원리**

발명이야기(1)

구멍 하나로 만든 위대한 발명

발명의 원리를 설명할 때 더하기 빼기 등의 원리로 기능을 추가하거나 간소화 하는 발명의 예들을 자주 논하지만 말처럼 쉬운 일들은 아니다. 특히 개인 발명가들에게 있어서 복잡하거나 첨단기술을 요하는 고도발명 보다는 간단한 착상으로 큰 효용을 만들어 내는 발명이 바람직하지만 성공 사례는 많지 않은 편이다. 간단한 요소의 추가로 큰 효용을 낸 사례 중에는 단순히 기존 물건에 구멍을 내어 큰 효과를 본 사례들이 있다. 이야말로 가장 간단한 발명일 것이나 그 효과는 매우 큰 것이니 관심을 기울여 볼만한 내용이라 할 수 있다.

1958년 미국의 유명 설탕제조회사가 장기 운송시 각설탕이 녹는 문제를 해결하기 위해 10만 불의 상금을 걸고 해결방안을 공모한 결과 선원이었던 존은 각설탕 포장에 구멍을 내는 간단한 제안으로 문제를 쉽게 해결하였다. 보험 외판원이었던 워터맨은 중요 계약에서 잉크가 번지는 바람에 계약이 깨지자 이의 해결책을 찾던 중 펜촉에 구멍을 내어 큰 성공을 거두었다. 장애인이었던 하우는 아내의 바느질 일로 생계를 꾸려 나가자 아내를 돕기 위해 바느질 기계를 만들기 위해 고민하다 꿈에 인디언 추장에게 끌려가 죽을 위기에 처했는데 창끝에 구멍이 나있는 것을 보고 재봉틀을 발명하였다.

우표의 절취용 점선, 주전자 뚜껑의 구멍 등도 그 큰 효용을 이미 알고 있을 것이며 바늘귀의 지혜, 귀걸이 구멍, 도넛 등도 유래는 알기 쉽지 않지만 생활에 큰 변화를 준 아이디어임에 틀림없다. 전자계산기의 뒷면에 있는 Reset용 구멍이나 타이어 펑크 수리용 패치 등도 구멍과 연관된 아이디어라고 볼 수 있겠다.

참고로 유사한 경험이 있는데 배전판 제조업체에서 근무한 이력이 있는 필자는 이른 아침에 일어날 때 갑자기 볼트(나사)의 몸체에 구멍을 뚫는 생각을 한 적이 있다.

수없이 많은 나사로 전선을 단자대에 조립해야 하는 배전판에서는 나사를 풀고 다시 조이는 일이 굉장히 공수가 많이 드는 일이었는데 나사의 머리 아래 부분에 수직으로 관통 구멍을 내고 전선을 끼워 넣고 다시 조이면 조립 시간을 줄일 수 있고 가정용 플러그 조립에도 유용한 내용 이었다. 이렇듯 구멍 하나로 큰 효용을 줄 수 있는 사례들이 많이 있으므로 발명을 어렵게만 생각할게 아니라 꾸준한 관심으로 사물을 대해 볼일이다.

발명이야기(2)
선 하나로 만든 발명

호박에 선 긋는다고 수박이 되지는 않지만 물품에 선을 그어 큰 발명을 이룬 사례들은 제법 있다. 물론 호박 고구마가 나왔으니 호박과 수박을 유전적으로 교접한 신종 호수박도 조만간 나옴직 하기도 하다.

발명이 간단한 것은 아니지만 선 하나 그어서 큰 효용을 볼 수 있다면 이보다 좋은 경우는 없을 것이다. 선만을 긋는 것은 발명의 실시도 매우 용이하여 개인 발명가 일지라도 사업화를 쉽게 추진할 수 있고 적용 범위도 넓어서 그 예상 효과가 클 터이니 일석이조가 아니고 무엇이겠는가?

이러한 발명으로 유명한 것이 어린 전기 수리공 필립이 라디오 수리를 하다가 일자 나사 머리가 마모되어 어려움을 자주 겪다가 십자 나사를 고안하여 대성공을 거두었고 오늘날의 글로벌 기업인 필립스의 모체가 된 사례가 있다. 또 다른 사례는 일본에서 발명된 커터 칼에 절단선을 넣어서 날 끝이 무뎌지면 절단선 위치에서 잘라서 사용하는 발명 또한 그 효과가 매우 큰 것이다.

우표에 넣은 우표 절취선이나 단순 아이디어 상품이지만 혁대와 줄자의 결합 등도 유용한 발명 사례이다. 그리고 유사 사례라고 보기는 뭐하지만 전기 제품에 있어서 접지선의 역할은 매우 중요하며 선을 없앤 무선을 이용한 IT 기술들은 최근 기술혁신의 핵심 사항이라고 할 수 있다.

필자의 특허 등록 사례로는 과거 아날로그 라디오의 방송국 주파수 채널선택용 스위치를 이용하여 자동차의 방향전환용 환향장치의 매우 복잡한 구조를 강선을 사용하여 간단하게 제어하는 방식으로 특허를 등록받은 바 있기도 하다. 물론 안전성 검증 등의 이유로 실제 사용되지는 못하고 있지만 말이다.

선 하나를 추가하여 이룬 놀라운 성과들…, 결과를 보고 나서는 너무나도 간단하지만 지금 어디에선가는 자신에게 선을 그어 주기를 간절히 바라는 물품이 있지 않을까?

발명이야기(3)

종이 이야기

중국의 4대 발명인 종이, 나침반, 화약, 활자인쇄술 중 하나인 종이의 발명은 인류 문화 발달에 기여한 바가 막대하여 생각을 기록하고 타인하게 전달할 수 있게 해준 인류사의 혁명적인 것이라 할 수 있다. 이렇듯 가치 있는 종이도 서기 105년 후한시대의 환관 채륜에 의해 발명된 것으로 전해진 이후에 종이의 재질이나 색상 등의 변화와 글과 그림(사진기 발명 후 사진 포함) 등의 기록, 화장지라는 용도 이외에는 커다란 진보는 없었던 형편이었다.

그러나 20C 후반에 이르러 종이스피커, 필름스피커 등 종이처럼 얇은 스피커 기술이 개발되고 벽지 형태의 온열기가 개발되었으며, 종이피아노·종이 배터리 등도 개발되었다. 이제는 전자 종이와 종이 디스플레이 등의 개발로 얇은 종이 두께이면서 유연성을 지닌 디스플레이가 개발되어 전자책이나 두루마리 형태의 제품으로 응용이 가능하게 되었다.

머지않은 시간 내에 벽지로 냉난방을 하고 음악을 들으며 영상을 감상할 수 있게 되고 휴대용 디지털 기기는 매우 소형화되어 다양한 모양으로 진화될 것이며, "백지장도 맞들면 낫다."거나 "자다가 봉창 두드린다."는 것이 우리나라 속담이며 종이에 대한 생각의 일면이었던 것이 불과 일세기 만에 격세지감의 변화가 있게 된 것이다.

백면서생처럼 과거의 기록만을 공부하는 것이 아닌 이몽룡처럼 서책 위에 춘향이의 얼굴을 떠올리고 환청을 듣는 상상력과 몰입이 기술로 연구되어 끊임없이 이어져 왔다면 우리나라의 기술발전은 또 다른 형태로 진보되지 않았을까 하는 생각들이 기술을 경시하고 업신여겨온 과거에 대한 회한이라면 미래에는 또 어떠한 기술이 가능해질 것인지 상상의 나래를 각자가 부단히 펼쳐 볼일이다.

발명이야기(4)
휴대폰 충전기

90년대 휴대폰이 대중화하기 시작하면서 여러 제조사들을 통해 다양한 모델의 휴대폰들이 출시되었고 각 회사마다 제각기 다른 규격의 충전기를 출시하게 되었다. 따라서 휴대폰 사용자들은 서로 다른 규격의 휴대폰 충전기들로 인하여 자신의 휴대폰과 동일 모델에 알맞은 충전기가 없으면 충전을 못하는 어려움이 따랐고 특히 휴대폰을 많이 사용하는 직장인 또는 자영업자들의 경우 초기의 배터리 용량이 적음으로 인하여 충전의 불편함을 호소하는 경우가 많았다.

또한 휴대폰 기술이 발달하여 계속 신제품이 출시되고 소비자들이 신형 휴대폰으로 바꿀 때마다 구형 휴대폰 충전기는 사용할 수 없게 되어 환경 공해와 자원낭비 문제를 야기하기도 하였다.

이런 연유로 필자는 1999년 공용 충전이 가능한 휴대폰 충전기를 구상하게 되었고 아이디어플라자 명의로 특허로서 등록도 받았다. 그 후 편의점이나 은행 등 공공시설에 휴대폰 충전 서비스를 하는 곳이 많이 늘어났고 이에 특허권을 행사하기 위해 공용 휴대폰 충전기를 개발하여 판매한 업체를 대상으로 내용증명으로 특허 침해중지 및 손해배상을 해줄 것을 통보하였으나 해당 업체는 자신들도 별로 재미를 못 보았고 줄 돈도 없으니 사정이나 알고 이야기하라며 해볼 테면 해보라는 태도여서 어이가 없었다.

애석하게도 해당 발명 특허는 각기 다른 휴대폰의 충전 접점에 대하여 기계적으로 접점 위치 조절해서 사용하는 방식의 기술이라 한계가 있었던 것이다. 처음 발명을 구상할 때 충전기의 연결선 중간을 잘라내어 양측의 끝단을 플러그인 형태로 꽂게 하고 내부를 핀 형식으로 하려는 구상도 했었으나 중단하고 충전대에서 기계적으로 접점을 맞추는 방식으로만 출원을 한 것이 패착이며 짧은 생각이었다.

그 후 휴대폰 충전기 연결 잭 내부의 접점 핀 수를 24핀으로 통일하는 작업이 정부기관 주도로 추진되어 일정한 성공을 거두었고 최근에는 각 업체별로 통일된 연결 잭(또는 어댑터)을 사용하여 신제품이 출시되어도 적용이 가능하고 휴대폰 제조사만 같으면 누구 것이든지 사용할 수 있는 정도의 제품으로 표준화는 되어 있는 상태다.

스마트폰 출시와 더불어 발생된 또 다른 변화는 플러그 형태의 연결 잭에 USB 단자로 연결하는 형태로 2차 결합되어 사용되는데 아이폰이나 안드로이드폰이나 플러그의 잭 뭉치는 공용으로 사용할 수 있는 형태의 것이 되었고 휴대폰 충전기와 PC연결용 USB 연결선을 공용으로 사용할 수 있는 발전된 형태의 것으로 진화되었다.

위와 같은 사례와 충전기 기술의 진보 방향을 살펴보면 1999년에 휴대폰 공용 충전기를 특허 출원할 당시 조금만 더 깊이 생각하고 연구하였더라면 간단한 고안으로 사회적 편익을 증진하고 특허로서의 가치를 높일 수 있었지 않았을까 하는 아쉬움이 남는다.

이렇듯 모든 발명은 우선 단순한 착상에서 시작되지만 보다 깊이 기술의 흐름을 예측하고 보다 원천적인 방법으로 고안하여 특허를 출원해야 실제 가치가 있다는 것과 영세업자가 아닌 대기업 제조사가 어쩔 수 없이 써야만 하는 기술이어야 큰 자산으로서 가치를 발할 수 있다는 것을 염두에 두어야 한다는 점을 깨우치게 해주고 있다.

발명이야기(5)

스피커 이야기

스피커의 재생 원리는 전화기의 수화기에서 얻어진 아이디어 이었으며 초기의 스피커는 음향기기 중 앰프의 액세서리로만 취급되었다. 스피커 시스템은 내부 구조가 간단하지만 만드는 방식이나 사람에 따라 각양각색의 소리를 들려주며, 전기적 진동을 물체의 진동으로 변화시키는 장치로서 공기의 진동으로 음파가 발생하면 우리 귀에서 소리로 느끼게 하는 일종의 에너지를 변화시키는 장치이다.

최초로 인간의 목소리를 기록했다가 다시 들려준 유성기는 에디슨이 발명하였다. 에밀 베를리너는 원통형 유성기를 개선하여 고정된 바늘 밑에서 유리 원반이 회전하면서, 그 표면에 바른 아마기름 피막이 바늘의 진동에 따라 벗겨지는 방법을 이용한 '그래머폰'을 개발하였고 이로 인해 불가능했던 레코드의 복제가 가능해졌다.

다비드 사알노프는 1915년 무선 전신의 수신기를 변형시켜 유성기처럼 가정에서 음악을 듣는 '라디오 뮤직 박스(Radio Music Box)'를 만들어 냈다. 이때 처음으로 라디오란 말이 사용되었다. 1907년에 포레스트에 의해 진공관 앰프의 발명이 있은 후, 1915년 피터 젠슨(peter jensen)이 최초의 진정한 스피커를 만들어낸다. 스피커는 1925년경부터 본격적으로 개발되어 다이나믹형 스피커가 나오면서 스피커의 음질이 놀랄 만큼 개선되기 시작했다.

1940년 말부터 1950년 중반까지는 음향재생 기기 산업의 격동기였다. 어쿠스틱 유성기 시대가 막을 내리고, 전문적인 고급형 전축이 탄생하여 장시간용인 LP 레코드를 만들어 내는 계기가 되었다. 바야흐로 입체음향 시대를 열 스테레오가 등장하게 된 것이다. 전자 기술의 발전은 음향재생 기기에도 앰프의 트랜지스터화, 스피커의 소형화라는 새로운 바람을 불러 일으켰다.

그러나 스피커 기술에서 물리적인 가장 큰 변화는 진동스피커와 필름스피커의 출현이다. 전기적 에너지를 진동으로 변환시키는 필름을 사용한 스피커는 고음에는 좋으나 아주 낮은 베이스나 강한 음에는 충분치 못한 문제가 있다. 수중 음파 탐지기, 휴대폰, 사이렌 등에서도 필름이 부품으로 사용된다.

필름스피커는 2002년 상용화 되었는데 상온에서 PVDF(이소불화비닐)필름 표면을 친수성으로 바꿔 전기를 흘려주면 필름이 수축과 팽창을 반복하며 공기를 진동시키는 원리를 통해 소리를 낸다. 일반 스피커와 음질이 비슷하면서도 사진이나 그림을 인쇄할 수 있고, 찢거나 구멍을 뚫어도 소리가 정상 재생된다는 장점을 갖고 있다. 최근에는 얇고 가벼운 특성이 부각되면서 휴대폰, MP3, 벽걸이TV 등 슬림형 가전제품 스피커용으로 수요가 커지고 있다.

하지만 초기에는 값이 비싸고 음역대가 좁다는 등의 이유로 시장 확대가 더디게 진행되다가 플라즈마 코팅기술과 필름소재 개선을 통해 음역대를 일반스피커 수준으로 넓히고 자외선차단이나 도청방지 등 다른 기능을 갖춘 유리창스피커와 각종 센서 등에 쓰이는 고부가 필름 제품이 추가로 개발되었다.

진동스피커는 벽이나 박스, 유리 등 진동을 낼 수 있는 어떠한 물건에 대기만 하면 그 물건 자체를 스피커로 만들어버리는데 그 원리는 북채로 북의 표면을 때릴 때 생기는 진동이 주변의 공기를 진동시켜 소리를 내는 것과 같다. 스피커가 소리를 내는 것도 진동모듈이 전달한 떨림을 진동판이 받아 울림통 안에서 퍼뜨려주는 원리다.

그러나 진동 스피커는 진동모듈만 있고 울림통이 없기 때문에 반드시 진동판 역할을 할 어떤 물체에 붙여야만 소리가 난다. 붙이는 대상에 따라 음색과 음량의 차이가 커서 기존 스피커와 다른 색다른 재미와 맛을 주는데 소형 진동모듈을 박스, 엽서, 책, 유리 등 아무데나 붙여놓고 소리를 들어볼 수 있다. 특히 골판지로 만든 골이 있는 박스에 붙일 경우 박스의 공기와 종이를 진동시켜 마치 우퍼가 내장된 듯한 고음질의 생생한 소리를 즐길 수 있다. 순간 최대출력은 작지만 재질에 따라 효과가 좋아서 진동판의 면적이나 두께, 재질에 따라 음량 자체가 달라진다.

이렇듯 스피커 진화의 역사에서 불과 150년 만에 완전히 새로운 개념의 기술이 출시되었고 이제 벽에 부착되어 눈에 보이지 않은 스피커에서 소리가 나는 세상이 되었으니 옛 조상들이 이러한 광경을 보았다면 필시 귀신의 소리라 놀랄만한 것이라 할 수 있다. 발명의 입장에서 보면 어느 것도 무한한 것이 없고 기술은 끊임없이 진보하는 것이라 생각된다.

발명이야기(6)

타이어 이야기

1888년 수의사였던 영국의 던롭이 자신의 아들이 매번 무쇠 자전거를 타다 다치는 것을 보고 자식사랑에서 발명한 공기주입 고무 타이어로 시작한 타이어의 역사는 현재 대중화된 튜브레스 타이어까지 진보 되었다.

자동차 하면 타이어는 필수적인 구성 요소로 인식되어 있고 타이어 없는 자동차는 생각조차 할 수 없는 현실이지만 필자는 십여 년 전에 국내 H타이어사 연구소와 접촉할 기회가 있었고 만남의 자리에서 타이어 바퀴 없는 자동차 시대가 도래할 수도 있으니 사고를 자유롭게 해보자고 주장한바 있다. 그런데 얼마 전 H사의 고위 임원이 언론과의 인터뷰에서 미래에도 타이어는 절대로 없어지지 않는다고 호언장담을 하는 기사를 접하고는 씁쓸함을 금할 수 없었다. 굳이 부연 설명하지 않아도 비행기에 수직 이착륙기가 있고, 헬리콥터가 있으며, 1인용 비행물체와 자기부상열차가 다니는 시대에 굳이 타이어가 없어도 움직이는 물체는 많아지고 있음이다.

10여 년 전에 필자는 대형 버스의 승차 석에 바퀴가 돌출된 것에 반감을 품어 반원 형태로 구동되는 반바퀴 타이어를 특허 출원한 적이 있었고 접지선을 내장한 정전기 방지 타이어와 급작스런 타이어 펑크로 인한 대형 사고를 방지하기 위해 여러 가지 형태의 내부 분할 구조 타이어를 특허 출원하였다. 해당 분야의 전문지식이 박약한 상태에서 단순한 아이디어 착상으로 특허를 출원한 것이지만 그 후 타이어 펑크를 방지하는 다양한 형태의 제품에 대한 언론 보도를 보면 필자가 출원한 특허와 대부분 유사한 변형의 형태 것임을 볼 수 있었다.

타이어에 관심이 있다 보니 승용차에 트럭처럼 한 개의 휠에 두 개의 바퀴를 끼우는 형태, 타이어에 질소를 주입하는 형태, 방탄 타이어 등과 사계절용 타이어나 연비를 향상시켜주는 경제형 타이어 등 다양한 형태의 타이어가 존재하였다. 그 중 가장 인상 깊은 기술은 겨울철 타이어의 미끄럼 방지를 위해 체인을 감는 것이 아닌 얼음의 표면이 양(+)전하를 띠고 있으므로 타이어에 음(–)의 전류를 흘려보내면 미끄럼을 방지할 수 있다는 기술이다. 실현된다면 참으로 간단하고 편리한 기술이며 덤으로 자동차 정전기까지 흘려보낼 수 있지 않을까 생각한다.

과거의 고무튜브 타이어의 경우 불패치라는 타이어 때우는 제품이 있었는데 튜브레스 타이어 시대에 이르러 흔적없이 사라지고, 타이어 미끄럼 방지에 전하(+, –)를 이용한 기술이 개발되면 타이어체인 또한 소리 없이 사라질 터인데 바퀴가 없어질 날도 오지 않을까?

고급 승용차에 장착되었던 스마트타이어가 대세가 되고 타이어 공기압 모니터링시스템(TPMS)이 의무 장착되어가고 있는 등 타이어도 종래와 달리 복합적인 기술의 집합체로 바뀌어가고 있지만 진정한 발명가라면 신기술 타이어의 연구개발 못지않게 선구적으로 타이어 없는 자동차를 한번 구상해 보면 어떨까 한다.

발명이야기(7)
보이는 발명

도심 속에 들어서는 무수한 고층 건물들의 건축 과정을 유심히 바라보다 보면 허허벌판에 터를 파고 건물이 한층한층 올라가는 모습을 쉽게 볼 수 있다. 터를 파고 골조를 올리고 창문을 달며 내외관 장식과 전기공

조 시설 등 무수히 많은 작업들이 도면에 따라 차곡차곡 일이 추진되어 마침내 멋진 건물이 완성된다.

만일 눈에 보이는 고층 건물이 건축과정에서 기둥이 하나 빠지거나 창문이 없거나 엘리베이터가 없다면 누구라도 잘못된 것을 알 수 있을 것이고 혹여 불필요한 물건이 부착되어 있으면 즉시 수정을 요구할 것이다. 수많은 요소와 노력을 결합하여 많은 시간을 거쳐서 웅장한 모습을 드러내는 건물들처럼 발명 또한 예외는 아니다.

누군가의 발명을 멀리서 객관적으로 바라본다면 기둥이 없거나 불필요한 것이 부착된 것들을 쉽게 볼 수 있을 것인데 정작 당사자인 발명가는 자신의 발명이 지닌 문제점을 미처 파악하지 못하는 경우가 많이 있다. 발명에 있어서 꼭 필요한 기능은 집어넣어야겠지만 불필요한 요소는 삭제해야 하고 이러한 요소들은 잘 구성되어 마무리 되어야 할 것이다.

"눈에 보이는 발명!" 아직 존재하지 않는 물건을 눈에 보이는 듯 명료하게 고안하고 누가 보아도 객관적으로 흠잡을 데가 없는 발명을 고안하기 위한 노력에 심혈을 기울일 때 비로소 좋은 발명을 해낼 수 있는 첫 단추를 꿰었다고 할 수 있겠다.

발명이야기(8)

맛있는 발명

사람은 누구나 매일 음식물을 섭취해야 몸을 움직이기 위한 에너지를 확보할 수 있다. 매일 먹는 음식! 대부분의 사람들이 특별한 의미부여 없이 하루 삼 세끼 시간에 맞추어 끼니를 때우는 가운데 어떤 이들은 살기 위해서 먹는다는 반면에 맛있는 음식을 찾아다니는 식도락가들도 있다. 하지만 하루 삼세끼 끼니를 살기 위해서 먹든 식도락을 즐기든 "맛있는 음식"에 대한 평가는 비교적 쉽게 내릴 수 있을 것이다.

세상에 수많은 식당이 있지만 모두 다 맛있는 음식을 제공하여 장사가 잘되는 것이 아니라 소수의 식당들만이 손님들로부터 "맛있는 음식"을 만들어 파는 곳으로 인정받아 많은 손님들로 상시 북적거린다. "맛있는 음식"의 기준은 무엇일까? 신선한 재료, 풍부한 양념, 비밀 조리법, 깔끔한 환경, 손맛, 정성스런 조리법 등등…, 음식의 종류에 따라 조금씩 다르겠지만 "맛있는 음식"을 만드는 보편적인 논리들은 있다.

갑작스럽게 발명이야기에서 아무런 연관성이 없어 보이는 "맛있는 음식"을 이야기하는 까닭은 무엇일까? 발명은 무미건조한 사물의 이치에 관한 것이지만 만일 "맛있는 음식"처럼 발명을 평가할 수 있다면 발명가들이 좀 더 자신의 발명을 고안할 때 쉽고 용이하게 "맛있고 멋진 발명"을 할 수 있지 않을까 하는 생각에서 비교해본 것이다.

맛에 군더더기가 없고 꼭 필요한 영양소에 먹기 좋은 것을 만들기 위한 노력처럼 새로운 발명의 고안 시에 꼭 필요하고 유용한 기능들을 부가하기 위한 노력을 기울인다면 누구라도 쉽게 좋은 발명, 맛있는 발명을 고안해 낼 수 있지 않을까? 과거에 굶주린 배를 채우기 위한 음식문화는 현대의 음식에 이르러 과거 음식문화의 그대로의 답습이 아닌 많은 진보를 이루었고 퓨전음식으로의 진화와 타 문화로부터 전수된 음식이 결합되는 추세이며, 이에 맞추어 식품과 관련된 수많은 특허들이 등록되고 있는 것은 공지의 사실이다.

단순해 보이는 음식에서도 창의성은 매우 중요하며 프랑스의 세계적인 레스토랑 평가 잡지인 미슐랭 가이드에서도 좋은 레스토랑의 기준으로 창의성을 높게 평가하고 있다는 사실은 이를 잘 말해 주고 있기도 하다. 따라서 일반적인 발명도 종전 제품의 개량과 다른 분야 기술의 융합 등 음식의 진화와 유사한 구조로 개발을 진행할 수 있다. 발명가들에게 가장 부족한 부분 중의 하나가 자기주장에 치우쳐 시장에서 가치(맛)를 높게 평가받을 수 있는 발명품을 고안해 내는데 소홀한 것인데 이번 기회에 "맛있는 발명"에 대한 생각을 한번 심도 있게 해보는 것도 나쁘지 않을 것 같다는 생각이다.

발명이야기(9)

인터넷 광고 이야기

필자는 1999년초 광고를 보는 대가로 이메일 무료서비스를 한다는 기사를 읽고 인터넷관련 아이디어를 A4용지 4장에 빼곡히 메모를 한 적이 있다. 위의 메모 중 인터넷광고 관련 아이디어 8건을 골라 그때는 매우 생소했던 BM특허 8건을 출원하게 되었고 그 중 4건은 등록 받고 4건은 등록 거절이 되었다. 등록이 된 건은 "전자우편을 이용한 광고", "채팅창을 이용한 광고", "배너광고 삭제 및 대체 방법", "웹브라우저 기능창 영역을 이용한 광고" 등 4건이다.

비등록된 건 중 "스크린세이버를 이용한 광고", "막간을 이용한 광고", "다운로드 시 광고 삽입 방법" 등 3건은 미국에 선행기술이 있어서 거절되었으며 "소프트웨어에 광고를 삽입하는 방법"은 아깝게도 회사의 어려운 사정에 적극 대응을 하지 못해 결국 등록을 받지 못했으나 요즘 알집, 백신, 한글뷰어 등에 널리 사용되고 있는 기술이다.

등록된 인터넷광고 방법 특허 중 "배너광고 삭제 및 대체", "웹브라우저의 기능창 영역 광고" 방법 특허와 아이디어플라자 회원이 제안한 "웹페이지의 빈 공간을 이용한 광고"등의 특허를 합치면 이를 프로그램으로 개발(가칭 마이애드)하여 설치된 컴퓨터에서는 이론적으로 어느 사이트를 방문하든 특허 기술에 의해 송출하는 광고만 보이게 되는 것이다.

이외에 인터넷 광고로서 재미있는 아이디어는 "인터넷 빈 페이지(도메인만 있고 홈페이지가 없는)에 광고를 송출하는 방법", "인터넷 콘텐츠를 프린트에 출력시 광고를 삽입하는 방법", "웹문서의 특정 키워드의 색상을 바꿔 클릭시 광고 또는 정보로 연결하는 방법", "URL을 오타 친 경우 광고 페이지로 연결하는 방법", "마우스 포인트 아이콘에 광고를 붙이는 방법" 등이 있다.

그러나 무엇보다 인터넷 등 디지털기기(TV, 휴대폰 등)에서는 콘텐츠의 저장과 편집이 가능하므로 더 이상 방송업자나 콘텐츠업자가 일방적으로 광고를 보내는 것을 받는 것이 아니라 단말기 소유자(소비자)와 계약 하에 단말기단에서 광고 및 콘텐츠를 제어할 수 있는 것이다. 사용자 단말기 모니터에서 광고를 제어하게 되면 아무리 채널이 많고 홈페이지가 많아도 광고는 100% 정확하게 특정 사용자의 모니터에 맞춤형으로 도달하게 되어 광고주가 가장 만족하고, 사용자는 광고를 보는 대가를 받아 TV처럼 광고만 보면 모든 콘텐츠 이용료 및 망 이용료 무료 혜택을 볼 수 있게 된다.

방송통신인터넷의 통합에 따라 디지털 광고 시장은 지속적인 변화가 있을 것이고 필자가 대표로 있는 아이디어플라자와 네오콘소프트(옛 인터넷채널이십일)이 개발한 위와 같은 새로운 광고 사업모델에 대한 포털과의 소송은 시대 기술의 흐름에 따라 판결이 날 것이다.

발명이야기(10)
디지털시대의 패러다임 변화

현재 우리가 처한 세상은 매우 빠르게 진보하고 있으며 종래의 아날로그 기기들은 모두 디지털 기기로 변하고 다양한 단말기들이 하나로 통합되어 기능이 추가되고 소형화 되고 있다. 이러한 시대에 위와 같은 기술 진보의 태풍 정 중앙에 있으면서 이들 시장의 새로운 생존 모델을 결정하는 것은 그 어느 누구도 아닌 바로 소비자 개개인 자신들이다.

소비자 개개인은 향후 어떠한 선택을 하느냐에 따라 빅브라더 시대의 힘없는 구성원이 될 수도 있고 자신의 주권을 가장 잘 활용하여 더욱 강한 주인으로서 살아남을 수도 있다. 자신의 사적인 모든 정보를 노출 당하여 디지털 노예로서 감시 당하면서 살 수도 있고 종래의 아날로그 기기에서의 수동적 소비자 위치에서 벗어나 적극적으로 자기 주권을 보호하며 작지만 강한 개개 구성원으로서의 권리를 향유할 수도 있는 것이다.

소비자 주권이 중요하다(1)

소비자로서의 각 개인은 그저 작은 힘없는 시장의 일부 구성요소 일 뿐이다. 이러한 측면에서 보면 디지털 시대에서는 서비스업자 또는 공공기관이 주가 되어 이들을 통제하고 감시하기가 훨씬 용이하고 마음껏 시장을 절대 권력자의 의도대로 시장을 이끌어 갈 수 있다. 하지만 역설적으로 그저 작은 일개의 구성요소들이 각자의 주권 행사를 정확히 하고 이들이 모여 소비자 주권을 형성한다면 이는 바로 민주주의에서 직접 투표권에 의한 막강한 파워를 갖듯이 새로운 서비스 선택의 권력을 창출할 수 있다.

디지털 단말기 소유자로서의 단말기 선택권과 그 단말기를 통한 콘텐츠 서비스의 선택권은 소비자에게 있다. 과거 아날로그 기기 역시 단말기 선택권은 소비자에게 있었으나 그 기기에 실려 서비스되는 콘텐츠 서비스에 있어서는 제한적 채널 선택권만 있거나 단순 수용자 위치에 있었다. 그러나 디지털 기기에서의 콘텐츠 서비스의 선택은 전적으로 디지털 단말기를 소유한 소비자의 몫으로 선택할 수 있으며 쌍방향 통신까지도 가능하다. 바로 이점에서 우리에게 강한 시사점이 있다.

누가 돈을 내는가(2)

디지털 기기의 제조 판매나 디지털 콘텐츠 서비스업자의 사업을 가능하게 해주는 자는 돈을 내고 이를 구매하는 소비자와 광고비를 지불하여 무상 또는 저가의 콘텐츠 서비스를 가능하게 해주는 광고주 이다. 소비자와 광고주! 이 두 요소는 디지털기기의 제조판매와 디지털기기를 이용한 콘텐츠 서비스를 가능하게 해주는 절대 필요 요소인 것이다. 이러한 사실은 너무나도 명확한 전제이라 아무도 이론을 제기하지 않을 것이며 또한 특별히 거론되지도 않는 사실이기도 하다.

사업이 가능하도록 돈을 내주는 주체! 자본주의 사회에서 이보다 강력한 힘을 지닌 자는 없다. 그러나 산업화 초기에 계속된 신 문명기기의 출시와 소수 거대 서비스업자의 콘텐츠 독점은 돈을 내는 자를 가벼이 취급했고 유사한 거대 주체인 광고주보다는 특히 분산된 소비자의 권리는 매우 적은 것이었다. 민주주의의 발전에 따라 소비자 주권에 대한 주장이 강해지고 이를 점차 인정받았지만 그들의 가치만큼이나 정당한 대우를 받은 것은 아니라 생각한다.

물론 이러한 논의의 근저는 아날로그시대와 디지털시대가 근본적으로 다른 것이 아니라 오히려 대동소이 하다고 볼 수 있겠으나 디지털 시대의 정보 통제라는 새로운 화두에 따라서 각 개인의 주권 침해에 대한 관심이 높아졌으나 이를 슬기롭게 해결할 수 있는 대안은 개인의 사생활 보호라는 입법운동 등에 국한된 것일 뿐이었다.

위와 같이 디지털 시대의 도래와 정보의 집중에 대한 단순한 저항 외에 능동적이고 창의적인 선순환의 방안은 없을까? 디지털 기기의 편리함은 그 대세를 거스를 수 없을 만큼 큰 것이고 그에 반하여 정보의 통제라는 개인주권 침해 또한 무시할 수 없는 사안이다.

따라서 모든 정보기기의 디지털화의 대세를 거스르지 않으면서 개인의 정보통제를 방지하는 건설적 대안을 찾는데 있어서 아날로그 기기와 디지털 기기의 차이인 "콘텐츠 서비스의 선택권을 소비자가 가질 수 있다"는 점에 근거해 창출해 내고자 하는 것이다. 아날로그기기와 달리 디지털기기는 모든 콘텐츠를 소비자 단말기에 저장 편집이 가능하고 송수신의 선택이 가능하다.

이러한 점은 소비자가 자신의 콘텐츠 선택권을 적극 활용함으로써 이러한 선택권을 집적하여 파워를 형성하자는 것이다. 이러한 선택권은 또 다른 서비스를 가능하게 해주는 주체인 광고주가 송출하는 광고 콘텐츠 또한 예외가 아니다. 디지털 기기에서는 아날로그 기기에서처럼 더 이상 콘텐츠서비스 업자가 일방적으로 송출하는 광고를 수동적으로 받는 것이 아니라 광고를 삭제하거나 자신이 선택한 업자가 송출하는 광고만을 선택적으로 받을 수 있다.

이와 같이 디지털 산업을 가능하게 해주는 핵심 요소인 광고 콘텐츠를 소비자가 적극적으로 선택한다는 소비자 주권에 대하여 기존 방송업자, 인터넷포털 서비스업자 입장에서는 사활을 건 반론이 있을 수 있으나 이는 소비자 주권의 절대성에 비할 바 못 된다.

국가의 주인은 소수 특정업자가 아니라 절대 다수 국민인 소비자이며 이들의 주권을 가장 먼저 보호해주어야 하는 것이 국가 권력이고 심지어 국가권력이 이를 거부할 때 이를 뒤집을 수 있는 유일한 권력 또한 절대다수 국민인 것이다. 기술의 발전과 보호해야 될 가치가 정령 이럴진대 누가 감히 이에 역행하는 주장을 할 것인가? 절대 소수로서의 각 개인이 살아남을 방법이 힘을 합하여 자기 주권을 찾는 것일진데 누가 이를 마다 할 것인가?

각 개인 소비자는 자신의 선택권인 디지털 단말기 및 그 콘텐츠서비스 선택권을 행사하여 단말기 및 콘텐츠 구매에 있어서 무료 서비스 또는 저가의 구매가 가능할 것이고 자신의 개인정보를 무단으로 활용하거나 통제 목적으로 활용하는 것을 방지할 수 있다. 이러한 광고 방식은 방송채널, 인터넷사이트 등이 무한정 늘어나도 소비자의 선택과 쌍방 계약에 의해 100%로 해당 단말기로 광고 콘텐츠가 도달되는 방식이고 이러한 선택과 계약의 과정에서 개별 소비자의 정보사용 및 노출의 정도를 자율적으로 제어할 수 있게 된다.

부록2 Best Mindmap Gallery

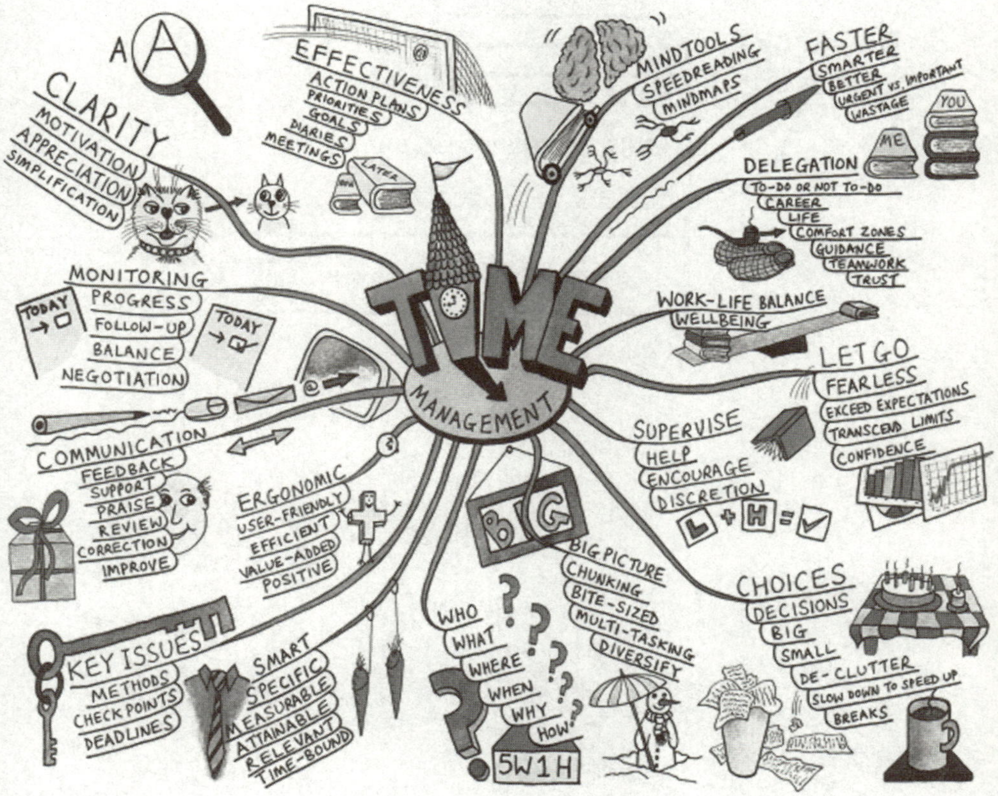

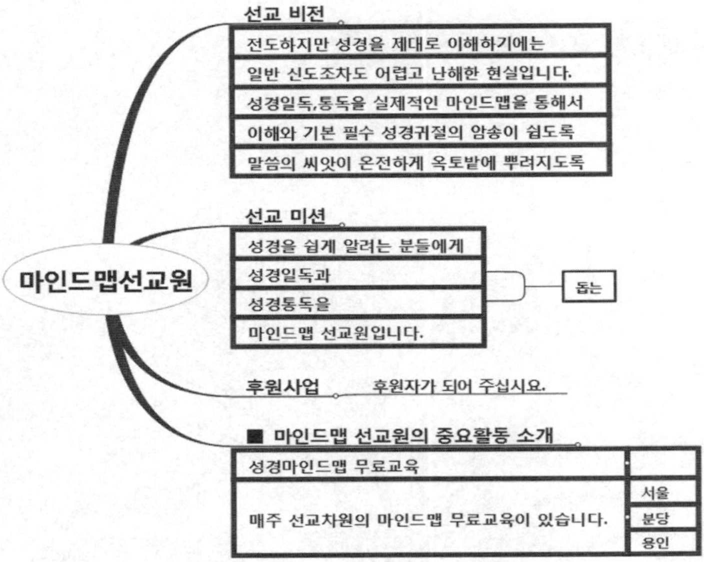
선교 비전
전도하지만 성경을 제대로 이해하기에는
일반 신도조차도 어렵고 난해한 현실입니다.
성경일독,통독을 실제적인 마인드맵을 통해서
이해와 기본 필수 성경귀절의 암송이 쉽도록
말씀의 씨앗이 온전하게 옥토밭에 뿌려지도록
선교 미션
성경을 쉽게 알려는 분들에게
성경일독과
성경통독을
마인드맵 선교원입니다.
돕는
마인드맵선교원
후원사업
후원자가 되어 주십시요.
■ 마인드맵 선교원의 중요활동 소개
성경마인드맵 무료교육
매주 선교차원의 마인드맵 무료교육이 있습니다.
서울
분당
용인

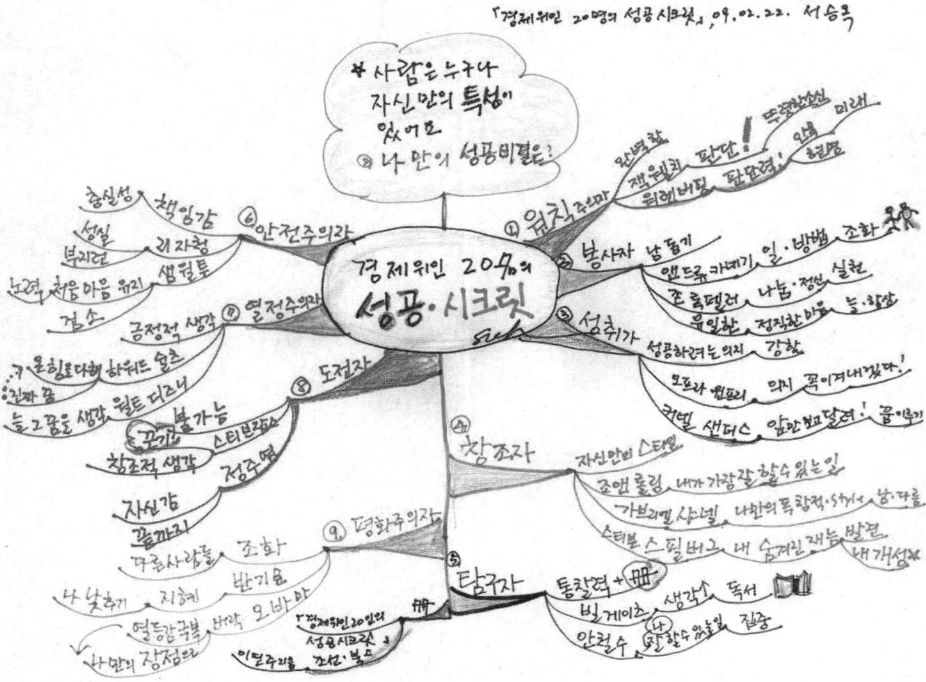
「경제위인 20명의 성공 시크릿」, 09. 02. 22. 서승욱
* 사람은 누구나 자신만의 특성이 있어요
나만의 성공비결은?
경제위인 20%의
성공·시크릿
① 원칙주의자
② 봉사자
③ 성취가
④ 창조자
⑤ 탐구자
⑥ 안전주의자
⑦ 열정주의자
⑧ 도전자
⑨ 평화주의자
책임감
충실성
성실
겸손
긍정적 생각
하워드 슐츠
불가능
창조적 생각
정주영
자신감
끝까지
조화
반기문
오바마
나만의 장점으로
조앤 롤링
가브리엘 샤넬
빌 게이츠
안철수
독서
집중

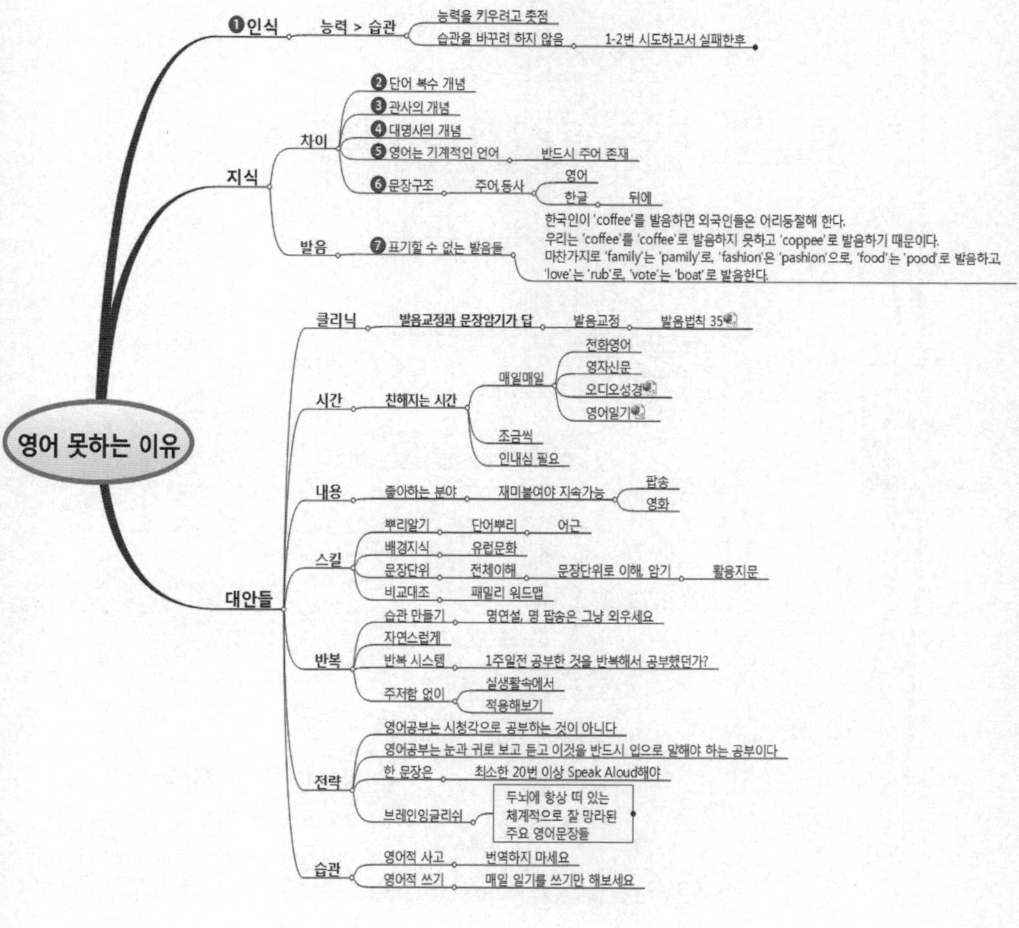
영어 못하는 이유
❶인식
능력 > 습관
능력을 키우려고 촛점
습관을 바꾸려 하지 않음
1-2번 시도하고서 실패한후
지식
차이
❷단어 복수 개념
❸관사의 개념
❹대명사의 개념
❺영어는 기계적인 언어
반드시 주어 존재
❻문장구조
주어, 동사
영어
한글
뒤에
발음
❼표기할 수 없는 발음들
한국인이 'coffee'를 발음하면 외국인들은 어리둥절해 한다.
우리는 'coffee'를 'coffee'로 발음하지 못하고 'coppee'로 발음하기 때문이다.
마찬가지로 'family'는 'pamily'로, 'fashion'은 'pashion'으로, 'food'는 'pood'로 발음하고,
'love'는 'rub'로, 'vote'는 'boat'로 발음한다.
대안들
클리닉
발음교정과 문장암기가 답
발음교정
발음법칙 35
시간
친해지는 시간
매일매일
전화영어
영자신문
오디오성경
영어일기
조금씩
인내심 필요
내용
좋아하는 분야
재미붙여야 지속가능
팝송
영화
스킬
뿌리알기
단어뿌리
어근
배경지식
유럽문화
문장단위
전체이해
문장단위로 이해, 암기
활용지문
비교대조
패밀리 워드맵
반복
습관 만들기
명연설, 명 팝송은 그냥 외우세요
자연스럽게
반복 시스템
1주일전 공부한 것을 반복해서 공부했던가?
주저함 없이
실생활속에서
적용해보기
전략
영어공부는 시청각으로 공부하는 것이 아니다
영어공부는 눈과 귀로 보고 듣고 이것을 반드시 입으로 말해야 하는 공부이다
한 문장은
최소한 20번 이상 Speak Aloud해야
브레인잉글리쉬
두뇌에 항상 떠 있는
체계적으로 잘 망라된
주요 영어문장들
습관
영어적 사고
번역하지 마세요
영어적 쓰기
매일 일기를 쓰기만 해보세요

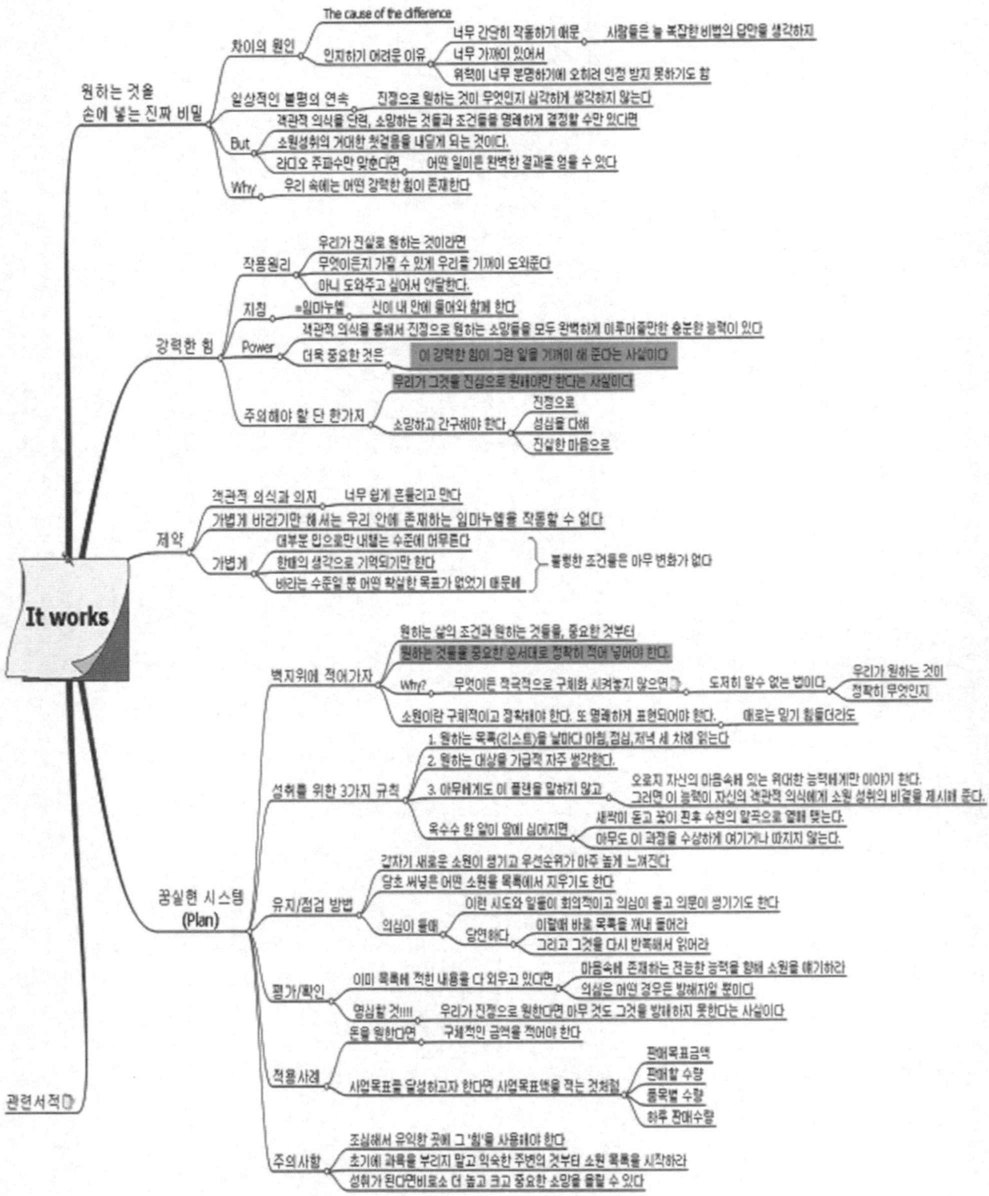
It works
원하는 것을
손에 넣는 진짜 비밀
차이의 원인
The cause of the difference
인지하기 어려운 이유
너무 간단히 작동하기 때문
사람들은 늘 복잡한 비법의 답안을 생각하지
너무 가까이 있어서
위력이 너무 분명하기에 오히려 인정 받지 못하기도 함
일상적인 불평의 연속
진정으로 원하는 것이 무엇인지 심각하게 생각하지 않는다
But
객관적 의식을 단련, 소망하는 것들과 조건들을 명례하게 결정할 수만 있다면
소원성취의 거대한 첫걸음을 내딛게 되는 것이다.
라디오 주파수만 맞춘다면
어떤 일이든 완벽한 결과를 얻을 수 있다
Why
우리 속에는 어떤 강력한 힘이 존재한다
강력한 힘
작용원리
우리가 진실로 원하는 것이라면
무엇이든지 가질 수 있게 우리를 기꺼이 도와준다
아니 도와주고 싶어서 안달한다.
지칭
=임마누엘
신이 내 안에 들어와 함께 한다
Power
객관적 의식을 통해서 진정으로 원하는 소망들을 모두 완벽하게 이루어줄만한 충분한 능력이 있다
더욱 중요한 것은
이 강력한 힘이 그런 일을 기꺼이 해 준다는 사실이다
주의해야 할 단 한가지
우리가 그것을 진심으로 원해야만 한다는 사실이다
소망하고 간구해야 한다
진정으로
성심을 다해
진실한 마음으로
제약
객관적 의식과 의지
너무 쉽게 흔들리고 만다
가볍게 바라기만 해서는 우리 안에 존재하는 임마누엘을 작동할 수 없다
가볍게
대부분 입으로만 내뱉는 수준에 머무른다
한때의 생각으로 기억되기만 한다
바라는 수준일 뿐 어떤 확실한 목표가 없었기 때문에
불행한 조건들은 아무 변화가 없다
꿈실현 시스템
(Plan)
백지위에 적어가자
원하는 삶의 조건과 원하는 것들을, 중요한 것부터
원하는 것들을 중요한 순서대로 정확히 적어 넣어야 한다.
Why?
무엇이든 적극적으로 구체화 시켜놓지 않으면
도저히 알수 없는 법이다
우리가 원하는 것이
정확히 무엇인지
소원이란 구체적이고 정확해야 한다. 또 명쾌하게 표현되어야 한다.
때로는 믿기 힘들더라도
성취를 위한 3가지 규칙
1. 원하는 목록(리스트)을 날마다 아침,점심,저녁 세 차례 읽는다
2. 원하는 대상을 가급적 자주 생각한다.
3. 아무에게도 이 플랜을 말하지 않고
오로지 자신의 마음속에 있는 위대한 능력에게만 이야기 한다.
그러면 이 능력이 자신의 객관적 의식에게 소원 성취의 비결을 제시해 준다.
옥수수 한 알이 땅에 심어지면
새싹이 돋고 꽃이 핀후 수천의 알곡으로 열매 맺는다.
아무도 이 과정을 수상하게 여기거나 따지지 않는다.
유지/점검 방법
갑자기 새로운 소원이 생기고 우선순위가 아주 높게 느껴진다
당초 써넣은 어떤 소원을 목록에서 지우기도 한다
의심이 들때
이런 시도와 일들이 회의적이고 의심이 들고 의문이 생기기도 한다
당연하다
이럴때 바로 목록을 꺼내 들어라
그리고 그것을 다시 반복해서 읽어라
평가/확인
이미 목록에 적힌 내용을 다 외우고 있다면
마음속에 존재하는 전능한 능력을 향해 소원을 얘기하라
의심은 어떤 경우든 방해자일 뿐이다
명심할 것!!!!
우리가 진정으로 원한다면 아무 것도 그것을 방해하지 못한다는 사실이다
적용사례
돈을 원한다면
구체적인 금액을 적어야 한다
사업목표를 달성하고자 한다면 사업목표액을 적는 것처럼
판매목표금액
판매할 수량
품목별 수량
하루 판매수량
주의사항
조심해서 유익한 곳에 그 '힘'을 사용해야 한다
초기에 과욕을 부리지 말고 익숙한 주변의 것부터 소원 목록을 시작하라
성취가 된다면비로소 더 높고 크고 중요한 소망을 품을 수 있다
관련서적

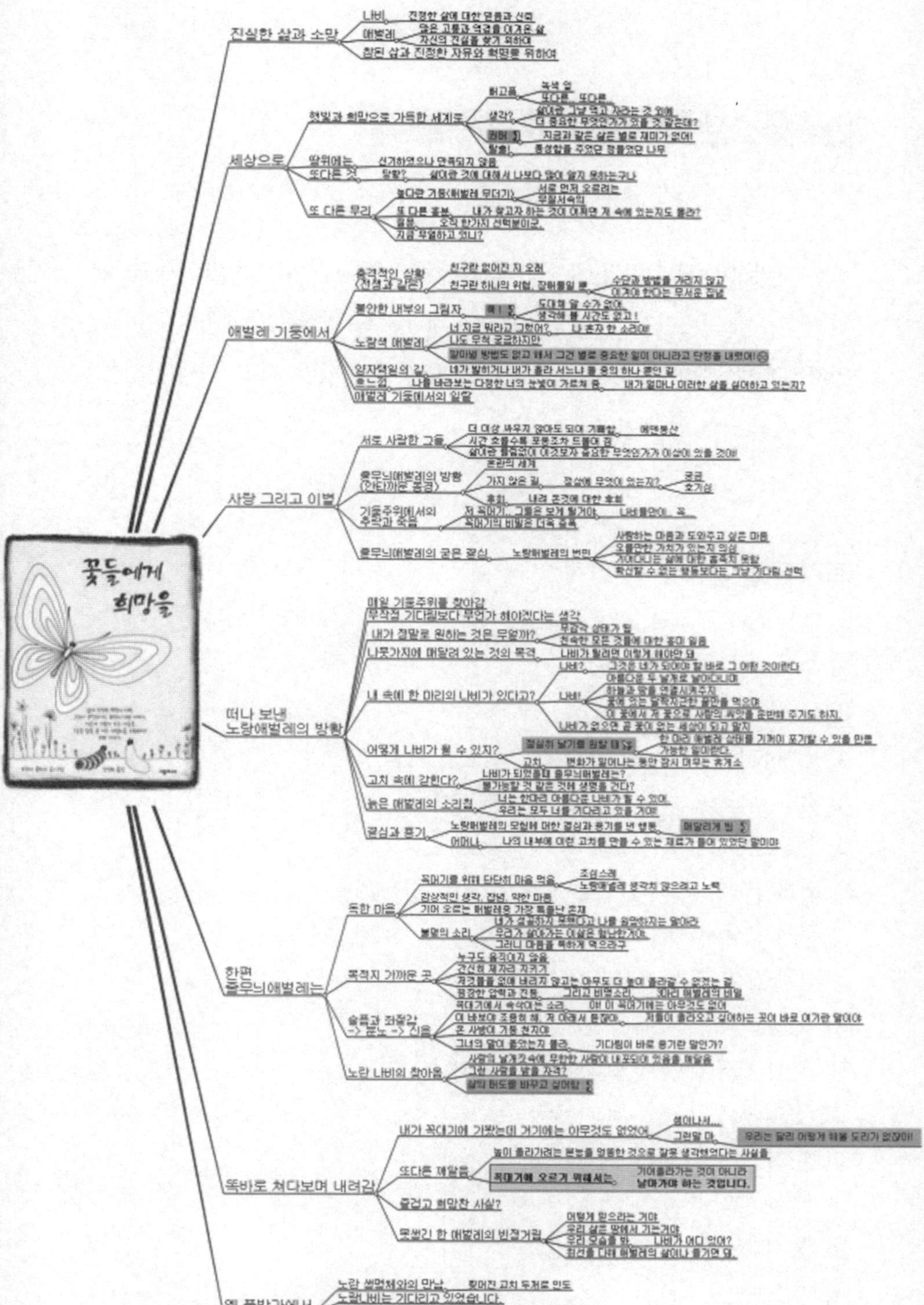

꽃들에게 희망을
진실한 삶과 소망
나비
진정한 삶에 대한 믿음과 신뢰
애벌레
많은 고통과 역경을 이겨온 삶
자신의 진실을 찾기 위하여
참된 삶과 진정한 자유와 혁명을 위하여
세상으로
햇빛과 희망으로 가득한 세계로
배고픔
녹색 잎
또다른 또다른
생각?
삶이란 그냥 먹고 자라는 것 외에
더 중요한 무엇인가가 있을 것 같은데?
지금과 같은 삶은 별로 재미가 없어!
탈출!
통성함을 주었던 정들었던 나무
땅위에는
신기하였으나 만족되지 않음
또다른 것
탐험?
삶이란 것에 대해서 나보다 많이 알지 못하는구나
또 다른 무리
높다란 기둥(애벌레 무더기)
서로 먼저 오르려는
무질서속의
또 다른 충분
내가 찾고자 하는 것이 어쩌면 저 속에 있는지도 몰라?
결론
오직 한가지 선택뿐이군.
지금 무얼하고 있니?
애벌레 기둥에서
충격적인 상황 (전쟁과 같은)
친구란 없어진 지 오래
친구란 하나의 위협, 장애물일 뿐
수단과 방법을 가리지 않고
이겨야 한다는 무서운 집념
불안한 내부의 그림자
도대체 알 수가 없어
생각해 볼 시간도 없고!
노랑색 애벌레
너 지금 뭐라고 그랬어?
나 혼자 한 소리야
나도 무척 궁금하지만
알아볼 방법도 없고 해서 그건 별로 중요한 일이 아니라고 단정을 내렸어!
양자택일의 길
내가 밟히거나 내가 올라 서느냐 둘 중의 하나 뿐인 길
흐느낌
나를 바라보는 다정한 너의 눈빛이 가르쳐 준
내가 얼마나 미려한 삶을 살아하고 있는지?
애벌레 기둥에서의 일탈
사랑 그리고 이별
서로 사랑한 그들
더 이상 싸우지 않아도 되어 기쁨함
애면통산
시간 흐를수록 포옹조차 드물어 짐
삶이란 틀림없이 이것보다 중요한 무엇인가가 이상에 있을 것야!
혼란의 세계
줄무늬애벌레의 방황 (안타까운 줄결)
가지 않은 길
정상에 무엇이 있는지?
궁금
호기심
후회
내려 온것에 대한 후회
기둥주위에서의 추락과 죽음
저 꼭대기.. 그들은 보게 될거야
나비들만이.. 꼭
꼭대기의 비밀은 더욱 궁금
줄무늬애벌레의 굳은 결심
노랑애벌레의 번민
사랑하는 마음과 도와주고 싶은 마음
오를만한 가치가 있는지 의심
기어다니는 삶에 대한 흡족치 못함
확신할 수 없는 탈출보다는 그냥 기다림 선택
떠나 보낸 노랑애벌레의 방황
매일 기둥주위를 찾아감
무작정 기다림보다 무언가 해야겠다는 생각
내가 정말로 원하는 것은 무얼까?
무감각 상태가 됨
친숙한 모든 것들에 대한 흥미 잃음
나뭇가지에 매달려 있는 것의 목격
나비가 될려면 이렇게 해야만 돼
내 속에 한 마리의 나비가 있다고?
나비?
그것은 네가 되어야 할 바로 그 어떤 것이란다
나비!
아름다운 두 날개로 날아다니며
하늘과 땅을 연결시켜주지
꽃에 있는 달착지근한 꿀만을 먹으며
이 꽃에서 저 꽃으로 사랑의 씨앗을 운반해 주기도 하지.
나비가 없으면 곧 꽃이 없는 세상이 되고 말지
어떻게 나비가 될 수 있지?
절실히 날기를 원할 때
한 마리 애벌레 상태를 기꺼이 포기할 수 있을 만큼
가능한 일이란다.
고치
변화가 일어나는 동안 잠시 머무는 휴게소
고치 속에 갇힌다구?
나비가 되었을때 줄무늬애벌레는?
불가능할 것 같은 것에 생명을 건다?
늙은 애벌레의 소리침
너는 한마리 아름다운 나비가 될 수 있어.
우리는 모두 너를 기다리고 있을 거야
결심과 용기
노랑애벌레의 모험에 대한 결심과 용기를 낸 행동
매달리게 됨
어머나
나의 내부에 이런 고치를 만들 수 있는 재료가 들어 있었단 말이야
한편 줄무늬애벌레는
독한 마음
꼭대기를 위해 단단히 마음 먹음
조심스레
노랑애벌레 생각치 않으려고 노력
감상적인 생각, 잡념, 약한 마음
기어 오르는 애벌레중 가장 뛰어난 존재
불만의 소리
내가 성공하지 못했다고 나를 원망하지는 말아라
우리가 살아가는 이 삶은 험난한거야
그러니 마음을 독하게 먹으라구
꼭대기 가까운 곳
누구도 움직이지 않음
간신히 제자리 지키기
저것들을 없애 버리지 않고는 아무도 더 높이 올라갈 수 없겠는 걸
굉장한 압력과 진동
그리고 비명소리
3마리 애벌레의 비밀
슬픔과 좌절감 -> 분노 -> 진실
꼭대기에서 속삭이는 소리
애 이 꼭대기에는 아무것도 없어
이 바보야 조용히 해, 저 아래서 듣잖아
저들이 올라오고 싶어하는 곳이 바로 여기란 말이야
온 사방에 기둥 천지야
그녀의 말이 옳았는지 몰라
기다림이 바로 용기란 말인가?
노란 나비의 찾아옴
사랑의 날개 속에 무한한 사랑이 내포되어 있음을 깨달음
그런 사랑을 받을 자격?
삶의 태도를 바꾸고 싶어함
똑바로 쳐다보며 내려감
내가 꼭대기에 가봤는데 거기에는 아무것도 없었어
썩어나서...
그런말 마
우리는 달리 어떻게 해볼 도리가 없잖아!
또다른 깨달음
높이 올라가려는 본능을 엉뚱한 것으로 잘못 생각했었다는 사실을
꼭대기에 오르기 위해서는
기어올라가는 것이 아니라
날아가야 하는 것입니다.
즐겁고 희망찬 사실?
못썼긴 한 애벌레의 빈정거림
어떻게 알으라는 거야
우리 삶을 망쳐서 가는거야
우리 모습을 봐
나비가 어디 있어?
최선을 다해 애벌레의 삶이나 즐기면 돼.
옛 풀밭가에서
노란 썬웹체와의 만남
찢어진 고치 두개를 만도
노랑나비는 기다리고 있었습니다.
그러던 어느날
아니 이제부터 삶의 시작입니다.
이제연...

생각의 씨앗

부록

부록3 트리즈 발명원리

따라서 디지털 기기 및 콘텐츠 시장의 수익원이 되는 유일한 두 주체인 광고주와 소비자가 모두 만족하는 디지털 광고 방식은 종래처럼 서비스 업자가 일방적으로 전송하는 방식이 아닌 "사용자 단말기 모니터에서 제어하는 광고 방식"인 것이다.

트리즈 발명원리 40가지

1. 분할 Segmentation
2. 분리 Separation/Extraction
3. 국소적 성질 Local Quality
4. 비대칭 변환 Asymmetry
5. 결합 Merging
6. 다 기능성(다용도) Multi functionality
7. 포개기 Nested doll
8. 무게 보상 Weight Compensation
9. 선행 반대 조치 Preliminary counteraction
10. 선행 조치 Preliminary action
11. 사전 보상 Beforehand Compensation
12. 높이 맞추기 Equi potentiality
13. 다른 길로 돌아가기 The other way around
14. 곡률 증가 Curvature increase
15. 동적 부품 Dynamic parts

16. 과부족 조치 Partial or excessive actions
17. 차원 바꾸기 Dimensionality change
18. 기계적 진동 Mechanical vibration
19. 주기적 작동 Periodic action
20. 유용한 작용의 지속 Continuity of useful action
21. 서두르기 Hurrying
22. 전화위복 Blessing in disguise
23. 피드백 Feedback
24. 매개체 Intermediary
25. 셀프 서비스 Self service
26. 복제 Copying
27. 일회용품 Cheap disposables
28. 기계적 상호작용 대체 Mechanical interaction substitution , use of fields
29. 공기압과 수압 Pneumatics and hydraulics
30. 유연한 막과 얇은 필름 Flexible shells and thin films
31. 다공질 재료 Porous materials
32. 광학 특성 변경 Optical property changes
33. 동질성 Homogeneity
34. 폐기와 재생 Discarding and recovering
35. 파라미터 변경 Parameter changes
36. 상전이 Phase transitions
37. 열팽창 Thermal expansion
38. 강산화제 Strong Oxidants
39. 불활성 환경 Inert atmosphere
40. 복합재료 Composite materials

트리즈 기술시스템이 지닌 특성

1. 움직이는 물체의 무게 Weight of a Moveable Object
2. 고정된 물체의 무게 Weight of a Fixed Object
3. 움직이는 물체의 길이 Length of a Moveable Object
4. 고정된 물체의 길이 Length of a Fixed Object
5. 움직이는 물체의 면적 Area of a Moveable Object
6. 고정된 물체의 면적 Area of a Fixed Object
7. 움직이는 물체의 부피 Volume of a Moveable Object
8. 고정된 물체의 부피 Volume of a Fixed Object
9. 속도 Speed
10. 힘 Force
11. 압력 Stress, Pressure
12. 모양 Shape
13. 구성의 안정성 Object's Composition Stablility
14. 강도 Strength
15. 움직이는 물체의 작용시간 Duration of Moving Object's Operation
16. 고정된 물체의 작용시간 Duration of a Fixed Object's Operation
17. 온도 Temperature
18. 밝기 Illumination
19. 움직이는 물체가 소모한 에너지 Energy Expense of a Moveable Object
20. 고정된 물체가 소모한 에너지 Energy Expense of a Fixed Object
21. 동력 Power
22. 에너지 손실 Waste of Energy
23. 물질의 손실 Loss of Substance
24. 정보의 손실 Loss of Information
25. 시간의 손실 Waste of Time

26. 물질의 양 Quantity of Substance
27. 신뢰성 Reliability
28. 측정의 정확성 Measurement Accuracy
29. 제조의 정확성 Manufacturing Precision
30. 외부에서 물체에 작용한 유해한 요인 Harmful Action on an Object
31. 물체가 유발한 유해한 요인 Harmful Effect Caused by the Object
32. 제조의 용이성 Ease of manufacture
33. 사용 편의성 Ease of Operation
34. 수리의 용이성 Ease of Repair
35. 적응성 Adaptation
36. 장치의 복잡성 Device Complexity
37. 조절의 복잡성 Measurement of Test Complexity
38. 자동화의 정도 Degree of Automation
39. 생산성 Productivity

참고문헌

1. 「트리즈」, 헨리 알트슐러 지음, 조형희 옮김, 현실과미래 1998
2. 「이노베이션 알고리듬」, 겐리흐 알트슐러 지음, 한국TRIZ연구회 옮김, 현실과미래
3. 「40가지원리」, 겐리흐 알트슐러 지음, 윤기섭 · 박성균 · 강병선 옮김, 아이디어브레인
4. 「TRIZ를 활용한 창의적 문제해결방법」, 전영록, GS인터비젼 2011
5. 「생각의 창의성 TRIZ」, 김효준, 도서출판 지혜 2006
6. 「창조적 품질혁신 TRIZ」, 정수연 · 김익철, MSA인증원 2010
7. 「뇌와 창조성」, 모기 겐이치로 지음, 김혜숙옮김, 눈과마음 2006
8. 「창조성의 비밀」, 모기 겐이치로, 이경덕 옮김, 브레인월드 2008
9. 「아인슈타인 발상전략」,스코트 소프 지음, 김한영 옮김, 씨앗을뿌리는사람 2006
10. 「재미있는 발명여행」, 왕연중 저, 명지출판사
11. 「인생을 마음대로 바꾼다, 100가지 성공법칙」, 조셉 머피,
12. 「카오딕(chaordic)」, 디 혹(Dee Hock), 1968년에 비자카드를 만든 이
13. 「브레인 스마트리더」, 토니 부잔 · 리차드 이즈라엘 공저, 상상북스
14. 「마인드맵 북」, 토니 부잔 with 배리 부잔, 라명화 옮김, 평범사 1994
15. 「생각하는 힘을 길러주는 마인드 워크북」, 정경탁, 평범사
16. 「아이들을 위한 마인드맵」, 라나 이즈라엘 · 토니 부잔 지음, 한국부잔센터, 사계절
17. 「유즈 유어 헤드」, 토니 부잔 지음, 라명화 옮김, 평범사, 1994
18. 「마인드맵핑」, 조이스 위코프 지음, 라명화 옮김, 평범사
19. 「레오나르도 다빈치처럼 생각하기」, 마이클 J 겔브 지음, 공경희 옮김, 대산
20. 「새로운 교수방법, 초등교원 사이버 연수」, 안덕순 2001
21. 「초등학교 교사용 지도서 자연, 사회, 국어 등」, 교육부 1997

생각의 씨앗

초판 발행 2012년 10월 5일

○ **지은이** 주진용 · 조영한 ○ **펴낸이** 유광종
○ **펴낸곳** 한국이공학사 ○ **임프린트** 과학사랑
○ **출판등록** 제9-92호 1977. 2. 1
○ **주소** 서울특별시 영등포구 당산동2가 58번지
○ **전화** 02-2676-2062 ○ **팩스** 02-2676-2015
○ **전자우편** hankuk20@chol.com

과학사랑은 도서출판 한국이공학사의 교양서적 브랜드입니다.

ISBN 978-89-7095-125-6 03500